Marxismo sociológico

Quatro países, quatro décadas, quatro grandes
transformações e uma tradição crítica

CONSELHO EDITORIAL

Ana Paula Torres Megiani
Eunice Ostrensky
Haroldo Ceravolo Sereza
Joana Monteleone
Maria Luiza Ferreira de Oliveira
Ruy Braga

Michael Burawoy

1ª reimpressão

Marxismo sociológico

Quatro países, quatro décadas, quatro grandes transformações e uma tradição crítica

Traduzido por:

Marcelo Cizaurre Guirau

e

Fernando Rogério Jardim

Título original inglês: THE EXTENDED CASE METHOD: FOUR COUNTRIES, FOUR DECADES, FOUR GREAT TRANSFORMATIONS, AND ONE THEORETICAL TRADITION

Copyright © 2014 Michael Burawoy

Grafia atualizada segundo o Acordo Ortográfico da Língua Portuguesa de 1990, que entrou em vigor no Brasil em 2009.

Edição: Haroldo Ceravolo Sereza
Editor assistente: João Paulo Putini
Projeto gráfico e diagramação: Gabriel Patez Silva
Assistentes de produção: Camila Hama e Cristina Terada Tamada
Capa: Ana Lígia Martins
Assistente acadêmica: Danuza Vallim
Revisão: Zelia Heringer de Moraes

CIP-BRASIL. CATALOGAÇÃO NA PUBLICAÇÃO
SINDICATO NACIONAL DOS EDITORES DE LIVROS, RJ

B967m

Burawoy, Michael
MARXISMO SOCIOLÓGICO: QUATRO PAÍSES, QUATRO DÉCADAS, QUATRO GRANDES TRANSFORMAÇÕES E UMA TRADIÇÃO CRÍTICA
Michael Burawoy; tradução Marcelo Cizaurre Guirau, Fernando Rogério Jardim. - 1. ed.
São Paulo: Alameda, 2014
348 p.; 21 cm

Tradução de: The extended case method : four countries, four decades, four great transformations, and one theoretical tradition

Inclui bibliografia
ISBN 978-85-7939-291-7

1. Economia evolutiva. 2. Capitalismo. 3. Marxismo. 4. Trabalhadores. I. Título.

14-15101

CDD: 330.1
CDU: 330.1

ALAMEDA CASA EDITORIAL
Rua Treze de Maio, 353 – Bela Vista
CEP 01327-000 – São Paulo, SP
TEL. (11) 3012-2400
www.alamedaeditorial.com.br

*Para os estudantes com quem, de quem e contra quem
eu aprendi os segredos da observação participante.*

Sumário

PRÓLOGO. O retorno da teoria ao campo 9

INTRODUÇÃO. De Manchester a Berkeley via Chicago 19

CAPÍTULO 1. O estudo de caso ampliado: 39
raça e classe na África pós-colonial

CAPÍTULO 2. A revisita etnográfica: 97
capitalismo em transição e outras histórias

CAPÍTULO 3. Dois métodos à procura da revolução: 171
Trotsky *versus* Skocpol

CAPÍTULO 4. A etnografia multicaso: 229
esboço do declínio do socialismo de Estado

CONCLUSÃO. Etnografia de grandes transformações 279

EPÍLOGO. Sobre a etnografia pública 303

REFERÊNCIAS BIBLIOGRÁFICAS 317

Prólogo

O retorno da teoria ao campo

Este livro surgiu da insistência de Loïc Wacquant, que teimava comigo que já era tempo de eu reunir meus ensaios metodológicos, tanto os novos como os antigos, e chamar a Escola de Chicago para um duelo. Embora eu lhe fosse grato por todo esse estímulo, ao forçar-me a refletir uma vez mais acerca do que eu havia escrito durante quarenta anos, eu não poderia, contudo, seguir sua proposta de inaugurar uma escola de etnografia em Berkeley. Eu duvidava se poderia mesmo haver uma tal escola tendo em vista que a peculiaridade de Berkeley consiste exatamente na diversidade das suas abordagens sobre todas as coisas, e sobre a etnografia em particular. Nossas etnografias nutrem-se de um amplo cabedal teórico, do marxismo ao feminismo e ao pós-colonialismo; do positivismo à sociologia reflexiva, do interacionismo simbólico à história comparativa. Como etnógrafos, o que todos nós temos em comum é um compromisso em pesquisar a alteridade no espaço e no tempo. Desde o início, o *ethos* da sociologia de Berkeley sempre foi ser uma antiescola, uma contratradição.

Negar a existência de uma escola de Berkeley não significa afirmar que, na minha visão, a etnografia apareceria como uma imaculada concepção ou como algo cultivado num heroico isolamento etnográfico. Muito pelo contrário; os ensaios a seguir foram escritos em Berkeley desde meados dos anos 1980: nos debates com meus colegas, em cursos sobre observação participante e metodologia, em seminários de dissertação que produziram uma torrente de livros etnograficamente fundamentados. Antes de Berkeley, eu aprendi meu ofício com Jaap van Velsen, no afluente zambiano na Escola de Manchester de antropologia social; e além de Berkeley, eu absorvi muito das minhas pesquisas em colaboração com János Lukács, na Hungria, e Pavel Krotov e Tatyana Lytkina, na Rússia. Inevitavelmente, meu mais encorajador crítico tem sido Erik Wright, um intruso [*outsider*] no culto à etnografia, sempre ligeiro em apontar alguma carência de sentido em meus escritos – embora, muitas vezes, a carência de sentido possua certas virtudes que ele não compreende.

Há um segundo motivo pelo qual meus escritos não devem ser associados à Escola de Berkeley. Isso se deve não apenas porque existe uma rica diversidade de tradições interagindo em Berkeley, mas também porque a abordagem adotada aqui – o método do estudo de caso ampliado – é encontrado em outros departamentos por esse mundo afora, em outras disciplinas também, com destaque para a antropologia e para a geografia.[1] No interior da sociologia, insistir atualmente em uma etnografia que construa conexões micro-macro por meio da reconstrução da teoria social, não é algo tão herético como já foi no passado. Mas isso continua a enfrentar resistência por parte do empirismo ingênuo que considera a etnografia algo especial, porque entende o mundo como ele "realmente é", que assume que a teoria social emerge da tábula rasa daquela realidade e que, portanto, somente prevenindo-nos dos vieses e pré-julgamentos, poderemos persuadir o campo para que ele nos revele suas verdades. Esse empirismo pueril frequentemente combina-se com um positivismo igualmente ingênuo: para atingirmos a realidade, nós podemos e devemos nos distanciar do mundo que estudamos. Isso pressupõe um mundo dividido em duas esferas, com uma delas ocupada pelos produtores do conhecimento objetivo, separados da segunda, ocupada pelos objetos daquele conhecimento. Segundo esta visão, os etnógrafos não devem perturbar os mundos que eles estudam; ao invés disso, eles devem ser proverbiais bisbilhoteiros.

---

1   Nota do tradutor: por razão de estilo, a partir desse momento passaremos a traduzir "extended case method" tanto por "método do estudo de caso ampliado" quanto por apenas "estudo de caso ampliado".

A abordagem deste livro é bem diferente. Ele se baseia nos seguintes postulados.

• Nós não podemos observar a realidade social sem a teoria, assim como nós não podemos observar o mundo físico sem nossos olhos. Todos nós trazemos conosco e utilizamos teorias sociais e mapas cognitivos do universo que habitamos, embora nem todos nós sejamos teóricos sociais. Isso quer dizer que alguns dentre nós especializam-se na produção daqueles mapas conceituais. Então, a teoria social abrange todas as nuanças, desde o conhecimento prático até o conhecimento tácito (o conhecimento que nós tomamos como dados ao conduzirmos nossas vidas), atingindo os formalismos abstratos que assemelham-se mais a teoremas matemáticos que a mapas do mundo.

• Nenhuma muralha impenetrável separa os mundos que nós estudamos dos nossos laboratórios científicos. Aliás, pelo contrário: nós somos partes inerentes ao mundo que estudamos. O que diferencia os cientistas sociais das pessoas que eles estudam é a teoria que os primeiros trazem consigo, a qual os permite observar o mundo de maneira diferente e, devo dizer, mais profundamente. Refiro-me aqui à teoria que nós desenvolvemos conscientemente, a teoria analítica ou a ciência social; ao passo que as pessoas que estudamos possuem uma teoria irrefletida e geralmente tácita, a qual eu chamo de teoria popular ou senso comum. Os cientitas sociais não estão suspensos num éter de teoria analítica; eles também têm suas próprias teorias populares. Quando estas interferem em suas próprias vidas, e mesmo em suas vidas enquanto sociólogos, todos facilmente suspendem as intuições que aplicam às outras pessoas. É triste dizer, mas nós podemos ser tão míopes como qualquer indivíduo, a respeito dos nossos próprios universos cotidianos.

• A teoria analítica, ou a ciência social, revela o contexto ampliado das nossas ações; e ela igualmente desmascara a forma como esse contexto cria uma ilusão sobre sua própria ausência, num mundo diário que possui autonomia e autocontrole. Nós podemos culpar a nós mesmos pelo desemprego, embora suas fontes sejam os mercados e os governos – forças externas que não somente produzem o desemprego, mas também mistificam tal produção. Ao revelar as conexões entre o micro e o macro, nós estamos utilizando o que Wright Mills chamou de imaginação sociológica. Eis a nossa vocação.

• A universidade não é um terreno neutro, mas sim um campo de visões teóricas, abordagens metodológicas e programas de pesquisa em competição ou, se preferir, um campo que oferece diferentes maneiras de conectar teoricamente o micro ao macro. Estas abordagens divergentes formam os pontos nodais de um campo de poder hierárquico, refletindo o impacto de forças que estão além das suas respectivas fronteiras.

• A teoria analítica permite-nos observar e, por conseguinte, compreender o mundo; mas isso não implica em sua confirmação automática. Muito pelo contrário: o mundo possui uma inércia ou ímpeto próprio, desafiando continuamente as eventuais afirmações e previsões que nós lhe fazemos, enquanto cientistas sociais, com base em nossas teorias. Essa é a forma como desenvolvemos ciência: não estando certos, mas estando errados, e insistindo nisso.

• A teoria analítica não é, necessariamente, incompreensível para as pessoas comuns. A ciência social e o senso comum não estão isolados e incomensuráveis. Dito de outra forma, é possível, embora nem sempre seja fácil, construir a passagem do senso comum para a ciência social; e é possível que se elabore bom conhecimento partindo de dentro do senso comum. Com efeito, essa é a tarefa do etnógrafo público.

Estes seis postulados têm suas raízes fincadas em quatro décadas de observação participante em fábricas e minas de quatro países (Zâmbia, Estados Unidos, Hungria e Rússia), resultando em estudos acerca dos microprocessos de quatro grandes transformações, respectivamente (a descolonização, a transição ao capitalismo organizado, a transição soviética ao socialismo e a transição do socialismo ao capitalismo). Você, leitor, bem que poderia perguntar como um só etnógrafo, trabalhando numa única fábrica, poderia esclarecer alguma grande transformação. Embora seja definidora da imaginação sociológica, tal tarefa pode parecer absurda para a maioria dos etnógrafos convencionais.

A resposta no estudo de caso ampliado, definido por suas quatro ampliações: a ampliação do observador dentro das vidas dos participantes sob observação; a ampliação das observações através do tempo e do espaço; a ampliação dos processos micro às forças macro; e, finalmente mas não menos importante, a ampliação da teoria. Cada ampliação envolve um diálogo: entre participante e observador, entre os eventos sucessivos no campo, entre as dimensões micro e macro, e entre sucessivas reconstruções da teoria. Estes diálogos orbitam ao redor uns dos outros, cada qual no campo gravitacional dos outros. Para dar sentido a esses diálogos, as diferentes pesquisas descritas neste livro constroem diferentes hipóteses de simplificação.

No primeiro capítulo, eu descrevo a gênese do estudo de caso ampliado. Com efeito, eu aplico esse método à minha própria participação no ambiente acadêmico e no campo – participações que estão em diálogo uma com a outra. No segundo capítulo, eu desenvolvo um quadro mais formal para meu método de estudo de caso ampliado, tendo como referência meu estudo sobre raças e classes sociais na Zâmbia pós-colonial (1968-72). Eu concluo o capítulo descrevendo dois modelos de ciência: o positivo e o reflexivo, cada qual autônomo mas necessário ao outro. O terceiro capítulo desenvolve a ideia de uma ciência reflexiva, através do conceito de revisita. Se meu estudo sobre a Zâmbia foi baseado numa ampliação que remontou à história (uma escavação arqueológica), aqui, eu discorro sobre revisitas a etnografias anteriores do mesmo lugar. O capítulo parte da comparação entre minha própria etnografia sobre certa fábrica de Chicago, com outra etnografia da mesma fábrica, conduzida trinta anos antes. A partir daí, eu examino outros tipos de revisitas focadas, mas concluo elegendo a "revisita" como uma metáfora para toda etnografia.

O quarto capítulo amplia a abordagem etnográfica para a historiografia comparada, e isso também amplia o número de casos, de dois para três. O capítulo contrasta as análises das revoluções que encontramos nos escritos de Trotsky e de Skocpol. Sublinha-se a diferença entre a ciência reflexiva do observador participante, e a ciência positiva do sociólogo comparativo. Ao participar da revolução que estudava e ao reconstruir a teoria marxista da transição para o socialismo, Trotsky ofereceu o protótipo do estudo de caso ampliado. O quinto capítulo amplia-se para além de três casos. Ele faz uma transição "invertida" do socialismo ao capitalismo. Examina-se em sucessão uma série de fábricas e, a partir delas, suas comunidades – etnografias que eu realizei na Hungria e na Rússia entre 1982 e 2002. Mostra-se aí como cada estudo, construído sobre estudos precedentes, lidou primeiro com uma comparação entre o socialismo estatal húngaro e o capitalismo organizado americano e, depois, com a transição soviética do socialismo de Estado para o capitalismo mercantil.

Se o capítulo de abertura é uma auto-análise da minha própria trajetória, o capítulo de conclusão concentra-se no meu engajamento intelectual com as quatro grandes transformações do século XX. Entre a romantização dos meus sujeitos e a coisificação do mundo exterior, aqui, eu procuro avaliar as forças e as fraquezas do estudo de caso ampliado. Eu pergunto quais luzes minhas etnografias lançaram sobre essas grandes transformações; o que elas tiveram em comum; como elas estão conectadas umas às outras; e que implicações tiveram elas para o século XXI.

Eu costumo ser acusado de atrair alguns desastres aos lugares para onde vou. Após partir de Zâmbia, o preço do cobre despencou; e a sociedade zambiana despencou com ele. Após eu deixar a Allied Corporation, a empresa entrou em bancarrota e levou consigo o restante da indústria ao sul de Chicago. A área se tornou um território devastado. Após eu partir da Hungria, a *Lenin Steel Works,* assim como a indústria húngara como um todo, desintegrou-se em face às forças do mercado, rapidamente emparelhando-se com o sul de Chicago. Eu estava na Rússia apenas sete meses antes que o edifício da União Soviética desabasse sobre as cabeças dos operários. Juro a vocês: não foi minha culpa! Correlação não é causalidade. Todos esses lugares tornaram-se vítimas, um a um, daquilo que eu chamei de terceira onda de mercadorização e que começou em meados dos anos 1970: *tsunami* que continua a destruir nosso planeta. A etnografia oferece abordagens especialmente poderosas a respeito do catastrófico colapso de muitas comunidades, ao passo que a aplicação do estudo de caso ampliado à etnografia global ajuda-nos a discernir padrões comuns ao redor do mundo, bem como as forças que os criam.

Eu posso não ter sido a causa do desastre do capitalismo, mas isso não quer dizer que minha etnografia não tenha tido seus efeitos. Na verdade, pode-se supor que os engajamentos diretos da etnografia com seus participantes em observação são bem apropriados ao engajamento público. Mas nem de longe isso é necessariamente o caso. Enquanto a análise de Trotsky, assim como meu estudo sobre Zâmbia, ajustam-se perfeitamente à categoria de etnografia pública, não é este o caso do estudo sobre a fábrica de Chicago, nem dos estudos sobre a Hungria e a Rússia, claramente direcionados a uma audiência acadêmica. Todavia, mesmo esses estudos intencionalmente profissionais, ao conectarem os processos micro às forças macro, ofereceram o fundamento para uma sociologia pública que transforma problemas privados em questões públicas. A etnografia pode não ser necessariamente a sociologia pública, mas ao interessar-se pelo sofrimento e pela dominação, pela hierarquia e pela desigualdade, a etnografia chama a atenção para nossa responsabilidade em relação ao mundo lá fora, e por conseguinte, inevitavelmente traz consigo o espectro da sociologia pública. Este será o tema do meu epílogo.

Certamente, as dívidas teóricas dos etnógrafos são enormes, uma vez que nosso trabalho é intrinsecamente colaborativo. Agradecer aos atores anônimos de nosso campo em uma ou duas sentenças protocolares é um reconhecimento inadequado das nossas responsabilidades para com os públicos – que são aqueles dos quais nós dependemos durante o processo de pesquisa, e aqueles aos quais nós estamos mais remotamente conectados. Assim como aos meus colegas de academia, eu tenho reconhecido suas contribuições para os ensaios a seguir, ao final de cada capítulo. Eu sou grato a Harvey Molotch, Mitch Duneier e Diane Wolf pelo apoio a este projeto como um todo; e sou grato a Art Stinchcombe e Diane Vaugham por seus comentários aos capítulos que são novos neste livro. Eis o mais importante: Naomi Schneider tem sido uma fonte de apoio à etnografia, minha e alheia, desde que ela chegou à Editora da Universidade da Califórnia, vinte e cinco anos atrás. Ela tem sido uma energia poderosa por trás da contínua ascendência do método de caso ampliado.

Introdução

De Manchester a Berkeley via Chicago

Em um dia quente e úmido de setembro em 1972, eu arrastava minhas malas pela parte ao sul de Wind City, à procura da Universidade de Chicago. Eu havia há pouco concluído meu mestrado em antropologia social na Universidade de Zâmbia e decidira arriscar minhas chances nos Estados Unidos. De alguma maneira, eu tinha atravessado furtivamente a nota de corte para admissão em Chicago e estava pronto para despejar minhas economias de sobrevida no primeiro ano do curso de pós-graduação. Chicago não me ofereceu nenhuma bolsa, nenhum emprego. Com efeito, o departamento de sociologia não me desejava ali. Eu estava a procura do Comitê para Estudos Comparativos das Novas Nações, o qual havia sido pioneiro na tão caluniada teoria do desenvolvimento em circulação na África – ideias associadas a figuras tais como Clifford Geertz, Aristide Zolberg, Edward Shils, Lloyd Fallers, Lloyd Rudolph e Susanne Rudolph. No entanto, o Comitê sobre Novas Nações havia debandado antes que eu chegasse.

Após minha estadia em Zâmbia, a sociologia de Chicago pareceu-me decididamente provinciana. Eu chegara na capital de Zâmbia, Lusaka, em 1968, quatro anos após a independência. Naquela época, Zâmbia tinha toda a vitalidade e otimismo de uma nova nação. Por volta de 1970, quando eu me matriculei no mestrado, a Universidade de Zâmbia já estava povoada com seu primeiro batalhão de pós-graduandos, uma elite incipiente com origens diversas, instintivamente opositora e idealista. Anualmente, eles tomavam as ruas do país em protestos contra vários governos (incluindo o seu próprio) por traírem a justiça social, especialmente entabulando acordos com o sistema de *apartheid* da África do Sul. Dentre as faculdades universitárias, muitas de ciências sociais eram especialistas em África e outras regiões em desenvolvimento, profundamente comprometidas com os desafios enfrentados pela Zâmbia, e, frequentemente, trabalhando em conjunto em estimulantes seminários interdisciplinares. Com efeito, a África como um todo era inundada por debates inflamados sobre o socialismo e a descolonização. Aqueles foram tempos inspiradores para a ciência social.

Atormentado em Zâmbia, rebelde em Chicago

Em Zâmbia, eu tive três extraordinários professores que me introduziram no universo da sociologia. O primeiro deles, com o qual eu mantive uma estreita e duradoura relação, foi Jaap van Velsen – um antropólogo holandês veemente e dominador, criado na Escola de Manchester sob os auspícios de Max Gluckman. Jaap foi advogado por formação, antes de se tornar um antropólogo social materialista e objetivista [*no-nonsense*]. Seu livro *Políticas de parentesco* [*Politics of Kinship*] (1964) foi um estudo sobre a manipulação das normas de parentesco pela tribo tonga que vivia às margens do Lago Niassa em Malaui. Antecipando a atualmente tão celebrada teoria da prática de Pierre Bourdieu, Jaap aplicaria seu "pós-estruturalismo" a quaisquer instituições, desde a família até o tribunal de justiça e as Nações Unidas (*vide* Van Velsen, 1960; 1964; 1967). Ele era especialmente interessado em sistemas de migração de trabalho vigentes no sul do continente africano. Seus métodos e ideias, frequentemente pronunciadas em passionais e explosivas conferências de improviso, ficaram profundamente impressos em meu *habitus* sociológico.

Meu segundo professor foi Jack Simons, um ativista intelectual dentro do Partido Comunista Sul-africano. Ele havia sido expulso da África do Sul, mas continuara bastante engajado no Congresso Nacional Africano (ANC) no exílio. Mais tarde, já na casa dos sessenta anos de idade, ele iria aos campos de batalha para ensinar marxismo aos guerreiros da liberdade. Com sua esposa, Ray Simons, a lendária líder da união sul-africana, ele havia acabado de completar sua hoje clássica história do país: *Classe e cor na África do Sul*. [*Class and Colour in South Africa*] (1969). Venerado pelos alunos que deixou para trás na Cidade do Cabo, ele foi uma espantosa presença em qualquer contexto. Por fim, houve também Raja Jayaraman, recém-chegado da Índia, tendo recentemente concluído sua dissertação de mestrado sobre classes e castas nas plantações de chá do Sri Lanka – uma dissertação concluída sob a orientação de M. N. Srinivas, o patrono da antropologia social indiana. Raja também era de inspiração marxista. Definitivamente, ele era o mais amigável e moderado dos três, mas também podia manifestar traços combativos, na presença dos seus antigos colegas.

Eles compunham uma trinca intimidadora. A cada semana, eles lançavam sombra e terror em minha alma, como se abertamente competissem para rasgar meus ensaios em pedaços. Após essa surra, eu estava pronto para qualquer pedagogia punitiva que Chicago quisesse me aplicar.

Se os acadêmicos de Chicago também se orgulhavam de intimidar os estudantes, eles não poderiam se equiparar às virtudes intelectuais dos meus professores zambianos. Eu simplesmente não estava preparado para a entediante trivialidade da sociologia de Chicago mesclada ao conservadorismo condescendente de suas opiniões políticas, salvo notáveis exceções, tais como Richard Taub. Para ser exato, Chicago tivera sua agitação, sua revolta estudantil, concentrada na sociologia. Mas tudo isso havia sido abafado por volta de 1972, quando eu cheguei, transformando o departamento de sociologia em um bastião de profissionalismo. Havendo meu interesse em outros países ficado em quarentena ou incubação, voltei minhas atenções da sociologia do desenvolvimento para a tão afamada Escola de etnografia urbana de Chicago. Mas também ali, eu fora desarmado pelo isolamento. Seus praticantes ainda estavam lidando com seus âmbitos de pesquisa como Malinowski havia lidado com os navios de Trobriand: apartados do mundo e da história. Era como se a verdadeira pedra de toque da etnografia fosse um atualismo obsessivo, uma abstração da diacronia, uma repressão do passado e da história.

Aquilo era um confinamento no tempo e no espaço. Eu me desanimei em descobrir como os etnógrafos aprisionavam as vizinhanças em seus ambientes físicos – estradas, edifícios, escolas, parques e por aí vai. Na verdade, quão diferentes eles eram dos seus próprios fundadores, tais como Willianm Thomas e Florian Znabiecki, cujo *Camponês polonês na Europa e na América* [*The Polish Peasant in Europe and America*] (1918-20) foi um antigo clássico da Escola de Chicago, que atravessou continentes e séculos em sua interpretação das cartas trocadas entre comunidades de imigrantes em Chicago e na Polônia. E mesmo o livro *O gueto* [*The Ghetto*] (1928) de Louis Wirth havia levado a sério a dimensão histórica. O que teria acontecido com a original e global imaginação histórica? Em outras palavras, o que havia acontecido com a etnografia, reduzida a uma parcela menor na sociologia de Chicago, então inundada de análise de redes e teoria da escolha racional?

Assim, tornei-me um missionário do "método do estudo de caso ampliado" – a Escola de Etnografia de Manchester que foi gestada nas cidades e aldeias da África equatorial e meridional e em campos de pesquisa situados na sociedade mais ampla e em sua história. Os antropólogos sociais de Manchester eram despachados para as colônias africanas para fazerem seu trabalho de campo. Eu só usei o mesmo método em outra direção: da África para Chicago.[1] Meus amigos riram de mim quando eu, de maneira apaixonada, expliquei-lhes que Max Gluckman havia esboçado a estrutura social da África do Sul apenas ao descrever a abertura de uma ponte na Zululândia (Gluckman [1940 & 1942] 1958). Meu "método do estudo de caso ampliado" foi saudado com idêntico ceticismo – um estudo de três anos e meio (1968-72) do processo de

---

[1] Fora da sociologia, Victor Turner e Raymond Smith sabiam tudo sobre a Escola de Manchester e, justamente quando eu estava saindo da Universidade de Chicago, John Comaroff e Jean Comaroff chegaram.

sucessão racial na indústria carbonífera de Zâmbia, em que eu o relacionava à história colonial e à estrutura de classes sociais do período pós-colonial (*vide* Capítulo I). Conforme os padrões de Chicago, eu havia ultrapassado os limites da compreensão e, igualmente, também os da condescendência. Houve, porém, uma boa exceção. Bill Wilson acabara de ingressar como professor na faculdade e, generoso, devotou seu tempo a este estudante imprevisível e iconoclasta. Com efeito, ele ficou bastante interessado em meu argumento sobre o fundamento classista da ordem racial – um argumento que eu estava então aplicando à África do Sul.

O marxismo, que havia se transformado em minha segunda pele em Zâmbia, foi refinado pelos brilhantes ensinamentos de Adam Przeworski, também recém-chegado a Chicago, embora no Departamento de Ciência Política. Para minha dissertação, eu foquei a questão da organização do trabalho e da consciência de classe, decidindo explorá-las por meio da observação participante numa fábrica local – uma ressurreição marxista dos estudos da Escola de Chicago sobre o trabalho industrial, há muito esquecidos pela sociologia. Mal eu podia prever que isso seria mais que uma ressurreição, mas uma imprevista revisita à mesma instalação industrial que o grande etnógrafo de Chicago, Donald Roy, havia estudado trinta anos antes (1952a, 1952b, 1953, 1954). Aquilo que foi originalmente previsto para ser uma devastadora crítica à sociologia industrial – limitada pelos muros da firma e confinada ao presente – transformou-se numa análise histórica que utilizou os estudos de Roy como ponto de partida. Minha análise histórica conseguiu reconstruir o marxismo ao mostrar como a fábrica também é um campo político, onde o consentimento ao capitalismo é organizado. A comparação com os estudos de Roy me permitiu afirmar que esse "regime hegemônico" da política de produção é uma característica definidora do capitalismo avançado, muito diferente da política de produção algo mais despótica, vigente no antigo capitalismo concorrencial (*vide* Capítulo 2).

Pária em Berkeley, refugiado em Madison

Eu sobrevivi em Chicago sob o guarda-chuva protetor oferecido por Bill Wilson, Adam Przeworski e o companheirismo de outros estudantes de pós-graduação. Após uma série de eventos fortuitos e consequências inesperadas, eu aterrissei no emprego dos sonhos em Berkeley (Burawoy, 2005). Cheguei em 1976, recém-saído do programa de pós-graduação. Da parte dos pós-graduandos de Berkeley – muitos dos quais haviam ativamente promovido minha candidatura e foram grandemente responsáveis por minha contratação –, meu encanto estava em minhas credenciais marxistas. Dentre os principais departamentos de sociologia daquela época, a sociologia de Berkeley era conhecida por seu radicalismo, já que nenhuma outra faculdade ensinava o inoportuno marxismo. Na verdade, quando eu cheguei, os estudantes estavam organizando seus próprios cursos e tocando seminários sobre tópicos como marxismo, feminismo e a economia política sul-africana. Chegar nesse departamento incandescente e enfrentar as elevadas expectativas estudantis despertou-me certo receio.

Dentre outras coisas, os estudantes não conseguiam compreender minha obsessão pela etnografia. Como eles diziam, certamente um marxista não poderia ser também um etnógrafo. O marxismo lida com as mudanças históricas em larga escala, ao passo que a etnografia vive confinada nos processos micro, e os dois jamais poderão se encontrar. Claro, aquela era a opinião sobre a etnografia de Berkeley àquele tempo, ela própria profundamente influenciada pela tradição de Chicago, importada dos anos 1950 por Herbert Blumer, Tamotsu Shibutani e Erving Goffman. Embora Dorothy Smith e Arlene Kaplan Daniels dessem, mais tarde, a essa tradição a sua ala feminista; e embora meus novos colegas David Matza, Troy Duster e Arlie Hochschild lhe dessem uma linha crítica, sua linhagem intelectual foi claramente típica de Chicago.

Se fui acolhido com ceticismo por alguns, outros me receberam com flagrante hostilidade. Quando isso chegava aos colegas indicados para avaliarem minha capacidade de ingressar em seu círculo íntimo, apareciam aí problemas de todo tipo, desde mau ensino e vieses ideológicos, até conhecimento insuficiente. Isso me soava e, felizmente, também parecia a muitos outros, ser um fracamente formulado e indisfarçado ataque ao marxismo, que provava ser popular demais entre estudantes de graduação. Certo é que o foco substancial dessa crítica orientava-se para a falhas e lacunas de minha metodologia. As afirmações feitas por mim em *A fabricação do consentimento* [*Manufacturing consent*] (1979) acerca da natureza do capitalismo avançado, alegavam meus críticos, eram especulativas e anticientíficas, derivadas de uma tradição teórica que pertencia ao século anterior.

Quando pareceu-me bastante claro que eu jamais conseguiria sobreviver em Berkeley, eu gratamente aceitei uma posição em Madison, Wisconsin, onde os acadêmicos, especialmente os demógrafos, eram muitos mais abertos a novas formas de se estudar o mundo empírico. Eles não se importavam com o meu marxismo, conquanto eu fosse empirista, e eu certamente o era. Naquela época, com exceção de um linguista, eu era o único etnógrafo no departamento. Mas eis aqui uma estranha inversão. Enquanto meus alunos de Berkeley pensavam que um etnógrafo marxista era um paradoxo, em Madison eles tinham uma visão oposta. Os alunos jamais tinham visto um etnógrafo antes na vida; e eles só me conheciam como marxista. Sendo assim, uma vez que eu fazia algo chamado etnografia, este deveria ser *o* método marxista. Minha chegada foi recebida com certo alívio por aqueles estudantes de "análise de classes" que eram resistentes às abordagens mais analíticas e quantitativas de Erik Wright. Para estes, a junção entre o marxismo e a etnografia parecia ser um casamento perfeito e sem emendas. Este volume procura demonstrar que o marxismo e a etnografia podem de fato ser aliados, ainda que um tanto ou quanto desencontrados. Com bastante frequência, o marxismo costuma se refugiar nas nuvens, enquanto a etnografia fica afundada na terra.

O fato de os estudantes de pós-graduação nestes dois departamentos terem visões tão opostas da etnografia há trinta anos apenas evidencia como a observação participante estava segregada na disciplina. Nem sempre foi assim. Tal separação pode ser localizada a partir da batalha do pós-guerra pela alma da sociologia: o grandioso estrutural-funcionalismo de Harvard desafiava a supremacia da Escola de Chicago que reagia com um brilhante empirismo antiteórico em nível micro, falsamente considerado como teoricamente fundamentado. Na realidade, a teoria foi postergada, aprisionada, impedida e limitada, afastando-se das principais tradições da etnografia. Felizmente, podemos afirmar, com exceção de alguns regressivos retardatários, que atualmente a etnografia foi reintegrada a vários corpos de teoria social, em benefício tanto da etnografia quanto da teoria.

A etnografia reflexiva meramente consolida e esmiúça tal assimilação ao transcencer oposições convencionais: participante e observador, micro e macro, historiografia e sociologia, tradição teórica e pesquisa empírica. Nós transcendemos tais oposições não por dissolvermos suas diferenças, mas por colocá-las em conversação. Em primeiro lugar, nós não nos empenhamos em separar o observador do participante, o sujeito do objeto; mas, sim, reconhecendo sua coexistência antagônica. Não importa como abordemos nossa pesquisa, nós somos sempre simultaneamente participantes e observadores, porque nós inescapavelmente vivemos no mundo que estudamos. A técnica da observação participante simplesmente nos torna mais acurados e atentos sobre esse imbróglio ético e existencial. No entanto, sem a teoria para nos orientar, provavelmente perderíamos o rumo.

Em segundo lugar, não pode haver microprocessos sem macroforças, nem macroforças sem microprocessos. A questão é como lidamos com seu relacionamento. Isso requer que nós reconheçamos quão teoricamente absorvidos nós estamos quando vamos a campo. Ao invés de tentarmos reprimir isso como sendo um viés, nós devemos transformar isso num recurso para a construção de conexões entre o micro e o macro. Em terceiro lugar, a historiografia e a sociologia não ocupam compartimentos estanques; vivemos a história enquanto pesquisamos. Concebida como uma sucessão de revisitas, a observação participante é, em si, intrinsecamente histórica – a forma como nós nos vemos hoje é intrinsecamente moldada pela forma como nós éramos ontem. Uma vez mais, a teoria ajuda-nos a manter juntos o passado e o presente. Por fim, a teoria fica como uma piscina estagnada, se ela é divorciada do seu fluido vital – a pesquisa empírica – que, paradoxalmente, também ameaça sua própria existência. A vitalidade de uma tradição teórica depende de ela ser continuamente desafiada e, a partir disso, encontrar engenhosas estratégias de sobrevivência.

Enquanto a ciência positivista nega e reprime tais antinomias, a ciência social reflexiva centra-se nelas, faz delas o seu objeto de reflexão, não ao abstraí-las, mas ao estimulá-las no contexto de sua produção. Nós somos observadores e participantes não apenas na forma como estudamos a alteridade, mas também na forma como entendemos nossa própria prática como cientistas sociais. Este não é um contratempo, mas uma ferramenta indispensável à pesquisa sociológica. O estudo de caso ampliado procura seguir estes princípios da ciência reflexiva.

No campo com o método do estudo de caso ampliado

Eu estava correto: minhas chances de sucesso estando em Berkeley eram exíguas. O departamento estava assoberbado com uma batalha intestina em torno de minha posição no emprego. No entanto, para além do departamento, longe daquele mundinho, os demais acadêmicos de Berkeley mostraram-se mais abertos à minha maneira de pesquisar. Com efeito, quanto mais longe do departamento, mais positiva era a avaliação; e à medida que meu caso escalava a hierarquia universitária, a recepção tornava-se mais calorosa, até que, numa inesperada reviravolta final, o todo-poderoso comitê de orçamento garantiu-me a posição. Seguramente, este foi um caso do micro condenando o macro, tanto quanto o produto de um combate acadêmico.

Eu retornei de Madison para Berkeley em 1983 para iniciar minhas intermináveis tarefas e para resumir minha defesa do estudo de caso ampliado, conectando duas tradições opostas dentro do departamento: a análise detalhada de microprocessos e a avaliação abrangente das macroestruturas. Análises da produção local de ciência, da delinquência e da marginalidade, do trabalho emocional e da instrução escolar, situavam-se em oposição aos estudos a respeito do sistema judicial, da organização do comunismo, da história da ideologia gerencial, da revolução, das bases sociais da democracia liberal, do caráter mutante dos Estados de bem-estar social e daí por diante. Embora eu não me visse como uma ponte – na verdade, eu era irremediavelmente identificado com uma ala do departamento –, a princípio, inconscientemente, mas cada vez mais conscientemente, eu tomei para mim a tarefa de alinhavar essas duas concepções de sociologia: de um lado, elaborando um método que descesse dos céus à terra por meio do estudo dos microfundamentos dos macroprocessos e, de outro lado, ao elaborar um método que subisse da terra aos céus, através do estudo dos macrofundamentos dos microprocessos.

Eu deveria escavar e trazer à superfície as habilidades tácitas que eu havia aprendido em Zâmbia sob a orientação de meu professor Jaap van Velsen. O que era aquilo que eu fazia, quando utilizava o assim chamado método do estudo de caso ampliado? Eu precisava compreender sua teoria da prática, seus pressupostos metodológicos e mesmo seus fundamentos filosóficos. Eu me tornei mais atento a respeito da forma como conduzia a pesquisa. A *fabricação do consentimento* fez afirmações sobre a maneira como o trabalho industrial estava organizado sob o capitalismo, e sobre a consciência de classe dos seus trabalhadores. Para tornar o argumento mais convincente, cabia a mim mostrar como as coisas eram diferentes em sociedades não capitalistas. Mas que sociedades não capitalistas eu poderia estudar?

Em 14 de agosto de 1980, a classe operária polonesa irrompeu de uma forma que talvez nenhuma outra classe trabalhadora jamais tivera feito. Ademais, aquilo foi uma ação coletiva organizada contra o socialismo estatal e, assim eu penso, a favor do socialismo democrático. Minha atenção estava fixada no que seria conhecido como a revolução auto-limitada do Movimento Solidariedade; e eu resolvi trilhar os rumos do proletariado polonês. Tal como acontece com frequência com os acadêmicos, minhas bagagens mal estavam prontas quando eu fui atropelado por um redemoinho de eventos. Em 13 de dezembro de 1981, seis meses após seu início, o Movimento Solidariedade foi surpreendido por um golpe militar. Os portões da Polônia fecharam-se com força, antes que um etnógrafo vindo dos Estados Unidos pudesse alcançá-los.

Então, eu fiz a segunda melhor coisa ao meu alcance, aceitando o convite de Iván Szelényi para visitar a Hungria. Por que a Hungria havia sido poupada de uma tal rebelião operária? Afinal, foi a classe trabalhadora húngara, e não a classe trabalhadora polonesa, que em 1956 encenou o mais dramático confronto auto-organizado contra o socialismo estatal. Poder-se-ia esperar que o Movimento Solidariedade tivesse lugar na Hungria, mas não na Polônia. Assim, de 1983 a 1989 eu migrei de fábrica em fábrica à procura de uma resposta, tentando entender o caráter especificamente socialista da organização do trabalho, sua regulação e a consciência da classe operária húngara. Minhas incursões no *habitat* da produção socialista objetivavam fazer uma comparação em duas fases: por que a Polônia e não a Hungria havia sido o palco da mobilização da classe trabalhadora em 1980; e por que a revolta da classe trabalhadora ocorrera sob o socialismo estatal e não sob o capitalismo avançado (aqui, a comparação era entre a Hungria e os Estados Unidos). Como as distintas experiências de classe nos Estados Unidos e na Hungria poderiam ser atribuídas às políticas econômicas bastante diferentes nas quais os trabalhadores estavam mergulhados (*vide* Capítulo 4)?

Neste caso, meus estudos comparativos permitiram-me explorar as macrofundações dos microprocessos. Quer dizer, eu parti dos processos sociais desenvolvidos no chão de fábrica e os ampliei até as macroforças que os conformavam. Se, antes, Chicago e então a Hungria ofereceram-me a oportunidade de estudar as macrofundações da microssociologia, o que dizer das microfundações da macrossociologia? Aqui, eu me tornara observador participante dentro dos campos da sociologia, dentro da produção do conhecimento. Curioso para saber como a dedicada erudição de Theda Skocpol havia produzido uma teoria da revolução tão canhestra e enfadonha, enquanto que o profundo envolvimento de Leon Trotsky na Revolução Russa produzira uma narrativa tão persuasiva, eu comparei seus métodos. Então contrastei a ciência claramente enunciada e distanciada de Skocpol com a ciência engajada de Trotsky (*vide* Capítulo 3). Desta forma, eu tentei compreender como Trotsky havia se tornado um crítico tão perspicaz da Revolução Russa, como sua observação participante e refletida permitiu-lhe captar processos sociais subjacentes à revolução, assim como seu desfecho final. Comparado com a ciência positiva de Skocpol, que pressupunha que todas as revoluções aconteciam (e terminavam) da mesma forma, a ciência reflexiva de Trotsky diferenciava as revoluções francesa, alemã e russa. Cada qual tinha sua dinâmica e resultados distintivos. No entanto, a teoria de Trotsky não brotava de dados frios, e sim da confrontação e da reconstrução da teoria marxista. O pessimismo de Skocpol e o otimismo de Trotsky advinham não tanto do endurecimento ou maleabilidade do mundo, mas da forma como cada um interpretou e se engajou nesse mundo.

Aqui jaz o segredo do estudo de caso ampliado: nele, a teoria não é descoberta, mas revisada; não é induzida, mas aperfeiçoada; não é desconstruída, mas reconstruída. A meta da teoria não é estar tediosamente correta, mas brilhantemente errada. Em poucas palavras, a teoria existe para ser ampliada e estendida em face das anomalias externas e contradições internas. Nós não partimos de dados; nós partimos da teoria. Sem a teoria, somos cegos: nós não podemos enxergar o mundo. As teorias são as lentes indispensáveis que nós trazemos para nosso relacionamento com o mundo e, por meio delas, dar sentido a sua interminável multiplicidade. Todo mundo necessariamente possui teorias (para entender como o mundo funciona, ligando causas e efeitos), mas algumas pessoas se especializam em sua produção. A prática da ciência social está se tornando consciente de que a teoria é sua precondição.

Aqueles que gostariam que nos despíssemos da teoria antes de entrarmos no campo estão enganando a si mesmos. Em sua suposta pureza, eles se tornam vítimas inconscientes dos vieses que procuram evitar. Seria muito melhor tornarmo-nos conscientes da nossa bagagem teórica, transformando-a em nossa vantagem, em vez de permitir que ela nos afunde nos pântanos do empirismo. E, finalmente, mas não menos importante, cabe dizer que a teoria permite-nos a ampliação do micro ao macro, ao identificar as forças macro que trabalham para conformar e reproduzir os processos sociais micro.

De volta a Berkeley, com o método do estudo de caso ampliado

Embora eu me tornasse mais cônscio dos princípios metodológicos que guiavam minha pesquisa enquanto eu a realizava, eu descobria aqueles princípios não ao encarar meu umbigo – embora houvesse muito disso – mas ao interagir com outras pessoas, especialmente durante a docência. O ensino é a pesquisa por outros meios. Ensinar não é como encher vasos vazios com conhecimento útil; é um diálogo de auto-realização, tanto do mestre como do aluno. Ensinar é uma forma de observação participante – um processo de aprender o que significa ser um sociólogo.

De volta a Berkeley, eu comecei a ministrar um curso introdutório e obrigatório de metodologia para o primeiro ano de graduação, mas apenas depois de fazer um curso sob a responsabilidade do então estudante de pós-graduação Tom Long. Sob sua supervisão, eu me aprofundei em filosofia da ciência e, então, comecei a organizar meu curso sobre metodologia ao redor de uma única questão: a sociologia é uma ciência? Na primeira metade do semestre, nós interrogamos os diferentes sentidos da palavra ciência, indo do mais crasso indutivismo até o anarquismo de Feyerabend, culminando com a metodologia dos programas de pesquisa científica; e na segunda metade do semestre, nós examinamos as alternativas hermenêuticas e as críticas à sociologia como ciência, muitas das quais nutriram criticismos equivocados contra a ciência. Concluímos com a ecumênica descrição de Habermas do conhecimento e dos interesses humanos, combinando abordagens positivistas, interpretativas e críticas. Ministrando este curso, eu me convenci da centralidade da teoria para toda a pesquisa sociológica.

A inspiração subjacente e a motivação para estas explorações em filosofia da ciência e da anticiência encontravam-se nos seminários de observação participante que eu continuava a estimular – seminários que geraram muitas questões profundas e não respondidas sobre nossa busca por conhecimento. Os seminários funcionavam assim: os alunos chegavam com seus projetos inacabados e preliminares, e eu lhes dizia que em três dias eles deveriam entregar-me uma proposta sucinta que descrevesse o porquê de quererem pesquisar aquele objeto em particular escolhido por eles, como iam estudá-lo e, o mais importante, o que esperavam encontrar. Suas expectativas eram forçadas a serem erradas, dizia-lhes, e assim, estabelecia-se imediatamente um quebra-cabeça – por que eles pensaram X mas encontraram Y, a teoria com a qual estavam operando era tão claramente equivocada? Eu lhes dizia que aquela proposta era o primeiro esboço do artigo final, e que o semestre envolveria revisitar aquele esboço várias vezes, para ajustar pelo menos algumas das surpresas (anomalias) que o campo traria. Eles partiam da teoria – mesmo não estando cientes disso – e nunca deixavam a teoria. A teoria guiava suas pesquisas dia a dia, sugerindo hipóteses a serem investigadas e anomalias a serem resolvidas.

Nessa versão da etnografia, nós não livramos nossas mentes dos juízos prévios, mas os esclarecemos e problematizamos; nós não acumulamos dados dia após dia, para somente computá-los e, por meio disso, inferir uma teoria lá no final, como se ninguém mais tivesse pensado nessas questões antes, mas nós continuamente combinamos a teoria com os dados, e a teoria com outras teorias. A teoria é a condensação de conhecimento acumulado que une os sociólogos entre si; ela é o que faz de nós uma comunidade de cientistas. Nós somos teoria condensada.

Um curso como esse corre por si mesmo. Eu posso dominar a conversação durante as primeiras uma ou duas semanas, mas, a partir desse ponto, eu sou lentamente marginalizado, ao passo que os alunos rapidamente aprendem como se engajarem com os trabalhos uns dos outros. Minha ignorância sobre seus âmbitos de pesquisa tornou-se uma virtude pedagógica. Os alunos, ainda hoje espantam-se e recuam, mas desabrocham porque desenvolvem aquela confiança que vem com o monopólio do conhecimento a respeito de âmbitos de pesquisa. Os alunos devem ser responsáveis por seus próprios projetos de pesquisa, mas também participam dos projetos de todos os outros. Eu trabalho com os alunos um por um em minha sala e por e-mail, indo através de suas anotações e de suas análises. "Diga-me", eu costumo lhes perguntar, "(a) por que eu devo me importar com sua área de pesquisa ou com suas descobertas? (B) O que isso eventualmente acrescentará ao conhecimento sociológico, à teoria de como o mundo funciona? (C) Que teoria que você considera importante é desafiada por suas observações? (D) E como você pretende aperfeiçoá-la?"

Eu dei esse curso por quinze anos: às vezes, o curso degenerava e desintegrava; mas outras vezes, ele se fundia num espírito coletivo que transcendia seus participantes. Numa dessas ocasiões, eu sugeri à turma que continuássemos nos encontrando no segundo semestre – e foi o que fizemos. Aquela foi uma experiênciamuito especial. Eles adoravam cozinhar (e eu adorava comer); e enquanto consumíamos suntuosas refeições, planejávamos a reformulação dos artigos que havíamos produzido no semestre anterior. Em alguns casos, isso envolvia pesquisas adicionais. De maneira lenta, segura e, com frequência, penosa, os artigos tomaram forma até chegarmos aos manuscritos que reunidos transformaram-se no volume intitulado *Etnografia sem fronteiras* [*Ethnographt Unbound*] (Burawoy; Burton & *alii*, 1991). Para mim, este foi o tempo e o lugar para formular os princípios do estudo de caso ampliado que nós havíamos seguido, enfim, para registrar o conhecimento acumulado em docência e em observação participante. Como livro, ele foi um sucesso inesperado, ao disseminar uma abordagem alternativa para a observação participante.

Os princípios eram bem simples. O primeiro princípio é a ampliação do observador dentro da comunidade a ser estudada. O observador une-se aos participantes no ritmo de vida, no espaço e no tempo deles. O observador pode continuar sendo um mero observador (a observação não participante) ou ser um membro engajado (que é a observação participante propriamente dita). O observador pode declarar suas intenções – observação participante aberta – ou continuar incógnito – observação participante coberta. O segundo princípio é a ampliação das observações no tempo e no espaço. Não há como predeterminar quanto tempo o observador deva estar no campo, mas esse tempo deve ser longo o bastante para discernir os processos sociais que dão coesão ao âmbito de pesquisa. Aqui, damos atenção aos eventos e dramas significativos, tanto os rituais de reprodução como as lutas e contradições. O terceiro princípio é a ampliação dos microprocessos às macroforças, observando o modo como as últimas conformam e são conformadas pelos primeiros. Nós devemos ter cuidado para não reificarmos aquelas forças que são, elas mesmas, um produto dos processos sociais – mesmo quando tais processos são invisíveis ao observador participante. O quarto princípio é a ampliação da teoria, o que é o derradeiro objetivo e fundamento do estudo de caso ampliado. Nós partimos da teoria que guia nossas interações com os outros e nos permite identificar as forças relevantes que atuam além do nosso meio. Durante esse processo, sua inadequação torna-se aparente nas anomalias e contradições que buscamos corrigir. Quer seja a teoria popular ou acadêmica, ela se torna a base do caso que dá sentido aos âmbitos de pesquisa que estão além da sua própria particularidade.

Dez anos após o início da *Etnografia sem fronteiras*, eu me via estabelecido num departamento, supervisionando alunos brilhantes mas inquietos, conduzindo etnografias em diferentes partes do mundo. Eu os convidei a aproveitarem suas dissertações para escrevermos um livro chamado *Etnografia global* [*Global Ethnography*] (Burawoy & *alii*, 2000). Poderia o método de caso ampliado ser estendido para além da localidade, da região e mesmo da nação, rumo ao globo? Meus alunos não puderam resistir ao desafio. Durante o primeiro semestre, lemos alguns dos maiores teóricos da globalização – o seminário mais estimulante de que eu participei em Berkeley. Entretanto, concluímos que nenhuma daquelas teorias era adequada à tarefa da etnografia global. A maior parte delas voava nas nuvens, sendo incapazes de entender a diversidade dos estudos que nós abraçamos: trabalhadores do serviço público na Hungria; trabalhadores sem-teto em usinas de reciclagem e operários de estaleiros na baía de São Francisco; movimentos de mulheres no nordeste do Brasil; enfermeiras em Kerala, na Índia; criadores de *software* na Irlanda; movimentos contra o câncer de mama na área da baía de São Francisco; organizações sindicais em Pittsburgh; aldeias em terras devolutas da Hungria. Embora cada estudo desses pudesse ser lido em separado, e embora nós houvéssemos mapeado as três abordagens da globalização – as forças supranacionais, as conexões transnacionais e as consciências pós-nacionais –, realmente, não havia nenhuma teoria que valesse à pena reconstruir. Então, assim como as feministas antes de nós, estávamos liberados para construir algo de novo, do nada.

Etnografia sem fronteiras e *Etnografia global* foram projetos abertamente coletivos, tanto no processo como no produto. Ao mesmo tempo, estes livros eram as pontas do *iceberg* colaborativo que conformou minha etnografia reflexiva. Por quase trinta anos, eu mantive um seminário de escrita dissertativa que se encontrava semanalmente ou quinzenalmente. Ele foi o molde para muitos livros e dissertações de mestrado. Nestes seminários, na câmara escura do meu *habitat*, nós aprendemos juntos, às vezes, de maneira bem tortuosa, o que deveríamos fazer. Os ensaios que seguem foram apresentados pela primeira vez naqueles seminários e, portanto, é a seus participantes que eu dedico este livro.

Capítulo 1

O estudo de caso ampliado: raça e classe na África pós-colonial

[1] Agradecimentos: Esse capítulo foi sendo feito durante vinte anos. Versões anteriores não estão publicadas e são pouco reconhecíveis. Duas pessoas em particular me ajudaram a trazer esse empreendimento para um fim. Erik Wright me encheu de páginas e páginas de intensa argumentação sobre como só pode haver um modelo de ciência, enquanto Peter Evans insistiu para que eu persistisse, apesar de toda oposição. E oposição não faltou, de recepções hostis em conversas a resenhas desdenhosas de pareceristas de revista. Minhas ideias ganharam forma em cursos calorosos sobre observação participante e enquanto trabalhava com estudantes de pós-graduação em dois livros: *Ethnography Unbound* e *Global Ethnography* [*Etnografia sem fronteiras* e *Etnografia global*]. Teresa Gowan, Leslie Salzinger, Maren Klawiter e Amy Schalet concentraram-se em garantir que eu explicasse cada afirmação feita, enquanto Raka Ray, Jennifer Pierce, Charles Ragin, Michael Goldman, Raewyn Connel, Nora Schaeffer e, especialmente, Linda Blum proveram mais estímulos gentis ao longo dos anos. Minha maior dívida é com Jaap van Velsen, meu primeiro professor de sociologia, que, como antropólogo, exemplificou o método de caso ampliado, ainda que ele fosse recuar horrorizado diante da formalização ao qual submeti esse método. Finalmente, Craig Calhoun enfrentou a oposição para primeiro conduzir este texto à publicação quando ele era editor da *Sociological Theory*.

A metodologia pode apenas nos trazer alguma compreensão refletida dos recursos que têm demonstrado seu valor na prática ao elevá-los ao nível da consciência explícita; isso não é a condição prévia para o trabalho intelectual frutífero, assim como o conhecimento da anatomia não é a condição prévia para um "correto" caminhar.

Max Weber. *A metodologia das ciências sociais.*

É verdade: geralmente, o conhecimento de anatomia não é uma precondição para um "correto" caminhar. Mas quando o chão sob nossos pés move-se constantemente, apoios são bem-vindos. Como cientistas sociais, nós abolimos o equilíbrio dos pés, por estarmos presentes no próprio mundo que estudamos, por absorvermos a sociedade que observamos, por vivermos lado a lado daqueles que chamamos de "outros". Para além do nosso envolvimento individual, estão nossas complicações etnográficas mais amplas – produzindo teorias, conceitos e fatos que desestabilizam o mundo que procuramos compreender. É por isso que nós desesperadamente necessitamos de metodologia, para mantermo-nos de pé, enquanto navegamos num território que se move e muda de lugar quando tentamos atravessá-lo.

Como outros obstáculos, pode-se lidar com a condição etnográfica escolhendo uma entre duas estratégias: contendo-a ou voltando-a a nosso favor. Na primeira estratégia, nós minimizamos a dificuldade limitando nosso envolvimento no mundo que estamos estudando, isolando-nos de nossos sujeitos do conhecimento, observando-os de fora, interrogando-os por meio de intermediários. Nós mantemos os pés no chão ao aderirmos a uma série de procedimentos para coleta de dados que asseguram nosso distanciamento epistemológico. Essa é a abordagem positivista. Ela é exemplificada pelas pesquisas quantitativas [*surveys*], nas quais todo esforço é feito para neutralizar nossa participação no mundo que estamos estudando. Buscamos não interferir na situação que estudamos e padronizar a coleta dos dados, colocando entre parênteses as condições externas e certificando-nos de que nosso exemplo é representativo.

Na estratégia alternativa, nós tematizamos nossa participação no mundo a ser estudado. Nós nos mantemos e nos firmamos ao fincarmos raízes na teoria que guia nosso diálogo com os participantes em observação. Michael Polanyi (1958) elaborou essa ideia em detalhes, rejeitando uma objetividade positivista baseada nos "dados do sentido", em favor do compromisso com a "racionalidade" da teoria – mapas cognitivos por meio dos quais nós compreendemos o mundo. Essa teoria "residente" está na base daquilo que eu denomino modelo reflexivo da ciência – um modelo de ciência que abraça não o afastamento, mas sim o engajamento como via para o conhecimento sociológico. Baseada em nossa própria participação no mundo que estudamos, a ciência reflexiva mobiliza múltiplos diálogos para alcançar as explicações do fenômeno empírico. A ciência reflexiva parte do diálogo (virtual ou real) entre o observador e os participantes e, então, encaixa tal diálogo dentro de um segundo diálogo, entre processos locais e forças extralocais que, por sua vez, pode ser entendido tão-somente através de um terceiro diálogo ampliado: da teoria consigo mesma. A objetividade não é medida por procedimentos que asseguram um cuidadoso mapeamento do mundo, mas pela ampliação do conhecimento, quer dizer, pela imaginativa e parcimoniosa reconstrução da teoria para acomodar as anomalias (*vide* Kuhn, 1962; Popper, 1963; e Lakatos, 1978).

O estudo de caso ampliado aplica a ciência reflexiva à etnografia, com o objetivo de extrair o universal do particular, mover-se do "micro" ao "macro", conectar o presente ao passado e antecipar o futuro – tudo isso construído sobre uma teoria preexistente. No uso que eu mesmo fiz do estudo de caso ampliado, eu me vali das experiências como funcionário de pesquisas na indústria de cobre de Zâmbia para reelaborar a teoria de Fanon sobre o pós-colonialismo. Eu tentei expor as raízes do consentimento operário ao capitalismo americano aplicando a teoria gramsciana da hegemonia às minhas experiências como operador de máquinas em uma indústria localizada no sul de Chicago. Eu explorei a natureza da organização do trabalho e da formação das classes sob o socialismo ao combinar a teoria de Szelényi a respeito da estrutura de classes com a teoria de Kornai sobre a economia do desperdício. Isso foi baseado em sucessivos empregos em fábricas húngaras – de champanhe, de montagem de automóveis e de produção de aço. Em seguida, eu trilharia um caminho mais distante, numa pequena fábrica de móveis no norte da Rússia, com a finalidade de desenvolver teorias sobre a transição do socialismo ao capitalismo. Aqui eu me vali dos conceitos marxistas de capital mercantil e capital financeiro. Como eu poderia justificar estes saltos extravagantes no tempo e no espaço, do singular para o plural, dos acontecimentos quotidianos aos grandes temas históricos do fim do século XX? Esta é a questão que motivou este capítulo.

Embora seja mais comum aos estudos etnográficos limitarem suas afirmações dentro do mundo do dia-a-dia que eles examinam, eu não estou sozinho na proposta de "ampliar" as coisas a partir do campo. Com efeito, esse foi um dos traços típicos da Escola de Manchester em antropologia social que cunhou pela primeira vez o termo "método do estudo de caso ampliado".[1] Em vez de conseguir dos informantes os dados referentes àquilo que "os nativos devem fazer", os antropólogos de Manchester começaram

---

[1] Para um resumo sobre a abordagem da Escola de Manchester da antropologia, ver Kingley Garbett (1970). Para comentários sobre o método de Manchester feitos por um de seus principais praticantes, ver Max Gluckman (1958, 1961a, 1961b, 1964). As principais explicações sobre o método do estudo de caso ampliado incluem Clyde Mitchell (1956, 1983); A. L. Epstein (1958) e van Velsen (1960, 1964, 1967). Andrew Abbott (2007) escreveu uma fascinante e erudita crítica da minha apropriação do método do estudo de caso ampliado, diferenciando corretamente minha apropriação da versão original de Manchester.

a encher seus diários com registros do que os "nativos" realmente estavam fazendo, com notas dos eventos, conflitos e dramas reais que aconteciam no espaço e no tempo. Eles revelaram as discrepâncias entre as prescrições normativas e as práticas diárias – discrepâncias que eles localizaram não apenas nas contradições internas, mas também nas interferências do colonialismo. A antropologia de Manchester começava a reconduzir as comunidades africanas a seu contexto histórico-mundial mais amplo.

Não apenas na África, mas também nos Estados Unidos, havia uma rica, porém, desconexa tradição de conhecimentos no estilo tácito do estudo de caso ampliado. As etnografias de comunidades nem sempre empacaram diante do novo, mas incorporaram os contextos mais amplos do racismo e dos mercados de trabalho, assim como o das políticas urbanas.[2] Os etnógrafos em ambientes de trabalho, tradicionalmente confinados à "sociologia do chão de fábrica", também vêm levando em conta fatores externos tais como a raça, a etnia, a cidadania, os mercados e as políticas locais (ver Lamphere & *alii,* 1993; Thomas, 1985; Smith, 1990; e Blum, 1991). Os estudos com observação participante de movimentos sociais localizam-nos em seu contexto político e econômico (ver Fantasia, 1988; Johnston, 1994; e Ray, 1998). Etnografias da escola sempre buscam explicar como a educação é conformada e, ao mesmo tempo, influencia os padrões gerais de desigualdade social (ver Willis, 1977 e MacLeod, 1987). Etnografias da família consideram impossível ignorar as influências que vêm de fora dos lares, confirmando a advertência feminista de Dorothy Smith para localizar as experiências vividas dentro dos seus determinantes extralocais.[3]

---

2   Sobre racismo e mercados de trabalho, ver Liebow (1967) e Bourgois (1995). Sobre regimes políticos urbanos, ver Whyte (1943), Susser (1982) e Haney (1996).

3   Ver Dorothy Smith (1987). Sobre etnografias familiares, ver Stacey (1990), De Vault (1991) e Hondagneu-Sotelo (1994). O demolidor de paradigmas "Sociologia das mulheres" (originalmente escrito em 1977), de Dorothy Smith, começa desmascarando a sociologia abstrata, descontextualizada e universalista como a ideologia dos dominadores, voltando-se para a experiência vivida, concreta das mulheres como ponto de partida. As microestruturas da vida cotidiana, com as quais as mulheres

Os rudimentos do estudo de caso ampliado abundam nestes, e em muitos outros, exemplos. O que eu proponho, portanto, é trazer "alguma compreensão refletida" ao método de caso ampliado, ao elevá-lo ao "nível da consciência expícita". Mas, contra Weber, isso não é simplesmente um exercício de esclarecimento. Há repercussões reais no modo como conduzimos as ciências sociais. Com efeito, isso leva a um modelo alternativo de ciência social e, com isso, a práticas de explicação e de interpretação alternativas – algo que os cientistas sociais são relutantes em aquiescer. Nós preferimos debater a respeito de técnicas adequadas, ou mesmo tolerar a rejeição da ciência como um todo, a enfrentar a possibilidade de termos dois modelos de ciência coexistentes, o que exterminaria nossas prescrições metodológicas. Ainda assim, eu espero demonstrar que a ciência reflexiva tem suas próprias recompensas, possibilitando a exploração de amplos padrões históricos e macroestruturas, sem renunciar nem à etnografia nem à cientificidade.

Por etnografia eu entendo o relato sobre o mundo do ponto de vista da observação participante; por ciência eu entendo as explicações

---

lidam, tornam-se a base e a premissa invisível das macroestruturas controladas pelos homens. Isso se parece com o método de caso ampliado, mas, enquanto Smith justifica suas conclusões com base no "ponto de vista das mulheres", eu justifico as minhas apoiado em uma concepção alternativa de ciência. Nesse sentido, estou mais próximo de Sandra Harding (1986, 1990), que trabalha o terreno entre a ciência androcêntrica e o desdém pós-moderno da ciência. Em vez de render a ciência ao ponto de vista masculino, Harding clama por uma ciência substituta. Em seus escritos seguintes, Smith transforma essa ruptura inicial com a sociologia em voga em um universal metodológico. Assim, sua etnografia institucional – o que Smith (2007) chama de sociologia para as pessoas – busca a ligação entre local e extralocal acentuando as experiências vividas, as relações de dominação e suas mediações por meio de textos. Ela rejeita todas as outras abordagens da etnografia e ignora a sociologia preexistente – incluindo as sociologias feministas dos anos 1970 – exceto aquela que é produzida por seus alunos, pretendendo começar do zero cada problema com a qual lida e, a partir disso, reproduzindo aquilo que já sabemos. Ela identifica aspectos problemáticos do método do estudo de caso ampliado, a saber, a reificação das forças externas e a invocação arbitrária de teoria, questões que abordo nesse capítulo, mas ela tem dificuldade em identificar qualquer aspecto problemático em sua própria metodologia. Toda metodologia, como toda teoria, é limitada, e desenvolve-se reconhecendo abertamente suas limitações e as enfrentando.

demonstráveis e generalizáveis dos fenômenos empíricos. Para desenvolver meu argumento, será necessário diferenciar: a) o método de pesquisa (referindo-me à pesquisa quantitativa e ao estudo de caso ampliado) que consiste na utilização das b) técnicas de investigação empírica (referindo-me às entrevistas e à observação participante) para melhor chegar ao c) modelo de ciência (positivo ou reflexivo) que estabelece os pressupostos e princípios de produção da ciência. Para elaborar as diferentes dimensões do método de caso ampliado, eu procuro apresentá-lo como uma ciência, contanto que uma ciência reflexiva, para aperfeiçoar seu funcionamento ao reconhecer suas limitações e ao extrapolar as implicações de maior alcance para a forma como nós estudamos o mundo.

Para explicar e ilustrar o método de caso ampliado, retornarei a um estudo realizado entre 1968 e 1972 num país africano então recentemente independente: a Zâmbia. Dentre todos os meus estudos, eu escolhi este por ser o que mais efetivamente ilustra tanto as virtudes quanto os limites do estudo de caso ampliado. Primeiro, as virtudes. O estudo de caso ampliado é capaz de ir a fundo nos binômios políticos de colonizador e colonizado, branco e negro, metrópole e periferia, capital e trabalho, para descobrir múltiplos processos, interesses e identidades. Ao mesmo tempo, o contexto pós-colonial oferece um terreno fértil para condensar novamente estas prolíficas diferenças em torno de conexões locais, nacionais e globais. Agora, os limites. O estudo de caso ampliado enfrenta as mesmas forças que ele revela. Tal como o ressurgente campo dos estudos "coloniais" deixou bem claro, as colônias não são apenas lugares de exotismo, mas de testes de novas táticas de poder, posteriormente reintroduzidas nas metrópoles (ver Stoler, 1995 e Mitchell, 1988). Ali, a dominação assume formas brutais e exageradas, envolvendo os sociólogos e sobretudo os antropólogos de maneira transparente, colorindo suas visões de formas inexplicáveis (Clifford & Marcus, 1986; Asad, 1973). Os regimes de poder coloniais e pós-coloniais revelam os limites inerentes ao estudo de caso ampliado.

Em conformidade com isso, este primeiro capítulo foi construído da seguinte maneira: começo narrando meu estudo sobre a indústria de cobre de Zâmbia, destacando o enraizamento social da pesquisa reflexiva (Burawoy, 1972a, 1972b, 1974). Em seguida, eu mostro como meu estudo violou cada um dos quatro princípios da ciência positiva. Eu demonstro que a pesquisa quantitativa— a quintessência do método positivo – transgride seus próprios princípios por causa dos inevitáveis efeitos de contexto que se originam, tanto do indissolúvel relacionamento entre o entrevistador e o entrevistado, como do enraizamento da entrevista em um campo de relações sociais mais amplo. Nós podemos viver com a lacuna entre os princípios e as práticas positivistas e, ao mesmo tempo, tentar fechar essa lacuna; ou formular um modelo de ciência alternativo que tome o contexto como seu ponto de partida e que tematize nossa presença no mundo que estudamos. Essa alternativa é o modelo "reflexivo" de ciência que, quando aplicado à técnica da observação participante, faz emergir o estudo de caso ampliado.

Porém, para salvar tanto a ciência como o estudo de caso ampliado, eu não elimino a lacuna que há entre eles. Ao tornar o contexto e o diálogo a base de uma ciência alternativa, inevitavelmente ganharão destaque os efeitos de poder que dividem o estudo de caso ampliado dos princípios das ciências reflexiva. O pós-modernismo tem feito um belo trabalho ao destacar esses efeitos de poder, mas, ao invés de tentar ajeitar uma ciência inadequada, o pós-modernismo prefere rejeitar a ciência como um todo. Eu me vi trabalhando nas bordas do pós-modernismo, sem jamais ultrapassar suas fronteiras. Se escolhermos continuar do lado da ciência, teremos de viver com suas limitações auto-impostas, venham elas dos efeitos de contexto da ciência positiva, ou dos efeitos de poder da ciência reflexiva. E visto que o mundo não é nem desprovido de contexto nem desprovido de poderes, ambas as ciências são falhas. Mas nós temos uma escolha. Por fim, eu me pergunto quando, onde e por que empregar cada um dos modelos de ciência e seus métodos correspondentes.

A aceitação da condição etnográfica

A ciência reflexiva parte do diálogo entre nós mesmos e, depois, entre os cientistas sociais e as pessoas que eles estudam. Mas ela não é alavancada a partir de um ponto arquimediano fora do tempo e do espaço; ela não cria conhecimento ou teoria com tábula rasa. Ela emerge do choque entre a teoria acadêmica e as teorias populares existentes. Ambas começam sua interação a partir de locais reais.

Meu próprio estudo das minas de cobre de Zâmbia partiu dos dilemas debatidos em público a respeito da herança do colonialismo. Eu viajei para o cinturão do cobre em 1968, à procura das políticas e estratégias das corporações transnacionais com relação aos regimes pós-coloniais. As duas companhias mineradoras em questão, a Anglo American Corporation e a Roan Selection Trust, tinham suas origens na ordem colonial da Rodésia do Norte, um protetorado britânico até 1964. Como essas companhias responderiam à independência zambiana, cuja meta declarada era reassumir o controle da economia nacional? Essa não era uma questão qualquer, uma vez que a indústria carbonífera empregava cerca de cinquenta mil indivíduos – 90% dos quais eram africanos e 10% expatriados. No momento da independência, as minas respondiam ainda por 90% da balança comercial e entre 50% e 70% da receita bruta do Estado. Até onde interessava ao governo britânico (e mais tarde à Federação da Rhodésia e à Niassalândia), a razão de ser da Rodésia do Norte era o cobre. Transporte rodoviário e ferroviário, terras e cultivo agrícola, comércio e impostos, trabalho e educação, nacionalidade, classe e raça – tudo isso era destinado a maximizar a exportação de cobre. Zâmbia foi o arquétipo do enclave comercial, tendo as minas de cobre como princípio organizador.

Era mais fácil estudar os sucessos e insucessos no trabalho dos mineiros africanos do que desvendar as misteriosas práticas corporativas da Anglo American Corporation e da Roan Selection Trust. As minas não eram um campo de estudos que pudesse ser abarcado com levantamento documental, porque, como eu iria descobrir, os documentos eram escassos. As entrevistas conduzidas a partir de fora não eram úteis, uma vez que os gerentes protegiam-se por camadas e camadas de assessores de relações públicas. Em vez disso, eu tirei vantagem da minha recente graduação em matemática e meus contatos com a sede da *Anglo* para conseguir um emprego na Unidade de Pesquisa de Pessoal da Agência de Serviços da Indústria de Cobre. Localizado em Kitwe, bem no coração da região mineradora, essa unidade era o centro das relações sociais da indústria local.

Uma vez ali, minha atenção voltou-se para a questão mais específica da internalização e nacionalização da força de trabalho, ou o que ficou conhecido como progresso africano, e desde a independência passou a ser chamado de processo de zambianização. O regime colonial em Zâmbia deixou os quatro milhões de habitantes com algo menos que mil bacharéis formados e pouco mais de doze mil africanos com diplomas de ensino médio. Por isso, o país continuava muitíssimo dependente dos especialistas e administradores brancos. Historicamente, a indústria de mineração havia sido organizada conforme o princípio da barreira racial [*colour bar*], ou seja, nenhuma pessoa negra exerceria autoridade sobre qualquer pessoa branca. O maior objetivo do movimento anticolonial era erradicar todos os traços da supremacia branca. Como eram as coisas no período pós-colonial? Vamos começar com as imagens exibidas pelo novo Comitê Governamental de Zambianização, que pintava um quadro auspicioso das suas realizações. Quatro anos após a independência, menos expatriados e mais zambianos ocuparam as posições dos "expatriados" (brancos). O que havia por trás desse retrato do fim da ordem racial?

Se a compreensão das estratégias gerenciais era amplamente bloqueada aos de fora, qualquer estudo sério sobre a zambianização estava totalmente fora das possibilidades. A transição racial daquilo que havia sido um sistema de *apartheid* era enfim uma questão explosiva demais para ser investigada abertamente. No entanto, aquilo pairava em suspenso, tal como uma nuvem pesada, sobre todos os aspectos das relações industriais. Eu não poderia ter desejado melhor posição para observar as diferentes forças em operação. Eu não estava simplesmente situado no centro de coleta de dados da indústria de mineração, como também me tornei um ativo contribuinte do novo esquema de avaliação do trabalho da indústria, que objetivava integrar brancos e negros nas escalas de remuneração. Como parte do meu trabalho, eu ficava sabendo das reivindicações nas negociações entre gerência, sindicato e governo.

Eis o bastante sobre a perspectiva dos superiores. Mas como seria a zambianização vista de dentro e de baixo? Aqui, eu deveria ser mais furtivo e discreto. Então, organizei uma pesquisa quantitativa sobre as condições de trabalho e de vida dos mineiros africanos, sem mencionar a zambianização. Mas, para as entrevistas, selecionei os jovens funcionários zambianos da administração que, como tinha razão para crer, estavam no olho do furacão do processo. Nós nos encontraríamos semanalmente em um clube nominalmente voltado à dessegregação – o Clube Rokana – para discutirmos o andamento da pesquisa, mas também a zambianização. Ainda assim, isso não era o bastante. Eu trabalhei na Unidade de Pesquisa de Pessoal durante um ano e meio, e continuei a investigação por mais dois anos, como aluno de mestrado da Universidade de Zâmbia. Lá, eu recrutei estudantes de graduação para unirem-se a mim no estudo da organização, subsolo e superfície do trabalho pós-colonial. Pelo menos oficialmente, essa era nossa meta; estávamos explorando a zambianização desde baixo, do ponto de vista da vasta maioria dos trabalhadores desqualificados e semiqualificados do país. Como eles viam a zambianização dos supervisores e dos administradores de menor nível?

Nossas observações ampliadas mostraram que a gerência branca desenvolveu dois tipos de manobra para satisfazer as metas dos governantes quanto à zambianização e, ao mesmo tempo, satisfazer seus próprios interesses na reprodução da barreira racial. A primeira estratégia era acobertar a zambianização. Nos tempos do sistema colonial, o pessoal da gerência era rei, imperando sobre os africanos suplicantes e, ainda que em menor grau, sobre os brancos também. Os funcionários da secretaria eram os senhores da cidade da empresa, da vida na mina e dos domínios vizinhos.[4] Um resultado óbvio: o departamento foi completa e rapidamente zambianizado, mas, ao mesmo tempo, ele foi desmantelado e destituído dos seus poderes, especialmente sobre os empregados expatriados. Ele foi colocado sob a tutela do então recém-criado "conselho de desenvolvimento da empresa", formado basicamente pelos antigos gerentes brancos.

A segunda estratégia consistia em obscurecer a zambianização. Durante os três anos e meio da nossa pesquisa, a posição do capitão da mina, o mais alto nível da supervisão do subterrâneo, foi zambianizada. Certo número de antigos capitães brancos foram promovidos ao então recém-criado posto de assistentes da administração do subterrâneo, levando consigo muito dos seus antigos poderes, privilégios e atribuições. Isso significava que qualquer sucessor zambiano deveria trabalhar nas sombras do seu predecessor. Ele se tornava um anteparo entre seus subordinados e o "verdadeiro" capitão da mina, agora reinstalado num confortável escritório na superfície.

Essas manobras para reproduzir a barreira racial tinham várias consequências disfuncionais à organização. Em primeiro lugar, elas tornavam a organização cada vez mais pesada no topo da hierarquia, à medida que as camadas da gerência engrossavam. Em segundo lugar, elas faziam crescer os conflitos entre os trabalhadores e seus novos supervisores zambianos, que, embora fossem menos autoritários, eram menos eficientes que seus predecessores expatriados. A manutenção da barreira racial por meio da zambianização era uma receita para o conflito e a ineficiência da organização.

---

4 Para uma descrição desse tipo de sistema nos anos 1950 na mina de Luanshya, ver A. L. Epstein (1958).

Se a zambianização acobertada e obscurecida acabava solapando a organização, por que continuar com ela? Quais eram as forças por trás da reprodução da barreira racial? Como poderia um governo de negros e nacionalistas desconhecer a continuidade da ordem racial, tal como efetivamente o fez em seu relatório do processo? Eu procurei as respostas numa ampla constelação de interesses.

Em primeiro lugar, embora o governo abraçasse a retórica do nacionalismo e da zambianização, os sindicatos africanos, representando os mineiros desqualificados e semiqualificados, estavam mais interessados em aumento de salários e em melhores condições de trabalho do que na mobilidade ascendente dos supervisores. Em segundo lugar, os sucessores zambianos, presos entre subordinados negros e chefes brancos, estavam na berlinda das tensões de classe e de raça. Eles eram hierarquicamente mais fracos que os gerentes brancos que detinham o monopólio virtual do conhecimento e da experiência. Em terceiro lugar, os executivos da indústria haviam lutado muito para aumentar a barreira racial e substituir os brancos pelos negros, uma vez que isso reduziria os custos com a mão-de-obra. Se antes os executivos enfrentavam a resistência organizada do pessoal branco, agora, eles eram ameaçados com o êxodo. Em quarto lugar, o governo zambiano considerava a indústria de mineração uma vaca sagrada, uma fonte de receitas fiscais para seus projetos de construção nacional. Além disso, ele estava satisfeito em permitir aos expatriados conduzirem a indústria, porque, embora eles detivessem o poder econômico, eles não ofereciam uma ameaça em termos políticos. Eles estavam limitados por contratos de três anos que poderiam ser rescindidos à vontade. Os gerentes zambianos, entretanto, como uma facção poderosa da classe dominante, poderiam causar muito mais problemas ao governo de Zâmbia. Esse equilíbrio de forças significava que, a despeito da independência nacional, os padrões gerais de raça e de classe nas minas do país não haviam sido alterados substancialmente.

A partir dos microcosmos da zambianização, eu "ampliei" o foco para as forças de classe que mantinham não apenas a velha ordem racial, mas também o subdesenvolvimento do país como um todo. Isso significava que os obstáculos ao desenvolvimento emergiam não apenas da dependência do país frente ao cobre em uma economia mundial controlada pelos países de capitalismo avançado, mas também da reprodução das relações de classe herdadas do sistema colonial. Uma "burguesia nacional" africana emergente possuía interesses de classe numa ordem racial que inibia a transformação econômica. Assim, meu estudo havia reconstruído e reconfigurado as narrativas locais em uma análise de classe do mundo pós-colonial que, como eu ainda mostrarei, repercutia na sociedade de forma inesperada. Mas primeiro, eu preciso traduzir essa pesquisa para a língua e os termos do estudo de caso ampliado e para a ciência que ele representa.

A ciência positiva revisitada

O que é a ciência positiva? Para Auguste Comte, a sociologia iria substituir a metafísica e revelar as leis naturais da sociedade. Ela foi a última disciplina a adentrar no panteão da ciências, mas uma vez admitida, a sociologia iria governar sobre o desgoverno, produzindo ordem e progresso a partir do caos. Assim, o positivismo era, de uma só vez, ciência e ideologia. Hoje, a sociologia, em sua maior parte, abandonou suas pretensões de se transformar em uma ideologia dominante, e é essa versão sóbria do positivismo que chamamos de ciência positiva. A premissa que distingue a ciência positiva da ciência reflexiva é a da existência de um mundo "externo" que pode ser construído como algo separado e totalmente diferente daqueles que o estudam. Alvin Gouldner (1970) uma vez chamou essa premissa de dualismo metodológico – os cientistas sociais excluem-se e isentam-se das teorias que criam sobre os outros. A ciência positiva exige o distanciamento do observador em relação ao objeto de estudo: um dispositivo de descolamento. A proposta da ciência positiva é espelhar o mundo social por meio da produção do mais detalhado mapeamento acerca do funcionamento desse mesmo mundo (Rorty, 1979).

Construir o observador como um estrangeiro requer um esforço de estranhamento, facilitado pela objetividade procedimental. Em sua exemplar discussão sobre o "campo de trabalho exemplar", Jack Katz (1983) estabeleceu os "4 R's", aos quais eu me refiro como sendo as quatro prescrições dogmáticas da ciência positiva. Em primeiro lugar, os sociólogos devem evitar afetar e, assim, distorcer os mundos que eles estudam. Esse é o dogma da não Reatividade. Em segundo lugar, o mundo externo é de uma multiplicidade interminável e, portanto, nós precisamos de critérios para a seleção dos dados. Esse é o dogma da Regularidade. Em terceiro lugar, o código de seleção deve ser formulado de maneira não ambígua, para que qualquer outro cientista social que queira pesquisar o mesmo fenômeno possa chegar aos mesmos resultados. Este é o dogma da Replicabilidade. Em quarto lugar, nós devemos garantir que o pedaço de mundo que nós estamos examinando seja representativo do todo. Este é o dogma da Representatividade.

Katz aceita esses dogmas como princípios definitivos da ciência social. Ele tenta mostrar como a observação participante pode corresponder às espectativas da ambição positivista, a saber, os "4 R's", se ela seguir a "indução analítica", ou o que ele prefere chamar de pesquisa analítica. Porém, durante o processo, ele desestabilizou profundamente seus próprios princípios metodológicos, antes abraçando que rejeitando a reatividade, dissolvendo as fronteiras entre fato e ficção, convocando os leitores a repetir as descobertas a partir das suas próprias experiências. Mesmo assim, imperturbável, ele manteve os "4 R's". Eu tomei o caminho inverso, renunciando a ciência positiva em nome da ciência reflexiva, que é mais apropriada ao estudo de caso ampliado. Eu justifico a evocação e elaboração desta alternativa mostrando inicialmente como este método viola os "4 R's" e, depois, como até mesmo a pesquisa quantitativa não consegue satisfazer aqueles mesmos dogmas positivistas. Minha intensão aqui não é rejeitar a ciência positiva, mas mostrar como é ela que recusa o estudo de caso ampliado e, assim, é ela que recusaria meu estudo da zambianização.

A ciência positiva desrespeitada

O método do estudo de caso ampliado não tem pretensões de ser uma ciência positiva; ao invés disso, ele deliberadamente viola os "4 R's". Minha pesquisa da zambianização violou o dogma da não reatividade. Eu era tudo ali, menos um observador não participante. Eu ingressei na Unidade de Pesquisa de Pessoal apenas porque ela havia sido encarregada de um gigantesco projeto de descrição de tarefas, para tornar mais claro o complexo organograma ocupacional de toda a extensão da indústria e colocar as estruturas de remuneração de brancos e negros numa mesma hierarquia. Era de importância fundamental que a hierarquia de atribuições já estabelecida dentro de cada grupo racial fosse mantida. Para dar a impressão de igualdade e isonomia, a integração das duas escalas de remuneração era estabelecida por uma comissão formada por "especialistas" do sindicato e da gerência, que "avaliava" cada cargo segundo um conjunto de características predefinidas: experiência, formação, destreza, esforço e por aí vai... Uma empresa britânica de consultoria, responsável pela combinação da avaliação das ocupações com a hierarquia estabelecida, fracassara totalmente. Com a minha formação em matemática, eu estava apto a transformar aquela tarefa num problema simples de equações lineares, reproduzindo no papel a mesma ordem racial que se transformaria no foco do meu estudo intitulado *A cor da classe nas minas de cobre* [*The Colour of Class in the Copper Mines*] (1972a).

A regularidade também foi violada. Ter consigo um código ou prisma rígido por meio do qual se observa e se obtém a informação, torna-nos indiferentes ao fluxo da vida cotidiana. Viver no mesmo tempo e espaço daqueles que estudamos faz com que seja difícil ajustar o mundo num gabarito definido de antemão. Começamos com uma série de questões e terminamos com outra série bem diferente. Assim, eu ingressei na indústria de mineração a procura de algumas políticas da empresa que guiavam suas relações com o governo zambiano; e apenas depois de trabalhar para os executivos da companhia eu percebi que não existiam tais políticas. Nem seria racional, como eu atinei depois, seguir estratégias predefinidas em situações de tamanha incerteza – incerteza política (frequentes crises no governo, mudanças de ministros, ou mudanças surpreendentes, tais como a nacionalização das minas); incerteza econômica (especialmente a volatilidade dos preços internacionais do cobre); e incerteza tecnológica (problemas inesperados nas escavações, desabamentos etc.) Em um tal ambiente turbulento, os gerentes deviam ser flexíveis, sem a intromissão de quaisquer planos detalhados. Como eu descobri, as políticas que realmente existiam eram criadas de maneira *ad hoc,* por "especialistas", como eu, para justificar decisões já tomadas. Caso eu não tivesse participado daqueles processos, eu ainda estaria olhando para aquelas supostas políticas da empresa ou, mais provavelmente ainda, teria inventado alguma política a partir das racionalizações da própria empresa. Em suma: com o estudo de caso ampliado, o diálogo entre participante e observador ofereceu-me uma peneira sempre mutante para a coleta de dados. Isso não implicou negar que nós vamos ao campo com pressupostos, questões e quadros teóricos. Mas estes são mais prismas do que moldes, mais plásticos do que rígidos.

Da mesma forma, a replicabilidade também era problemática. Os dados que eu coletei eram demasiado dependentes de quem eu era ali: um homem branco, recém-formado numa universidade britânica, diplomado em matemática, um recém-chegado ao sistema colonial – e um idealista, ainda por cima. Cada uma dessas características conformavam a minha penetração e permanência nas situações sociais e o modo como as pessoas falavam comigo sobre temas raciais. Mais que isso: qualquer pessoa que depois viesse e refizesse meu estudo sobre a zambianização, terminaria com observações bem diferentes. A história não é um laboratório de experimentos que possam ser repetidos de novo e de novo sob as mesmas condições. Há algo de único no encontro etnográfico. Certamente teria sido interessante para outro repetir o estudo, seja simultaneamente ou subsequentemente, não como uma replicação, mas como uma ampliação do meu próprio estudo.[5]

Então, eis que finalmente chegamos à inevitável questão da representatividade que domina a crítica positivista à etnografia. Quão representativas eram as observações que fiz do processo de zambianização dentro dos meus dois casos? Quão representativos eram os meus estudos de caso perante o conjunto dos estudos de caso das minas que eu estudei, sem falar das outras seis minas e inclusive das outras indústriais? Como eu pude extrapolar conclusões a partir daqueles dois únicos casos? E se não me era permitido generalizar, por que diabos eu me dei ao trabalho de devotar três anos e meio àquela pesquisa?

Essas são críticas válidas do ponto de vista da ciência positiva. Se esse fosse o único modelo de ciência, certamente eu teria perdido meu tempo. Contudo, há uma segunda abordagem científica, uma abordagem reflexiva que também procura explicações generalizáveis e demonstráveis. Essa alternativa não aparece por mágica, mas, devido a seus próprios princípios, surge como resultado do encontro crítico com a ciência positiva. Mas primeiro eu preciso mostrar que nenhum método, nem mesmo a melhor pesquisa quantitativa, pode corresponder às exigências dos princípios positivos, ao passo que os princípios da ciência reflexiva brotam dessa lacuna irrevogável entre a ciência positiva e sua prática real.

---

5   No Capítulo 2, descrevo outro estudo (Burawoy, 1979), dessa vez de uma fábrica ao sul de Chicago. Aqui, encontrava-me na mesma unidade que havia sido estudada por outro sociólogo trinta anos antes. Eu poderia ter tentado mostrar porque sua teoria da "restrição da produção" estava errada, mas, em vez disso, usei-a como base para ampliar meu próprio estudo de volta à história.

A ciência positiva delimitada

A pesquisa quantitativa é sabidamente positiva em seu método. Ela tenta estar à altura dos "4 R's" ao pronunciar os "4 E's". Com vistas a superar o problema da reatividade, a Entrevista é construída como uma série de estímulos uniformes e neutros que se articulam a respostas variadas. Espera-se que o respondente reaja à dada questão, e somente à questão, excluída do meio em que é posta. Para confrontar o problema da regularidade e conseguir um conjunto consistente de critérios para a coleta de dados, a entrevista é Estandardizada: questões idênticas são dirigidas de maneira idêntica para cada respondente. Quanto à replicabilidade, não apenas a questão tem que ser reduzida a um estímulo, isolado do contexto da entrevista, mas as condições externas também tem que ser controladas, quer dizer, Estabilizadas ou consideradas irrelevantes. Por fim, quanto à representatividade, os respondentes devem ser Exemplares cuidadosamente selecionados do público-alvo mais amplo.

Apesar dos seus melhores esforços, as pesquisas quantitativas têm constantemente e inevitavelmente frustrado seus objetivos positivos. A entrevista está num contexto social maior, que por sua vez está encaixado em outros contextos, todos os quais conferem-lhe significado e são independentes da questão em si. Há quatro tipos de efeitos de contexto. Os amplamente documentados efeitos associados à entrevista, criando problemas de reatividade pelos quais certas características do entrevistador (como a raça e o gênero) ou da própria agenda da entrevista (como a ordem e a colocação das questões) afetam significativamente as respostas (ver Hyman & *alii*, 1954; Converse & Schuman, 1974; e Schuman & Presser, 1981). Há também os efeitos associados ao respondente, pelos quais os sentidos das questões ganham uma ambiguidade irredutível, dependendo dos diferentes ambientes dos quais os respondentes vêm. Estandardizar as perguntas não eliminaria os efeitos associados ao respondente (ver Cicourel, 1967; e Forsyth & Lessler, 1991). Já os efeitos de campo simplesmente reconhecem que as entrevistas não podem ser isoladas dos contextos econômico, político e social dentro dos quais elas têm lugar. Respostas a entrevistas conduzidas em diferentes momentos ou diferentes lugares serão conformadas por tais condições externas. A replicação é contrariada por fatores externos que nós não podemos controlar. Nós não conseguimos sequer desembaraçar seus impactos imediatos dos impactos mediatos sobre o respondente durante a entrevista.[6] Por fim, os efeitos de situação ameaçam o princípio da representatividade. À medida que os sentidos, atitudes e mesmo o conhecimento não pertencem aos indivíduos, mas são construídos pelas relações sociais, nós deveríamos obter amostras de situações sociais, e não de populações de indivíduos.[7] Mas nós não temos a menor ideia de como determinar o universo das situações sociais relevantes, sem falar de como extrair uma amostra.

---

6   Entrevistas etnograficamente sensíveis dão a medida do quanto é difícil controlar os efeitos de contexto nesse tipo de pesquisa. A fim de reduzir os efeitos associados à entrevista, a pesquisa faz coincidir a raça do entrevistador e do entrevistado, mas isso pode exagerar os efeitos associados ao respondente e os efeitos de campo. Sanders (1995) mostrou que o campo racial mais amplo invade de tal forma a entrevista que alguns respondentes negros acham que seus entrevistadores negros são brancos, mesmo a entrevista sendo feita pelo telefone. Além disso, aqueles negros que identificaram seus entrevistadores como brancos adotaram atitudes mais conciliadoras. Em seu "experimento com caneta", Bischoping e Schuman (1992) mostraram que os resultados divergentes de pesquisa de intenção de votos antes da eleição de 1991 na Nicarágua resultaram da percepção dos respondentes de que a organização da pesquisa era ligada a um partido. Bischoping e Schuman concluíram que isso foi um produto da situação de polarização na Nicarágua, mas exatamente como aquele campo afetou as respostas permanece incerto.

7   Ver Stinchcombe (1980). Em relação às situações sociais, estou recorrendo a um situacionismo metodológico (Knorr-Cetina, 1981; Cicourel, 1964) para substituir um individualismo metodológico. Pesquisadores entrevistadores podem tentar construir situações sociais como uma variável, examinando, por exemplo, como a raça da pessoa é afetada pela situação, mas isso é bem diferente do situacionismo metodológico, no qual a situação, em vez do indivíduo, é a unidade de análise. Assim, Cicourel (1982) levanta o problema da "referencialidade" – o que podemos saber sobre uma determinada situação a partir de uma conversa que acontece em outra situação?

Não há nada de novo aqui – pesquisadores quantitativos minimamente sérios levam suas vidas tentando minimizar e/ou controlar os efeitos de contexto, admitindo-os como ruídos que devem ser investigados e não expurgados. Se os estudos anteriores a respeito das pesquisas quantitativas simplesmente revelaram os efeitos associados à entrevista, trabalhos mais recentes têm começado a teorizar sobre esses efeitos. A entrevista é vista como uma conversa distorcida na qual um dos interlocutores (o pesquisador) está ausente, na qual a conversa segue uma trajetória predefinida com respostas prescritas e na qual o diálogo é evitado.[8] Incapaz de estabelecer uma base comum com o respondente, o entrevistador não pode evitar os erros e mal-entendidos. Uma resposta, portanto, deve induzir uma entrevista de tipo mais "narrativo". Aqui, em vez de empurrar uma entrevista padronizada aos respondentes, o entrevistador permite a eles contarem sua própria história, oferecendo sua própria narrativa (Mishler, 1986). Pelo diálogo, o entrevistador reduz a distorção, mas incorre em reatividade e viola a regularidade, a replicabilidade e, muitas vezes, a representatividade.

Em outras palavras, ninguém nega a importância dos efeitos de contexto. Os pesquisadores quantitativos veem-nos como um desafio que precisa ser mensurado, reduzido e controlado. Entretanto, se assumirmos

---

8 Ver Clark e Schober (1992). Em um movimento inventivo, Sniderman e Piazza (1993) tentam construir um diálogo em sua pesquisa apresentando contra-argumentos predeterminados aos respondentes. Por exemplo, pergunta-se primeiro se os respondentes aprovam o apoio governamental para negros. Se os respondentes aprovam o aumento de gastos, então pergunta-se se eles manteriam essa posição caso os negros fossem selecionados para receber tratamento especial. Se, por outro lado, os respondentes não aprovem mais gastos, pergunta-se se eles manteriam essa posição caso isso significasse que os negros continuariam a ser mais pobres que os brancos. Os dados mostram que 44% dos brancos foram convencidos a mudar sua posição original. No caso de ações afirmativas, apenas 20% mudaram sua opinião em face de contra-argumentos. Não está claro por que haveria essas mudanças, se Sniderman e Piazza estão extraindo atitudes específicas de contexto, se as atitudes dos brancos em relação à raça é flexível e superficial ou se isso é simplesmente produto da própria situação de entrevista, na qual o respondente é induzido a uma resposta previsível. De qualquer forma, essas mudanças nas respostas sugerem a importância do estudo da própria entrevista como uma situação social.

a perspectiva de que o contexto não é um ruído que mascara a realidade, mas sim a própria realidade, então, melhorar a pesquisa quantitativa significaria resolver o problema errado com as ferramentas erradas. Por isso, muitos consideram o caráter inevitável dos efeitos de contexto como uma demonstração das irremediáveis falhas da ciência positiva, justificando com isso o abandono da ciência como um todo em favor da abordagem interpretativa do mundo social. Podemos encontrar representantes influentes dessa escola "hermenêutica" de um lado em inúmeras disciplinas acadêmicas: filósofos como Hans Gadamer (1975) e Richard Rorty (1979) reduzem a ciência social ao diálogo e à conversa; antropólogos como Clifford Geertz (1973; 1983) consideram a etnografia uma descrição densa ou escavação do conhecimento local; sociólogos como Zygmunt Bauman (1987) argumentam que os intelectuais deveriam abandonar suas pretensões legislativas em troca de um papel mais interpretativo de mediadores entre comunidades; feministas como Donna Haraway recorrem a "saberes situados" (1991, Capítulo 9).

Essa não é a abordagem que eu proponho seguir. Desafiado com a inevitável lacuna entre os princípios positivos e a prática de pesquisa, eu nem abandonei a ciência como um todo, nem me resignei a refinar a prática com o objetivo de aproximar-me de princípios positivos inatingíveis. Em vez disso, eu proponho um modelo de ciência alternativo, uma ciência reflexiva que toma o contexto como ponto de partida, mas não como ponto de chegada.

A ciência reflexiva definida

A reflexividade nas ciências sociais é frequentemente considerada como a inimiga da ciência. Há muito tempo, Peter Winch (1958) argumentou que a reflexividade individual, quer dizer, o autocontrole do comportamento, leva a uma irrevogável incerteza na ação humana, tornando as previsões científicas impossíveis. Tudo o que a ciência social pode fazer é revelar os mundos discursivos e não discursivos das pessoas que ela estuda. Uma visão semelhante tem se tornado comum na antropologia, onde quer que sua guinada "linguística" ou "hermenêutica" tenha tido influência. Segundo sua versão extrema, nós estaríamos tão embaraçados por nossos prejulgamentos que, simplesmente, não restaria muito a fazer além de nos fixarmos em nossas biografias. Dentro do campo da sociologia, a reflexividade tem sido empregada de maneira mais construtiva. Alvin Gouldner (1970) voltou a sociologia contra si mesma, para descobrir as "hipóteses dominantes" dos paradigmas reinantes na sociologia "ocidental", afirmando que elas estão fora de sincronia com o mundo que elas supõem espelhar. Mais tarde, Pierre Bourdieu (1977; Bourdieu & Wacquant, 1992) convidou-nos à sociologia reflexiva que explicitamente busca aprodundar os fundamentos científicos da sociologia. Reconhecer nossa própria posição dentro no campo disciplinar permite-nos objetivar nossa relação com aqueles que estamos estudando, e isso fará de nós melhores cientistas.

Eu adoto uma abordagem um pouquinho diferente. Em vez de afirmar que existe um modelo de ciência que melhor realiza a consciência reflexiva, eu proponho uma dualidade metodológica, a coexistência e interdependência de dois modelos de ciência – a positiva e a reflexiva.[9] Onde

---

9 Essa distinção pode ser estendida às ciências naturais. Há filósofos das ciências naturais, como Michael Polanyi (1958), que recusam a separação de sujeito e objeto. Sua teoria do conhecimento pessoal concede centralidade ao cientista natural que faz contato com e habita a "natureza". De forma semelhante, Evelyn Fox Keller (1983, 1985) defende que os cientistas naturais, assim como os cientistas sociais, podem também ser parte do mundo que estudam, que eles têm uma relação humana com os objetos sob investigação. Na sua visão feminista, não são os objetos que

a ciência positiva propõe isolar o sujeito do objeto, a ciência reflexiva elege o diálogo como seu princípio definidor e a intersubjetividade entre participantes e observadores como sua premissa central. Isso une o que a ciência positiva separa: o participante e o observador, o conhecimento e o contexto social, a situação e sua posição no campo, a teoria popular e a acadêmica. Os princípios da ciência reflexiva podem ser extraídos dos efeitos de contexto que aparecem como obstáculos à ciência positiva.

A intervenção

O primeiro contexto que eu discuti foi a entrevista propriamente dita, que não é simplesmente um estímulo destinado a revelar a verdadeira condição ou situação do entrevistado, mas sim uma intervenção em sua vida. A entrevista retira o entrevistado do seu próprio tempo e espaço e o sujeita ao tempo e espaço do entrevistador. Na visão da ciência reflexiva, a intervenção não somente é uma parte inevitável da pesquisa sociológica, mas uma virtude a ser explorada. É por reação mútua que nós descobrimos as propriedades da ordem social. Intervenções criam perturbações que não são ruídos a serem expurgados, mas músicas a serem apreciadas, transmitindo os segredos ocultos do mundo dos participantes. As instituições revelam muito sobre si mesmas quando estão sob tensão ou crise, quando elas enfrentam o inesperado assim como a rotina. Ao invés da proibição contra a reatividade, que jamais poderá ser atingida, a ciência reflexiva prescreve e tira proveito da intervenção.

---

são característicos, mas a forma condicionada pelo gênero com que os abordamos. Finalmente, Roy Bhaskar (1979), de um ponto de vista realista, insiste na intervenção e no experimento como centrais tanto para as ciências naturais quanto para as sociais. A distinção entre ciência positiva e reflexiva não tem base ontológica; ela não depende da natureza do mundo em estudo. A distinção entre os dois modelos não se baseia em seu objeto (humano como oposto ao não humano), mas na relação do cientista com o objeto.

O processo

O segundo contexto diz respeito aos múltiplos significados associados ao "estímulo" do entrevistador, que enfraquecem a regularidade do resultado da pesquisa. Nós podemos padronizar as perguntas, mas não as interpretações que os respondentes farão delas. Os respondentes participam das entrevistas com múltiplas experiências derivadas de diferentes situações que são convidados a encaixar em um único ponto dos dados. Até mesmo perguntar a raça e o sexo de alguém pode revelar-se algo complicado, obrigando a que o respondente reduza sua ampla coleção de experiências a um único item numa lista de opções prontas. Há aqui uma dupla redução: primeiro, agregação, e depois, condensação das experiências.

A ciência reflexiva obriga o observador a desembrulhar essas experiências situacionais, ao acompanhar os participantes através do tempo e do espaço. Tal movimento pode ser virtual, como na interpretação historiográfica, ou então real, como na observação participante; ou alguma combinação de ambas, como na entrevista clínica. Mas há outra complicação aqui. Não apenas cada experiência situacional pode criar seu próprio "conhecimento situacional", como esse conhecimento pode ser discursivo ou não discursivo. Se a dimensão discursiva da interação social, que nós podemos chamar de narrativa, pode ser captada pela entrevista, sua dimensão não discursiva, quer dizer, o conhecimento inexplicável, inconsciente ou tácito, às vezes relacionado a determinada consciência prática que subjaz a toda a interação social, requer algo mais. Tal dimensão pode ser descoberta através da "análise" ou da participação, "realizando" coisas *com* e *para* aqueles que estamos estudando (Garfinkel, 1967).

A tarefa da ciência reflexiva não se detém na compreensão situacional, na restauração do conhecimento situacional. Porque em primeiro lugar, sempre há múltiplos saberes, refletindo a posição de diferentes atores dentro da situação social. A ciência reflexiva seria imensamente complicada se sua meta fosse a exibição de múltiplas narrativas, de várias vozes. Pior que isso: o conhecimento situacional é um conhecimento localizado no tempo e no espaço. Nem o espaço nem o tempo podem ser congelados e, por isso, o conhecimento situacional está em permanente fluxo. Portanto, tal como qualquer outra ciência, a ciência reflexiva deve realizar alguma redução. No caso, a redução é uma agregação – a agregação do conhecimento situacional dentro do processo social. Assim como a pesquisa quantitativa agrega os dados de um grande número de casos numa distribuição estatística a partir da qual podemos fazer inferências, a ciência reflexiva coleciona múltiplas leituras de um único caso, agregando-as ao processo social. O movimento da situação para o processo é alcançado de diferentes maneiras, tendo em vista métodos reflexivos distintos, dependendo sempre da teoria disponível. Mais adiante neste capítulo, eu discutirei como isso funciona com o estudo de caso ampliado.

A estruturação

O terceiro contexto é o campo externo dentro do qual a entrevista acontece. O campo não pode ser mantido constante e, por isso, a proposta da replicação é frustrada. Não é que os cientistas sociais simplesmente sedimentam o mundo que eles estudam de maneira idiossincrática e, portanto, irreprodutível; mas é que o campo externo tem sua própria dinâmica autônoma. Este campo de relações mais amplo não pode ser colocado entre parênteses ou em suspenso, pois o campo também está além e foge à competência da observação participante. Por conseguinte, nós veremos o campo externo como a condição de existência do lugar no qual a pesquisa acontece. De acordo com isso, nós nos dirigiremos para além do processo social para podermos delinear as forças que pesam sobre o âmbito da pesquisa etnográfica. Essas forças sociais são efeitos de outros processos da sociedade que, em sua grande parte, estão fora do escopo da pesquisa. Quando vistas como exteriores ao observador, estas forças sociais podem ser estudadas com os métodos positivos que se tornam, deste modo, os auxiliares da ciência reflexiva.[10]

A ciência reflexiva, portanto, insiste em estudar o mundo cotidiano da perspectiva de sua estruturação, quer dizer, ao considerá-lo simultaneamente estruturado e estruturador das forças externas do campo.[11] Esse campo de forças pode ter características sistêmicas específicas, operando com seus próprios princípios de coordenação e contradição, e com sua dinâmica própria, quando se impõe sobre múltiplos locais.

O quarto efeito de contexto está relacionado ao segundo: a ascendência da situação social sobre a situação indivídual, o que problematiza a seleção da amostra com base no indivíduo. Se a representação é inexequível, haveria outra forma de se produzir a generalidade? Em vez de deduzirmos a generalidade diretamente a partir dos dados, nós podemos transitar de uma generalidade a outra, quer dizer, rumo a uma generalidade mais inclusiva e ampliada. Nós podemos começar com a nossa teoria favorita, mas procurando não confirmações e sim refutações que nos inspirem a aprofundar aquela teoria. Em vez de descobrir a

---

10 Em outras palavras, sigo Abbott (1992, 1997) e Somers e Gibson (1994) na distinção entre a "narrativa" do processo social e a causalidade das forças sociais. No entanto, onde eles querem substituir a segunda pela primeira, eu insisto em preservar um lugar para as forças sociais como expediente metodológico e realidade experimental, enquadrando e cercando os processos sociais.

11 Anthony Giddens (1984) fez da estruturação o *leitmotif* do seu trabalho. Ele busca transcender o dualismo entre sujeito e objeto, agência e estrutura, micro e macro substituindo a noção de dualidade, na qual as práticas simultaneamente reproduzem as condições que as tornam possíveis. Ele destaca como a estrutura facilita a ação, em vez de restringi-la, de forma semelhante a como a língua possibilita a fala. No fim, noções intuitivas de estrutura evaporam e nos deixam apenas uma visão voluntarista que enfatiza o controle que exercemos sobre nossos mundos. Eu retorno a uma noção de estruturação mais convencional na qual "estrutura", ou "forças sociais", de fato restringem o que é possível, apesar de elas serem elas mesmas continuamente reconfiguradas. O que ele concebe como estruturação é próximo do que eu chamo de processo, mas, mesmo aqui, eu dou mais centralidade às estruturas de micropoder que estão fora do controle dos indivíduos.

teoria estabelecida, nós elaboramos a teoria existente.[12] Não devemos nos preocupar com o caráter excepcional e incomparável do nosso caso, uma vez que nós não estamos tão preocupados com sua representatividade, mas com sua contribuição para a recontrução da teoria.[13] Nosso ponto de partida teórico pode estender a teoria popular dos participantes para alguma lei abstrata qualquer. Nós pedimos somente que os cientistas considerem isso um progresso digno de nota.

Mas o que distinguiria a reconstrução "progressiva" da "degenerada"? Seguindo Karl Popper (1963, Capítulo 10) e Imre Lakatos (1978), nós procuramos reconstruções que geralmente conservem os postulados centrais intactos funcionando tão bem como a teoria preexistente sobre a qual as reconstruções serão feitas e que absorvam as anomalias com parcimônia, oferecendo novos ângulos de visão. Por fim, as reconstruções conduziriam a surpreendentes prognósticos, alguns dos quais comprovados. Estas são exigências pesadas demais e que raramente são respeitadas por aqueles que empreendem uma reconstrução progressiva da teoria.

O diálogo é o princípio unificador da ciência reflexiva, que é dialógica em cada uma das quatro dimensões a seguir. Ela requer a intervenção do observador na vida do participante; ela demanda uma análise da interação dentro das situações sociais; ela desvenda os processos locais em um relacionamento mutuamente determinado com as forças externas; e ela considera que a teoria emerge não apenas do diálogo entre observador o participante, mas dos observadores consigo mesmos, vistos agora como participantes em uma comunidade científica. Teorias não

---

12 Um conjunto substancial de filosofia da ciência, constituído pela exploração histórica do desenvolvimento do conhecimento, defende que a ciência desenvolve-se pela absorção de anomalias dentro de paradigmas (Kuhn, 1962) ou dentro de programas de pesquisa (Lakatos, 1978), bem como por meio da competição entre paradigmas ou programas de pesquisa.

13 Rebecca Emigh (1997) fez a distinção crítica entre análise de "casos de desvio" em que os indivíduos de fora do lugar aumentam a capacidade de generalização da nossa teoria, e análise de "casos negativos" que aumentam o "conteúdo empírico" da teoria, e que tenho chamado de teoria da reconstrução.

brotam em tábula rasa a partir dos dados, mas são levadas adiante pelo debate e pela divisão do trabalho intelectual. Então, elas reingressam no mundo dos participantes, para aí serem adotadas, refutadas e ampliadas de maneiras intencionais e não intencionais, refluindo para a ciência.[14] Aquilo que a ciência oferece não é uma verdade definitiva, não é uma certeza absoluta, pois ela está em contínuo processo de revisão.

O método do estudo de caso ampliado

A ciência reflexiva está para o método do estudo de caso ampliado assim como a ciência positiva está para a pesquisa quantitativa – a relação é do modelo com o método, os princípios que legitimam as práticas em cada situação. Assim como nós codificamos a pesquisa quantitativa, devemos agora fazer o mesmo com o estudo de caso ampliado. Nesta seção, eu retornarei ao meu estudo da zambianização para ilustrar este método, apontando as formas pelas quais ele pode se beneficiar de uma maior autoconsciência metodológica. Na seção posterior, eu utilizarei meu estudo de caso de modo oposto, para lançar luzes sobre as limitações inerentes à ciência reflexiva.

Ampliando o observador até o participante

Na concepção positivista, a observação participante traz percepções por meio da proximidade, mas com o prejuízo da distorção. A perspectiva reflexiva abraça a participação como uma intervenção, exatamente porque ela distorce e perturba. A ordem social revela-se à medida que reage à pressão sofrida. Mesmo o observador mais neutro e passivo produz agitações que são merecedoras de investigação, ao passo que o ativista

---

[14] Novamente, Anthony Giddens (1992) promoveu grande parte dessa troca entre teoria acadêmica e leiga, argumentando que a sociologia parece não evoluir porque suas descobertas se tornam conhecimentos comuns. A reflexividade da teoria social, ele argumenta, é um dos traços distintivos da modernidade.

que procura mudar o mundo pode aprender muito sobre sua resistência à mudança.[15]

Com frequência, as intervenções mais sísmicas entram e partem do campo. Frequentemente, grupos sociais manifestam uma boa quantidade de resistências formais e informais ao ser estudados muito de perto – resistências que revelam muito sobre os principais valores e interesses de seus membros, bem como sua capacidade de afastar o perigo. Deixar o campo também é uma modalidade de intervenção, uma vez que é esse o momento em que os participantes frequentemente revelam seus segredinhos mais bem-guardados, ou criam coragem para dirigir questões que eles jamais se atreveriam a perguntar ao etnógrafo antes. Mas a principal bomba detona quando o forasteiro devolve suas descobertas aos participantes. Poucas pessoas apreciam ser parceladas, reduzidas a forças reificadas ou, de qualquer outra maneira, tratadas como um simples objeto de pesquisa sociológica. Além disso, muitas comunidades são clivadas por conflitos, de modo que é impossível atravessá-las, satisfazendo expectativas de todas as partes, não importa quão cuidadoso seja o observador. Embora dolorosas, os etnógrafos sempre aprendem muito com suas intervenções.

Quando eu concluí meu estudo sobre a zambianização, eu decidi pedir aos altos executivos da empresa Anglo American Corporation a permissão para publicá-lo, considerando que a empresa havia me empregado e, portanto, patrocinado a pesquisa que eu conduzi nas minas de cobre. Eles não tinham a menor ideia de que eu estivesse estudando por três anos a zambianização. Quando eu lhes mostrei meu relatório, eles ficaram chocados e surpresos por eu ter me atrevido a abordar um assunto tão delicado. Após lerem o original, eles se recusaram com

---

15 Minha posição aqui não é diferente dos três "contos do campo" (John van Maanen, 1988) – contos realistas que privilegiam o participante, contos confessionais que privilegiam o observador e contos impressionistas que destacam a interação entre os dois. O último, que é aquele que ele privilegia, é semelhante à abordagem intervencionista que estou advogando aqui.

veemência a autorizar a publicação, alegando que seu conteúdo era politicamente explosivo. Eu repliquei que o relatório havia sido baseado em seus próprios dados. Por fim, eles aceitaram dar-me uma concessão simbólica. Visto que as minas acabaram de ser nacionalizadas, a decisão de publicar não era mais prerrogativa deles, mas responsabilidade do governo de Zâmbia. Então, decidi enviar o original ao Ministério das Minas e Energia, responsável pela zambianização. O responsável no ministério era um expatriado – novo no emprego, mas veterano nas minas – e viu o relatório como uma forma de obter algum prestígio ao desafiar as práticas das companhias mineradoras. Baseado como estava em cuidadosas e detalhadas pesquisas realizadas internamente, ele considerou o relatório como uma autêntica arma para o avanço da zambianização. Ele disse então: "Uma vez que seu relatório critica o governo, os sindicatos, os sucessores zambianos, os expatriados e as corporações; enfim, uma vez que ele critica a todos, é porque ele deve ser objetivo". Conforme combinado, a monografia foi publicada sob o título de *A cor da classe nas minas de cobre* [*The colour of class on the copper mines*], graças ao Instituto para Estudos Africanos da Universidade de Zâmbia. Ele obteve muita repercussão. Sua análise das classes era hostil tanto às companhias mineradoras quanto aos expatriados e às autoridades do governo. No entanto, os gerentes da empresa em Lusaka usaram meu livro para disciplinar a administração no Cinturão do Cobre. O carimbo de certificação acadêmica fez da minha pesquisa uma arma nas mãos das companhias mineradoras – com em um feliz casamento do saber com o poder.

Nenhuma reivindicação de imparcialidade pode nos livrar, seja dos dilemas de sermos partes do mundo que estudamos, seja das consequências inesperadas daquilo que escrevemos. Porque aquilo que escrevemos acaba circulando no mesmo mundo que procuramos compreender e, de lá, explode em nossas faces. Tal como sugiro na seção a seguir, as reações à minha pesquisa representam tanto a confirmação como um desafio à teoria contida em *A cor da classe nas minas de cobre*.

Ampliando as observações no espaço e no tempo

Essas dramáticas consequências da pesquisa ocorrem todo dia em miniatura. Etnógrafos associam-se a participantes por períodos extensos e em lugares diversos. Todos os dias ingressamos no campo e nos preparamos para testar as hipóteses produzidas a partir da intervenção do dia anterior. O trabalho de campo é uma sequência de experimentos que continuam até que a teoria de alguém entre em sincronia com o mundo que ele estuda. Trata-se de um processo de sucessiva aproximação que pode, é claro, dar errado. Perturbações não pacificadas entre observações e expectativas significam incompreensão, ao passo que choques eventuais obrigam-nos a uma saudável reorientação da teoria que emerge. Neste nível, teorizar significa compilar o conhecimento situacional em um relato do processo social. Mas como isso funciona?

Situações envolvem relações de copresença, oferecendo as condições para práticas que reproduzem aquelas relações. O arquétipo desta concepção das situações sociais é a forma como o marxismo trata a produção. À medida que os trabalhadores transformam a natureza em coisas úteis, eles simultaneamente produzem seus próprios meios de vida (o trabalho necessário) e a base do lucro (o mais-trabalho), quer dizer, por um lado, eles reproduzem o trabalhador e, por outro, o capitalista. Mas esse processo continua: os trabalhadores retornam no dia seguinte, porque não têm outra fonte alternativa de sobrevivência. Eles estão, pois, sujeitos ao poder do capital, ou o que eu tenho chamado de regime político de produção que regula a divisão do trabalho, a mobilidade entre os postos na divisão das tarefas, a remuneração, e por aí vai. A questão é simples: a produção torna-se reprodução somente sob uma estrutura específica de poder do capital. E nós podemos compilar o conhecimento situacional em um relato do processo social porque os regimes de poder estruturam e transformam situações em processos.

Isso pode ser aplicado ao meu estudo de caso. A zambianização teve lugar durante a erosão do "despotismo colonialista", em direção a um regime de produção menos punitivo, mas ainda assim fundado na barreira racial. Trabalhando com o vocabulário de Anthony Giddens e William Sewell, poderíamos afirmar que, dentro deste regime político, os recursos como o dinheiro, a habilidade, a educação, o prestígio etc. eram distribuídos ao longo das linhas raciais, sustentadas por esquemas de supremacia racial branca, na forma de normas, crenças, teorias etc.[16] A zambianização é posta em prática quando um zambiano é promovido a fim de substituir um expatriado. O expatriado, por sua vez, busca preservar seu emprego (um recurso) e olha para o novo postulante como alguém inferior (uma armação). A gerência intervém para abrir um novo posto de trabalho para o expatriado, que leva consigo algo da sua antiga autoridade e suas atribuições, deixando o sucessor com poucos recursos. Os subordinados do sucessor, vendo-o como uma versão diminuída do predecessor, retiram seu apoio e sua confiança nele. Incapaz ou sem vontade de conseguir apoio em seu chefe branco, o novo supervisor zambiano recorre a métodos mais tirânicos, o que só confirma as piores suspeitas dos seus subordinados. Do ponto de vista deles, o novo supervisor zambiano é ainda pior que seu antecessor branco: o novo está tentanto reinventar o despotismo do passado. Cada vez mais, os subordinados recusam-se a cooperar com ele; e o ciclo continua até um novo equilíbrio entre coerção e consentimento ser alcançado. O regime de poder, quer dizer, a barreira racial é assim reproduzida.

Três coisas são dignas de nota. Em primeiro lugar, a situação social transforma-se em um processo social porque a ação social pressupõe e reproduz seu regime de poder. Ao participar da situação usando termos da barreira racial, a barreira racial é reproduzida através dos participantes. Em segundo lugar, nas lutas em torno do regime de poder, a temporalidade e as macroestruturas são invocadas como recursos e esquemas *internos* à situação social. O sucessor zambiano reclama que

---

16 Giddens (1984) e Sewell (1991). Ainda, estou mais próximo de Bourdieu e Foucault do que de Giddens e Sewell, que têm pouco a dizer sobre como o poder entra na constituição das condições de nossa existência.

os brancos continuam dominando e que a independência não trouxe grandes mudanças. Os mineiros zambianos veem seu novo chefe negro recriar o passado despótico ou impor uma nova supremacia étnico-tribal. Em terceiro lugar, as intervenções vindas de fora da situação social têm suas consequências estruturadas pelo regime de poder. A gerência pode criar posições para substituir os expatriados, como se fossem "favores" ao sucessor zambiano, mas o efeito disso é enfraquecê-lo. A gerência pode ainda recrutar pessoal com ensino médio para melhorar a qualidade dos quadros, mas o efeito disso é exacerbar os conflitos entre os veteranos e os calouros.

A reprodução da barreira racial provocou mudanças na hierarquia das relações sociais: relações entre negros e brancos tornaram-se mais distantes e indiretas, enquanto as relações entre negros e negros tornaram-se mais tensas e conflituosas. A reprodução do regime de poder é assegurada internamente por meio da mobilização de recursos e de esquemas. Ela também é assegurada externamente, para além do campo da observação participante – mas isso requer a análise das forças sociais.

Ampliando a partir do processo em direção às forças sociais

Eu poderia ter concluído meu estudo da zambianização com uma demonstração das leis gerais da barreira racial: embora a organização se modifique, a autoridade sempre flui do branco para o negro. Eu poderia ter dado ainda mais força à lei, ao apresentar as mesmas evidências num contexto bem diferente, como o dos Estados Unidos, onde as linhas de gênero e de etnia também têm estranhas maneiras de se reproduzir.[17] Mas essa seria a estratégia da generalização indutivista, a saber, buscar padrões comuns entre casos diversos, para que o contexto pos-

---

17 Há uma ampla literatura aqui começando da análise de processos organizacionais de Rosabeth Kanter (1977) passando pela análise das forças que dão forma à posição da linha de gênero, de Ruth Milkman (1987) até a análise de classe das forças em

sa ser desconsiderado. Podemos chamar isso de abordagem horizontal ou segregadora, na qual os casos são agregados como se fossem átomos independentes. Por outro lado, o estudo de caso ampliado mobiliza uma estratégia comparativa diferente, rastreando as origens de pequenas diferenças até chegar às forças externas. Podemos chamar isso de abordagem vertical ou integradora. Aqui, a finalidade da comparação é ligar os casos de maneira fortuita. Em vez de reduzir os casos à lei geral, nós interconectamos casos com outros.

A cor da classe nas minas de cobre proporcionou duas comparações interconectadas. A comparação dominante era entre a zambianização após a independência com o avanço da África sob a ordem colonial. A segunda, muito menos desenvolvida, era a comparação da zambianização de baixo para cima da minas, com a zambianização de cima para baixo do governo. Para entender por que, apesar da democracia e apesar da dissolução formal do racismo, a barreira racial reproduziu-se no Cinturão do Cobre, eu tive de escavar a história. Sob a ordem colonial, as companhias mineradoras haviam tentado com persistência "fazer com que os africanos progredissem" ao elevá-los a posições outrora monopolizadas pelos brancos.

O pouco que foi conseguido nesse sentido, deu-se por meio da fragmentação e da desqualificação do emprego dos brancos. Os sindicatos africanos sempre foram ambivalentes em sua visão do progresso dos africanos, uma vez que a maioria de seus membros estava bem mais interessada em aumento de salários e melhorias nas condições de trabalho. O regime colonial era pressionado pelas companhias mineradoras e por seu escritório colonial em Londres a apoiar o avanço gradual dos africanos, tanto como válvula de escape para as aspirações frustradas, como por lucro. A comunidade de colonizadores brancos representava um influente contrapeso em oposição a qualquer mobilidade ascendente dos

---

disputa em ações afirmativas e condições iguais (semelhante aos dois significados de progresso africano), de Linda Blum (1991).

africanos. Na maioria das ocasiões, o governo colonial buscou manter-se fora do conflito, entrando nele somente como juiz quando o aparato das relações industriais esgarçava.

O governo de sucessão zambiano, não mais ligado a Londres, tornou-se ainda mais favorável às companhias mineradoras como sua maior fonte de receita fiscal. Embora os gerentes brancos perdessem seu poder político formal, sua influência continuava, uma vez que a operação das minas também dependia da sua perícia técnica. Por sua vez, a elite política zambiana manteve os expatriados nos altos níves de comando da indústria do cobre, porque não queria depender de uma elite econômica estrangeira e potencialmente rival. Além disso, o governo pós-colonial tinha que responder aos clamores nacionalistas que os zambianos dirigiam a seu próprio país. E o governo respondeu a isso não por meio de uma vigorosa zambianização, mas pela nacionalização das minas, o que deixou sua organização interna intacta. A zambianização de cima para baixo, na capital, impelia a zambianização de baixo para cima, no Cinturão do Cobre.

Longe de independentes, os dois casos determinavam-se mutuamente. As raízes da resiliência da barreira racial no Cinturão do Cobre, ligava-se à erosão dessa mesma barreira no governo. Esse era o princípio da estruturação – localizando os processos da sociedade no âmbito de pesquisa, em uma relação de mútua determinação dentro do campo de forças sociais. Mas nós podemos ir além e perguntar se estas forças extralocais exibem um caráter processual próprio. Teriam elas uma certa "sistematicidade" tendente a reproduzi-las? Uma vez mais, nós só podemos continuar a fazer tais perguntas com a ajuda da teoria, neste caso, a teoria marxista. *A cor da classe nas minas de cobre* participou de um debate sobre o Estado capitalista, afirmando que o Estado pós-colonial preservou a estrutura geral das classes, não porque ele fosse um instrumento passivo do capital, mas antes porque ele era institucionalmente autônomo, mas economicamente dependente do capital. Aqui havia uma compreensão emergente da estruturação das forças de classe – a tendência de serem reproduzidas domesticamente com base num regime nacional de poder.

Eu poderia ampliar tal princípio de estruturação, ao considerar o arranjo do Estado e das classes sociais em Zâmbia como um processo estruturado aninhado em uma constelação de forças e atores internacionais. Em vez de me deter no nível nacional, eu abordei as forças e atores internacionais não como restrições, mas como recursos mobilizados pela elite dominante para legitimar sua dominação. A elite africana centrava suas forças para além do controle nacional – contratos comerciais, preço do cobre, especialistas ocidentais, corporações transnacionais – com a finalidade de obscurecer o caráter de classe do pós-colonialismo. A classe governante africana desenvolveu o neocolonialismo em sua própria versão do estudo de caso ampliado, negando seu poder de classe ao admitir sua impotência perante as forças externas. Essa perspectiva das novas elites encontrou seus representantes dentro do discurso acadêmico com a teoria do subdesenvolvimento, popularizada por Paul Baran e André Gunder Frank. Mais tarde, tal teoria sofreria objeções de estudos comparativos que enfocavam a capacidade do Estado projetar para si um "desenvolvimento dependente", dentro de uma economia mundial em mutação. Ainda hoje, o debate continua, com a rejeição enfática do projeto "desenvolvimentista" como algo destrutivo aos países subdesenvolvidos (Escobar, 1995; e Ferguson, 1990). Contudo, meu interesse agora é confrontar o neocolonialismo e a teoria do subdesenvolvimento que limitavam tanto o dado local como o extralocal às fronteiras nacionais com a análise de classes. Olhando para traz, hoje eu vejo que subestimei a importância das forças internacionais. Zâmbia dependia de uma única mercadoria – o cobre – cujo preço caía continuamente nos mercados internacionais e isso sujeitava o país ao FMI e seus programas de ajuste fiscal. Vinte e cinco anos após a nacionalização das minas de cobre, o governo de Zâmbia tentava vendê-las para reprivatizá-las. O governo trouxe de volta os gerentes expatriados para tornar as minas mais atrativas aos investidores estrangeiros. Enfim, a economia zambiana estava sendo recolonizada sob as ordens do seu próprio governo.

Ampliar a teoria

Todas as três primeiras "ampliações" – intervenção, processo e estruturação – precisam de uma teoria existente. Mas nossa postura diante da própria teoria é suicida. Em nosso trabalho de campo, nós não procuramos confirmações da teoria, mas sim refutações à teoria. Primeiro, nós precisamos da coragem das nossas convicções, depois, da coragem para desafiar nossas convicções e, finalmente, da imaginação para manter nossa coragem na recontrução teórica. Se essas reconstruções transformam-se num custo grande demais, nós podemos ter que abandonar a teoria como um todo e começar do zero com uma teoria nova e interessante, para a qual nosso caso é, novamente, uma anomalia.

Eu não era metodologicamente autoconsciente sobre a ampliação teórica existente em *A cor da classe nas minas de cobre,* mas a estratégia atravessou a monografia. O próprio conceito de sucessão foi tirado do estudo de caso feito por Alvin Gouldner (1954), sobre as reverberações organizacionais de processos de sucessão gerencial.[18] Mas enquanto a dele era uma "sucessão natural", a zambianização foi um caso de "sucessão forçada" – imposta de cima para baixo e oposta de baixo para cima. O sucessor zambiano tinha que lidar com a desconfiança dos seus subordinados e com a resistência ou indiferença do seu supervisor; e tinha que lidar ainda com suas próprias dúvidas a respeito da sua competência e habilidades.

---

18 Partindo das tensões internas à análise de Weber da burocracia, mas recusando sua caracterização monolítica, Gouldner (1954) desenvolveu três tipos-ideiais de burocracia: fingida, representativa e punitiva. Ao fazer isso, Gouldner isolou o contexto de sua fábrica de gipsita, não alcançando a especificidade histórica de seus tipos ideais. O método do estudo de caso ampliado teria tentado situar a fábrica em seu contexto político, econômico e geográfico. Ver Burawoy (1982)

A teorização do processo social foi ampliada para a teorização das forças sociais mais amplas. Primeiro, eu desconstruí o relatório do governo sobre a zambianização. Ocultos atrás dos seus dados, jaziam os verdadeiros processos de sucessão forçada sob o princípio da barreira racial. Ao contrário das alegações do relatório, os expatriados estavam mais firmes do que nunca no controle da indústria. Por outro lado, eu evitei a tese neocolonial que responsabilizava uma certa conspiração por parte de forças internacionais pelo contínuo atraso de Zâmbia. Novamente, a questão aqui não era que tal afirmação estivesse equivocada – obviamente, Zâmbia estava presa pelo torniquete das multinacionais e do comércio internacional – mas que sua parcialidade obscurecia os interesses de classe da nova elite dominante.

Eu era mais direto ao rejeitar teorias que atribuíam o subdesenvolvimento ao atraso cultural do trabalhador zambiano ou, como era mais comum, ao seu comportamento industrial anômico e indisciplinado. Robert Bates (1971), por exemplo, afirmara que o governo zambiano pós-independência havia fracassado em disciplinar os mineiros. Porém, um exame cuidadoso deste e de outros dados sobre produtividade, absenteísmo, rotatividade, indisciplina e greves, não oferecia base para suas afirmações. Ele simplesmente adotou a ideologia do "trabalhador zambiano preguiçoso", das classes administrativa e governante, culpando os trabalhadores pela ineficiência e pelos conflitos cujas origens jaziam em outros lugares, como a permanência e continuidade da ordem racial (Burawoy, 1972b).

A teoria de Frantz Fanon sobre a "revolução pós-colonial" guiou minha análise (Fanon, [1952] 1968a; [1961] 1968b). Embora eu não fosse explícito em minha reconstrução, como eu seria hoje, eu consegui estender a teoria de Fanon a Zâmbia: uma colônia que não teve uma luta de libertação nacional baseada no campesinato. Minha análise das multunacionais, dos mineiros, dos gerentes zambianos e dos expatriados assemelhou-se a sua dissecação dos interesses de classe da burguesia nacional, dos intelectuais e do campesinato. Eu voltei as alegações do governo a respeito da indisciplina, indolência e anomia do trabalhador contra a própria elite dominante emergente, cuja extravagância e auto-indulgência emanava de uma rápida mobilidade ascendente. Quanto aos mineiros, eles eram o protótipo da aristocracia operária, vista por Fanon. Eles perseguiam seus interesses econômicos mesquinhos, mostrando pouca preocupação com a barreira racial, e vendo a nacionalização das minas como uma investida do governo para impor uma disciplina mais dura. *A cor da classe nas minas de cobre* fez mais do que reelencar as categorias de classe de Fanon; o livro pôs em movimento o mapeamento das classes, ao conectar as macroforças que impulsionavam o avanço africano à zambianização aos microprocessos de sucessão.

A teoria é essencial para cada dimensão do estudo de caso ampliado. Ela guia as intervenções, ela constitui o conhecimento situado em processos sociais e localiza esses processos em seu contexto mais amplo de determinação. Além disso, a teoria não é algo armazenado na academia, mas torna-se ela própria uma intervenção no mundo que procura estudar. Com efeito, *A cor da classe nas minas de cobre* tornou-se uma profecia que refutou a si mesma. Meus informantes que atuavam no ministério, depois na mídia e, finalmente, nas companhias mineradoras começaram a transformar o mundo que eu havia descrito. Eles tentaram revogar os interesses da nova elite governante em reproduzir a barreira racial no Cinturão do Cobre.

Essa refutação da profecia, como qualquer outra, não é motivo para se desanimar da teorização, mas uma oportunidade para a ampliação da teoria mesma. As forças que revelei em minha publicação esforçaram-se por corroborar a visão das companhias mineradoras adaptando-se com flexibilidade às iniciativas do governo. Mas elas também mostraram que o governo nem sempre era cego à continuidade da barreira racial; que os interesses do Estado pós-colonial não eram tão homogêneos como eu havia descrito; e que as forças sociais são elas mesmas subprodutos contingentes de processos sociais. No modelo positivo, a ciência social mantém-se atrás e observa o mundo que estuda, ao passo que no modelo reflexivo, a teoria social intervém no mundo que ela procura entender, desestabilizando sua própria análise.

Os efeitos de poder

Ao defender a ciência reflexiva e o estudo de caso ampliado, eu não estou reivindicando ou estabelecendo nenhuma panaceia. Uma vez que há um hiato insuperável entre a pesquisa quantitativa e o modelo positivo que ela procura emular, um hiato semelhante separa o estudo de caso ampliado e os princípios da ciência reflexiva. Enquanto no modelo positivo o hiato resulta dos efeitos de contexto, no reflexivo resulta dos efeitos de poder. Intervenção, processo, estruturação e reconstrução são ameaçados por dominação, silenciamento, objetivação e normalização. Entretanto, as autolimitações dos princípios reflexivos resultantes da ubiquidade do poder não são motivos para o abandono do estudo de caso ampliado, assim como os efeitos de contexto não são motivos para o abandono da pesquisa quantitativa. O objetivo é examinar essas limitações para levá-las em conta e, talvez, reduzi-las.

A dominação

O cientista social participante não pode evitar a dominação. Com frequência, a entrada no campo é uma luta de poder prolongada e sub-reptícia entre a intromissão do forasteiro e a resistência do nativo.[19] Como

---

19 O estudo de James Clifford (1998, capítulo 2) do antropólogo francês Marcel Griaule destaca as estratégias de poder, as técnicas de vigilância panópticas que os estrangeiros usam para documentar os colonizados recalcitrantes. A etnografia depende de uma disputa de poder escancarada entre observador e participante. Clifford contrasta isso com a iniciação subsequente de Griaule na vida Dogon por um dos chefes desse povo. Griaule se torna um interprete da "autêntica" cultura Dogon, um embaixador que defenderia seus interesses em um mundo colonial. De mentiroso e adversário obstinado o informante se torna colega e professor. Mas em nenhum

eu vasculhava os relatórios das companhias de mineração e participara de negociações do alto escalão, eu precisei ocultar minhas verdadeiras intenções da empresa. Para penetrar a blindagem dos poderosos, os cientistas sociais precisam ser sortudos e/ou desonestos; os menos poderosos são os mais vulneráveis. Mas mesmo eles possuem suas defesas. Assim, ao focar o outro lado da barreira racial, eu tive que usar o pretexto de uma pesquisa quantitativa para manter contato com os empregados de escritório zambianos e recrutar estudantes africanos para descobrir as opiniões dos trabalhadores desqualificados ou semiqualificados. Mas isso introduziu uma outra camada de poder dentro da equipe de pesquisa: minha branquidade, com todos os seus recursos, e a negritude dos meus colaboradores. Os estudantes trabalhavam no subsolo das minas, nas fundições e no assentamento dos trilhos da ferrovia, enquanto eu conduzia entrevistas com os gerentes. Não havia dúvida de que eu era o *bwana* [o grande chefe] e que eles trabalhavam para o dominador, enviando-me anotações do campo, mas calando sobre seus pontos de vista. Eu estava reproduzindo a barreira racial dentro da própria equipe de pesquisa.

Nem a dominação nem a resistência evaporam por milagre com a entrada no campo. O cientista social interventor enfrenta dois momentos de dominação interligados: primeiro como participante e depois como observador. Como participante em lugares perpassados por hierarquias, ideologias em competição e lutas em torno de recursos escassos, nós somos enredados pelas tramas de poder. Seja lá a quem pertença o solo onde pisamos, administradores ou trabalhadores, brancos ou negros, homens ou mulheres, nós estamos automaticamente implicados em relações de dominação. Como observadores, não importa o quanto adoramos nos enganar: não estamos em "nossa própria casa", como diria Alvin Gouldner (1973). Nós estamos no campo por motivos inconfessáveis. Nossa missão pode ser nobre – ampliar os movimentos sociais,

---

dos casos há a construção simétrica sólida de um retrato etnográfico. O poder cobre ambas as dramaturgias.

promover a justiça social, desafiar os horizontes limitados da vida diária –, mas não há escapatória para as divergências elementares entre os intelectuais (não importa o quão orgânicos sejam) e os interesses da sua clientela declarada. Em poucas palavras, as relações de dominação podem não ser tão gritantes como eram sob a ordem social e racial nua e crua do Cinturão do Cobre em Zâmbia; não obstante, elas estarão sempre lá, tornando nosso conhecimento algo incompleto.

O silenciamento

Isso nos leva à segunda faceta do poder – o silenciamento. A ideologia dominante apresenta os interesses da classe dominante como sendo os interesses gerais. A retórica nacionalista no relatório da zambianização dissimulava os interesses de classe e de raça. Então, como fazer para revelar as configurações subjacentes de interesses? Como observadores participantes atuando em vários locais de trabalho dentro e longe das minas, nós registramos vozes discordantes de trabalhadores, expatriados e sucessores zambianos. Esse era o filé mignon do trabalho de campo. Quando eu compilei nossas observações ampliadas, feitas em diferentes situações, em um processo social único – o processo de zambianização compreendido como uma sucessão forçada –, essas vozes foram congeladas e reduzidas a simples interesses. Eu estava apto a descobrir os interesses específicos e conflitantes que jaziam atrás da retórica nacionalista. Mas essa nova cristalização dos interesses inevitavelmente marginalizaria, excluiria e distorceria outras vozes.

Então, se eu havia sido mais fiel ao Fanon de *Pele negra, máscaras brancas* [Black Skin, White Masks] que ao Fanon de *Os condenados da Terra* [The Wretched of the Earth], eu poderia ter explorado a formação das subjetividades coloniais, em especial a do sucessor zambiano, que era o protótipo do "crioulo colonial" de Fanon, preso em um mundo branco que o rejeitava como raça inferior. Se minha própria cor não havia evitado isso, eu teria que examinar a maneira como os regimes colonial e pós-colonial induziram patologias que incapacitaram os sucessores zambianos e, por meio disso, reproduziram o universo maniqueísta do branco *versus* o negro, jogando africanos contra africanos. Uma vez que o silenciamento é inescapável, nós precisamos ficar atentos às vozes novas ou reprimidas, para desalojarmos ou desafiarmos nossas configurações artificialmente congeladas e estarmos prontos para remodelar nossas teorias para incluírem essas novas vozes, isso sem dissolvê-las num burburinho.

A objetivação

No estudo de caso ampliado, a segunda ampliação – das vozes em situações sociais aos interesses em processos sociais – é seguida por uma terceira ampliação – dos interesses em processos sociais às forças da estrutura social. A estruturação envolve processos sociais localizados no contexto das suas determinações externas. Por isso, a zambianização acompanhou a barreira racial, apesar disso ser contrário à ideologia nacionalista, por causa do equilíbrio das forças externas que parecem todo-poderosas. A objetivação, ou seja, o problema de hipostasiar as forças sociais como coisas externas e naturais, é um perigo inerente a essa abordagem. Há limites simples ao alcance temporal e espacial da observação participante, para além dos quais nós substituímos forças por processos.

Entretanto, a objetivação é mais que um instrumento metodológico; ela também revela os próprios poderes reais exercidos pelos sistemas político, econômico e cultural sobre o mundo da vida (Habermas, 1987). Mas seu poder não deve ser exagerado. As forças são sempre os efeitos hipostasiados de processos dissimulados, ou seja, cada sistema está na dependência de processos mutantes com vida interna própria. Além disso, os modos de vida – tanto aqueles que observamos diretamente como aqueles que nós reduzimos às forças – são eles mesmos atravessados pelo poder, gerando demandas e carências que escapam para a esfera social. Ao redor de tal formação discursiva de demandas e carências, cristalizam-se movimentos sociais que podem desalojar as forças do sistema (Fraser, 1989). Por fim, as forças do sistema têm suas próprias contradições, que eclodem de repente, como ocorreu quando meu informante no ministério encorajou um ataque público contra a condução da zambianização feita pelas companhias mineradoras. Enquanto abraçamos a objetivação, devemos sempre estar preparados para os processos subterrâneos que irrompem e despedaçam o campo de forças.

A normalização

Por fim, a recontrução da teoria é em si mesmo um processo coercivo de mútuo ajustamento. De um lado, situações complexas são adaptadas sob medida para se ajustarem a uma determinada teoria. O lugar no campo é reduzido a um caso, embora seja um caso anômalo vis-à-vis a teoria. Por outro lado, a teoria é ajustada sob medida ao caso, então recomposto para interpretar a anomalia. Essa mútua modelagem cria um aparato para reduzir o mundo a categorias que podem ser investigadas, lugares que podem ser avaliados, pessoas que podem ser controladas.[20]

Para assimilar a zambianização à fórmula da sucessão gerencial, eu ampliei a teoria de Gouldner ao introduzir a distinção entre sucessão natural e sucessão forçada. Vencer o rival por exaustão conduz à sucessão "natural", entretanto, a zambianização foi uma sucessão "forçada". Ao normalizar o que foi realmente uma transferência de controles, eu me joguei direto nas mãos das companhias mineradoras. O conceito de sucessão racial deu-lhes o arsenal teórico para elas disciplinarem seus próprios gerentes. Em sua resenha ao meu livro, Bernard Magubane destacou esse efeito normalizador da "sucessão" que havia negligenciado "a intensa, porém, silenciosa luta de classe da descolonização": o fato de a Zâmbia estar sendo sequestrada e chantageada pelos expatriados (Magubane, 1974: 598).

---

20 O conflito colonial provê exemplos especialmente vivos dessa proximidade entre conhecimento e poder. Ver, por exemplo, Mitchell (1988) e Stoler (1995).

Magubane ignorou o outro lado da minha análise: a aplicação da teoria pós-colonial de Fanon ao caso zambiano, a ampliação para além das microdinâmicas da zambianização, rumo às forças de classe que mantinham a barreira racial. Mas também aqui a normalização estava trabalhando. Foi impressionante ver como a remodelação da teoria de Fanon sobre o pós-colonialismo poderia ser aproveitada politicamente pelas próprias forças que ela condenou. Mas ninguém deveria ficar totalmente surpreso, tendo em vista que o marxismo também foi utilizado como uma ferramenta pelo despotismo burocrático.

Algumas características formais da análise de Fanon sobre o colonialismo, entretanto, prestam-se à sua adoção pelo capital multinacional. Ele presume, por exemplo, a destruição das culturas pré-coloniais e, daí, a fragilidade dos conhecimentos locais e subalternos (Lazarus, 1993). Eu também dei pouca atenção à contestação cultural que, desde baixo, tirava a sustentação do regime de poder colonial – formas de resistência descobertas e celebradas por estudos pós-coloniais e subalternos. Desafiar ou moderar a normalização demandaria o aprofundamento da análise em perspectivas de baixo para cima, levando mais a sério as categorias subalternas e, em poucas palavras, trabalhando mais de perto com aqueles cujos interesses o estudo supunha servir.[21]

Esses quatro efeitos de poder só servem à crítica pós-moderna. Se os efeitos de contexto demonstram a impossibilidade da ciência, os efeitos de poder mostram quão perigosa e destrutiva ela é. Mas abandonar a ciência como um todo deixa o poder incólume e a hegemonia da ciência positiva intacta. A rejeição pós-moderna a toda a ciência ignora a dintinção central entre os modelos positivo e reflexivo.[22] Uma ciência positiva

---

21 Ver, por exemplo, a "sociologia da ação" de Alain Touraine que insiste em que os cientistas sociais trabalhem junto com os participantes em um movimento social (Touraine, 1983, 1988) ou a "intervenção sociológica" que propõe a coprodução do conhecimento a fim de contestar as enraizadas desigualdades de poder.

22 Para um levantamento e avaliação matizados de diferentes abordagens aos "métodos qualitativos" que se inclinam em direção às abordagens pós-modernas, mas sem ser dogmático, ver Denzin e Lincoln (1994).

autocrítica concentra-se nos efeitos de contexto, mas, com isso, obscurece a ação do poder. A construção da "imparcialidade" e do "distanciamento" depende de relações de poder que não foram problematizadas. Uma ciência reflexiva autocrítica, por outro lado, toma o contexto como dado, porém, revela os efeitos de poder para que eles sejam mais bem entendidos e controlados. Ao revelar os limites da liberdade humana, os limites da ciência reflexiva possibilitam as bases para uma teoria crítica da sociedade.

As implicações dos dois modelos de ciência

O pensamento metodológico pode revelar mais do que aquilo que Weber disse, mais do que um entendimento refletido a respeito da prática já submetida à comprovação. Ao codificar a ciência positiva, nós a sujeitamos à crítica imanente, destacando a lacuna entre os princípios e as práticas. Isso dirige nossa atenção não apenas às possibilidades de se melhorar os métodos positivos, mas também à formulação de uma concepção alternativa de ciência. A tabela 1 resume meu argumento, descrevendo os dois modelos de ciência e sua metodologia correspondente; e cada caso aponta para a lacuna entre o modelo e o método. Há certa circularidade nos modelos: cada qual toma como base os limites do outro. A ciência positiva é limitada pelo contexto que fornece o fundamento da ciência reflexiva ao passo que a ciência reflexiva é limitada pelo poder que é a premissa escondida da ciência positiva. Ao conhecer os problemas de cada modelo-método, poderemos trabalhar em sua contenção. Se nós aceitamos esse quadro, então teremos de enfrentar uma nova série de questões e implicações.

Tabela 1: A lacuna entre os princípios e as práticas da ciência

Ciência Positiva		
Princípios positivos	*Métodos de pesquisa quantitativa*	*Efeitos de contexto*
Reatividade	Estímulo-resposta	Entrevista
Regularidade	Estandardização	Respondente
Replicabilidade	Estabilização das condições	Campo
Representatividade	Escolha da amostra	Situação

Ciência Reflexiva		
Princípios reflexivos	*Método de caso ampliado*	*Efeitos de poder*
Intervenção	Ampliação do observador ao participante	Dominação
Processo	Ampliação das observações no tempo e espaço	Silenciamento
Estruturação	Ampliação do processo às forças	Objetivação
Reconstrução	Ampliação da teoria	Normalização

Técnica, método e modelo

Qual a relação entre as técnicas de coleta de dados e os modelos-métodos? Deveria a técnica da observação participante, isto é, o estudo dos outros em seu tempo e espaço, seguir o estudo de caso ampliado e a ciência reflexiva? Deveria a técnica da entrevista, ou seja, o estudo dos outros no tempo e espaço do entrevistador, obedecer a pesquisa quantitativa e o modelo da ciência positiva? Em cada caso, a resposta é obviamente *não*. As técnicas do observador participante e do entrevistador podem ser conduzidas em conformidade, seja com os métodos reflexivos, seja com os métodos positivos, tal como vemos na tabela 2.

Tabela 2: Os quatro métodos da ciência social

Técnicas de pesquisa	Modelos de ciência	
	Positiva	Reflexiva
Entrevista	Pesquisa quantitativa	Pesquisa clínica
Observação participante	Teoria fundamentada	Método de caso ampliado

A observação participante, conduzida confome os princípios positivos torna-se uma teoria fundamentada que coloca entre parênteses o envolvimento como sendo um viés e se concentra em derivar generalizações descontextualizadas a partir da análise sistemática dos dados (ver Glaser & Strauss, 1967; Strauss, 1987; Becker, 1958; Becker & *alii*, 1961; e Gans, 1968). Aqui, a teoria é o resultado e não a precondição da pesquisa. Cientistas sociais são estrangeitos e os etnógrafos são estrangeiros aclimatados, forasteiros cuja objetividade é garantida pela distância. A observação não participante é preferida à observação participante. Em outras palavras, a reatividade é proscrita. Para alcançarem a regularidade, os etnógrafos coletam e analisam seus dados de maneira sistemática. Codificar e recodificar anotações de campo em categorias emergentes oferece o prisma para as observações posteriores. Ao estar menos preocupada com a replicabilidade da coleta de dados, a replicação entra como um apelo à clareza do modo como as categorias são derivadas dos dados. Ela cria pressões no sentido da suspensão do contexto de modo a tornar os casos comparáveis. Por fim, para estabelecer a representatividade dos seus resultados, os etnógrafos devem maximixar a variação dentro do campo através da constante comparação, procurando os casos extremos, que são chamados de amostra teórica.[23]

---

23   Em outro lugar, elaborei a distinção entre o método do estudo de caso ampliado e a teoria enraízada (Burawoy, Burton *et al*, 1991, capítulo 13). Um exemplar contemporâneo de teoria enraizada pode ser visto em *Ilhas na Rua* (1991) [*Islands in the Street*], de Martin Sanchez Jankowski – um estudo de dez anos de trinta e sete gangues urbanas em três metrópoles. Esse livro representa um notável e sustentado

Assim como a observação participante pode seguir princípios positivos, as entrevistas podem seguir os preceitos da ciência reflexiva – o que eu chamo de método clínico. A psicanálise é o protótipo aqui, especialmente quando o psicanalista é visto como um antropólogo reflexivo (Chodorow, 1999). A relação entre o analista e o analisado é dialógica e intervencionista. Cada qual reconstitui o outro. O psicanalista tenta recobrar e elaborar as experiências situacionais específicas, utilizando a interpretação dos sonhos e a livre associação de símbolos. O processo é o *leitmotif* da psicanálise. O elemento da estruturação, quer dizer, a localização dos processos psicológicos em seu contexto social mais amplo, nem sempre pode estar presente aí. Aqui, Fanon é uma exceção. Seu brilhante ensaio sobre o colonialismo, derivado do seu trabalho clínico na Argélia, demonstrou a interligação dos processos psíquicos com os contextos político, cultural e social. Por fim, o psicanalista trabalha em um arranjo teórico presente que progride por meio da atenção aos casos concretos. A teoria é reconstruída.[24] A entrevista clínica não apenas presentifica os fundamentos da ciência reflexiva, mas também tematiza suas limitações – a dominação do psicanalista sobre o analisado, o silenciamento do passado, a objetivação das estruturas de personalidade, enquanto a teoria vai sendo fortemente normalizada.

---

comprometimento com o positivismo. Jankowski constitui-se como etnógrafo e forasteiro. Ele tenta minimizar seu próprio envolvimento, apesar de que isso nunca poderia ser alcançado se ele não sobrevivesse. Na busca de afirmações gerais, atravessando as três cidades, sobre organização de gangues, atividades comerciais, padrões de violência, bem como as relações com a comunidade, com o sistema criminal, com os políticos locais e com a mídia, ele teve que padronizar suas evidências e suas categorias, enfraquecendo suas descrições ao invés de fortalecer os processos. Ao tornar os casos comparáveis, ele isolou os contextos histórico e geográfico – tanto a importância do contexto urbano específico quanto as mudanças que ocorreram durante o período de dez anos do estudo. Ele homogeneizou o espaço e o tempo. Construindo sua teoria do chão, ele sistematicamente codificou e classificou todas as evidências, tendendo a rejeitar (ou, às vezes, endossar) outras teorias, mas sem ingressar em um diálogo enriquecedor com elas.

24 Feministas têm também explorado essa abordagem clínica e dialógica da situação de entrevista. Ver, por exemplo, Oakley (1981) e De Vault (1990).

A ampliação à pesquisa histórica

Essa visão dualista da ciência poderia ser extendida a outras técnicas além da entrevista e da observação participante? O que isso significaria para a ampliação da ciência reflexiva à pesquisa histórica? Tratarei dessa questão no capítulo 3, onde compararei as abordagens de Theda Skocpol e de Leon Trotsky no estudo das revoluções clássicas. Ambos dedicaram-se a fazer comparações entre revoluções bem-sucedidas e revoluções fracassadas. Fora isso, suas abordagens são diametralmente opostas – a primeira (Skocpol) seguiu os princípios positivos, e o segundo (Trotsky) seguiu os princípios reflexivos. Enquanto Skocpol posicionou-se fora da história para melhor descobrir as condições necessárias à eclosão de processos revolucionários, Trotsky manteve-se no centro da história a fim de reconstruir a teoria marxista da revolução. Enquanto Skocpol optou por padronizar revoluções para descobrir os fatores universais que conspiram para seu sucesso, Trotsky considerou todas as revoluções diferentes umas das outras, revelando seus processos sociais definidores. Enquanto Skocpol desenvolveu uma única explicação para revoluções distantes trezentos anos entre si, como se o tempo histórico fosse de desimportante, Trotsky mostrou como o movimento da história mundial – o desenvolvimento desigual e combinado do capitalismo em escala global – preparou distintos processos para cada revolução. No primeiro caso, distanciamento, análise de fatores, descontextualização e indução; no segundo caso, intervenção, processo, estruturação e reconstrução. Uma vez mais, temos aqui dois modelos de ciência e dois métodos.

Escolhi comparar Skocpol e Trotsky a fim de destacar o contraste entre os métodos positivo e reflexivo. Mas ninguém precisaria ir muito além da análise de Max Weber sobre o surgimento do capitalismo, para ter uma bela ilustração do estudo de caso ampliado. Ao perguntar o que significa ser um cientista em um mundo desencantado e racionalizado e, depois, ao perguntar de onde este mundo vinha, Weber estava se situando na história. A observação participante virtual mostrou-lhe os processos psicológicos que ligavam a doutrina calvinista da presdestinação ao espírito do capitalismo que ele localizou no interior de um arranjo mais amplo de forças históricas, incluindo a emergência da ordem legal, da contabilidade sistemática e do trabalho assalariado. Do começo ao fim, Weber estava envolvido com e construindo teorias materialistas relacionadas às origens do capitalismo. É claro que, geralmente, os historiadores não são tão autoconscientes de seus princípios metodológicos e o trabalho deles não pode ser tão facilmente dividido entre esse ou aquele modelo de ciência. No entanto, a proposta aqui consiste em abrir a imaginação para diferentes maneiras de se fazer ciência social, em vez de abandonar a ciência como um todo quando os "4 R's" parecem fora do nosso alcance.

Modelos de ciência: o industrial e o artesanal

Havendo estabelecido dois modelos de ciência, devemos agora perguntar, para cada modelo, que critérios distinguem a "boa" ciência da "má" ciência – a ciência bem executada da ciência mal executada. Os princípios regulatórios da ciência positiva —reatividade, regularidade, replicabilidade e representatividade – definem uma objetividade procedimental, um processo de consecução do conhecimento. Podemos chamar isso de modo industrial da ciência em que o processo garante o produto. A concepção é separada da execução e os engenheiros e projetistas definem cada tarefa tendo em vista uma divisão do trabalho capaz de assegurar a qualidade do produto final. Em sua visão correspondente da ciência, a teoria é separada da prática de pesquisa, para que esta última possa ser realizada conforme procedimentos predefinidos. O protótipo do modo industrial da ciência é a pesquisa quantitativa onde diferentes tarefas são parceladas em uma detalhada divisão do trabalho – o pesquisador, o planejador, o entrevistador, o entrevistado – organizada por uma estrutura burocrática. O entrevistador e o entrevistado subordinam-se à agenda de pesquisa construída pelo pesquisador. A proposta é obter um mapeamento detalhado do mundo, ao delinear os procedimentos de consecução do conhecimento.

Os princípios regulatórios da ciência reflexiva – intervensão, processo, estruturação e reconstrução – dependem de uma objetividade enraizada na teoria. Aqui, nós temos uma forma artesanal de produção do conhecimento em que o produto governa o processo. O objetivo da pesquisa não é direcionado para o estabelecimento de uma "verdade" definitiva sobre o mundo externo, mas sim à contínua melhoria da teoria existente. Teoria e pesquisa são inseparáveis. O estudo de caso ampliado é, então, um modo artesanal de produção de conhecimento em que o criador da pesquisa é, simultaneamente, seu executor. O observador participante encarrega-se de todas as tarefas do processo de pesquisa em colaboração com seus sujeitos de estudo. O processo de pesquisa não é arbitrário, mas também não pode ser reduzido a um conjunto de procedimentos uniformizados. A importância da avaliação encontra-se no produto – seja com a reconstrução empurrando a teoria para frente ou apenas tornando-a mais complexa, seja com a reconstrução tornando as teorias mais parcimoniosas e com grande conteúdo empírico, seja ainda com a reconstrução conduzindo à descoberta de fatos novos e surpreendentes.

Falando de outra forma, segundo Weber, podemos dintinguir uma objetividade baseada na racionalidade formal —que costumo chamar de objetividade procedimental – de uma objetividade baseada na racionalidade substantiva – que tenho chamado de objetividade enraizada. Podemos inclusive ir mais além e dizer que, subjacente aos nossos dois modelos de ciência, há duas diferentes teorias da ação – de um lado, a ação instrumental, e do outro, a ação comunicativa.

A coexistência destes dois modelos de ciência, com seus próprios princípios reguladores – suas próprias noções do que seria boa ciência e má ciência, ou seja, sua próprias concepções de objetividade – têm profundas consequências para a avaliação de qualquer parte considerada da pesquisa. Isso significa que nós devemos tomar cuidado para não dirigirmos críticas positivas a métodos reflexivos, ou críticas reflexivas a métodos positivos. É tão inapropriado exigir que o estudo de caso ampliado obedeça aos "4 R's", como é inapropriado impor os princípios da intervenção, processo, estruturação e reconstrução à pesquisa quantitativa. Não se pode recusar o estudo de caso ampliado porque seu praticante altera o mundo que ele estuda, por seus dados serem idiossincráticos, por ele ampliar as conclusões locais para o extralocal, ou por ele ter em mãos apenas um caso. O estudo de caso ampliado dança em outro ritmo. Então, ouça o ritmo antes de avaliar a dança.

A lenda das duas servas

A coexistência de dois modelos de ciência traz repercussões importantes para o modo como nós concebemos a metodologia, visto que, convencionalmente, existe apenas um modelo de ciência. Além disso, ele geralmente permanece invisível, enquanto seus métodos e técnicas são arrolados em conjunto.[25] Nesse esquema monocrático, o pensamento metodológico concentra-se nas virtudes relativas das técnicas. Alguns autores (por exemplo, Sieber, 1973) são ecumênicos e afirmam que podemos escolher a técnica ou a combinação de técnicas apropriadas para o problema a ser investigado. Outros autores, porém, afirmam que algumas técnicas são superiores a todas as outras. Então, nos tempos áureos da Escola de Chicago, a observação participante reinava enquanto os *surveys* eram depreciados por sua associação com a pesquisa domiciliar (ver Bulmer, 1984; Fitzpatrick, 1990; Deegan, 1988; e Gordon, 1992). Só depois, quando a sociologia quantitativa estabeleceu-se, os *surveys* passaram a ser considerados mais objetivos e científicos que os métodos

---

25 Mesmo os melhores textos metodológicos ocultam estas diferenças. A comparação de Charles Ragin (1987) entre a análise "variável" e o "estudo de caso", enquanto se sobrepõe a algumas distinções entre entrevista e o método de caso ampliado, assume a existência de um único modelo de ciência, um que todos compartilhamos e que, portanto, não requer explicação.

baseados na observação participante. Na luta pela hegemonia disciplinar, cada técnica tentou demonstrar sua superioridade ao chamar a atenção para os viéses das outras. A elaboração de uma visão binária da ciência, porém, buscou afastar o debate em relação às técnicas ao aproximá-lo da explicação dos métodos, ligados a modelos de ciência alternativos.

Com um único modelo de ciência, as técnicas puderam disputar um lugar ao sol. Mas com dois modelos de ciência, qualquer método pode vir acompanhado por um segundo método como seu complemento subordinado. Pesquisas quantitativas sofrem de efeitos de contexto que podem ser melhor compreendidos e minimizados com métodos reflexivos. Já para se minimizar os efeitos da entrevista, do entrevistado, do campo ou da situação, os pesquisadores quantitativos usam o métodos clínicos ou o estudo de caso ampliado. Os métodos reflexivos tornam-se os servos dos métodos positivos. E os métodos positivos também poderiam ser os servos da ciência reflexiva?[26] Aqui novamente, a resposta possível seria afirmativa. O método de caso ampliado enraíza os processos da sociedade num arranjo mais amplo de forças sociais. Estas últimas são constituídas como exteriores ao observador e, por isso, podem ser estudadas com métodos positivos. Max Weber, sobretudo, baseou-se nas generalizações que ele desenvolveu em *Economia e sociedade* para empreender a análise de caso ampliado da emergência do sistema capitalista em seu clássico livro *A ética protestante e o espírito do capitalismo*. Na extrapolação dos processos de zambianização, eu fiz uso de pesquisas quantitativas que retratavam os mineiros como uma força social determinada buscando assegurar seu *status* de aristocracia operária. Assim

---

26 Burgess (1927: 114) escreveu: "O método de estudo de caso foi primeiro introduzido nas ciências sociais como um servo da estatística". Ele fazia referência a sociólogos pioneiros como LePlay, que usou estudos monográficos para preparar a base para estudos estatísticos maiores. Mas, continua Burgess, não há nada inerentemente não científico a respeito do estudo de caso "desde que isso envolva classificação, percepção de relações e descrição de sequências" (117). Ele, evidentemente, vê essas como duas técnicas para chegar à verdade e não como dois métodos que correspondem a duas visões das ciências sociais.

como os métodos reflexivos podem servir a pesquisas quantitativas, os métodos positivos podem servir ao estudo de caso ampliado.

Obstáculos à ciência: do contexto ao poder

Pode-se afirmar que a escolha entre os métodos positivo ou reflexivo lança o seguinte problema: métodos positivos são mais apropriados ao estudo de propriedades sistêmicas duradouras do mundo social, ao passo que métodos reflexivos são mais adequados ao estudo das interações sociais cotidianas; os métodos positivos são mais afinados com o mundo objetivo, e os métodos reflexivos são mais afinados com o mundo subjetivo. Uma tal perspectiva instrumental dos métodos ignora as profundas diferenças entre as duas concepções de ciência que nos orientam no mundo que estamos estudando – para mantermo-nos à parte dele ou nele intervirmos; para procurarmos o distanciamento ou entrarmos em diálogo. Geralmente, não é o problema que determina o método, mas sim o método que conforma o problema. Nosso compromisso com um ou outro modelo de ciência irrompe e resiste por meio dos problemas que escolhemos investigar.

Nós poderíamos perguntar então que fatores mais amplos nos predispõe a adotar este ou aquele modelo de ciência? Poderíamos voltar o estudo de caso ampliado sobre si mesmo e localizar cada modelo de ciência historicamente? Como eu tenho mostrado, o desafio para os métodos positivos consiste em minimizar ou controlar os efeitos de contexto. As pesquisas quantitativas tornam-se menos problemáticas quanto mais as entrevistas são reduzidas a estímulos não afetados por características do entrevistador, quanto mais os respondentes interpretarem as questões de maneira idêntica, quanto mais as condições externas mantiverem-se fixas e quanto mais as situações não produzirem conhecimentos diferentes. A pesquisa quantitativa aproxima-se mais dos objetivos positivos quando a especificidade das situações e dos locais é destruída. Ela funciona melhor em um mundo reificado que homogeniza todas as experiências, quando enfim – para usar o vocabulário de Habermas – o sistema coloniza o mundo da vida (Habermas, 1984; 1987). A ciência positiva realiza-se quando estamos sem poder para resistir aos grandes sistemas da economia e da política. Alguns analistas da sociedade da informação, da pós-modernidade e do distanciamento do tempo-espaço, sugerem realmente que nós estamos nos movendo em direção a um mundo sem contexto, construído por pesquisas quantitativas.

Por outro lado, a ciência reflexiva toma o contexto e a situação como seus pontos de partida. Ela floresce no contexto e procura reduzir os efeitos de poder – dominação, silenciamento, objetivação e normalização. A ciência reflexiva realiza-se por meio da eliminação dos efeitos de poder e da emancipação do mundo da vida. Mesmo quando esse caráter utópico é frustrado ou mitigado, o estudo de caso ampliado mede a distância a ser percorrida até a utopia. Ao destacar os universos etnográficos do local, este método desafia a suposta onipresença do global – seja esse global representado pelo capital internacional, pelas políticas neoliberais, pelo espaço dos fluxos ou pela cultura de massas. A ciência reflexiva valoriza o contexto, desafia a reificação e, portanto, define os limites dos métodos positivos.

Capítulo 2

A revisita etnográfica: capitalismo em transição e outras histórias

---

1   Este capítulo foi apresentado em um seminário onde recebeu a crítica espirituosa de Bill Hayes, Linus Huang, Rachel Sherman e Michelle Williams. No caminho, ele recolheu comentários e sugestões de muitos, incluindo Julia Adams, Philip Bock, Patricia Clough, Mitchell Duneier, Steve, Epstein, Jim Ferguson, Maria Patricia Fernandez-Kelly, Marion Fourcade-Gourinchas, Herb Gans, Tom Gieryn, Teresa Gowan, Richard Grinker, Lynne Haney, Gillian Hart, Mike Hout, Jennifer Johnson-Hanks, Gail Kligman, Louise Lamphere, Steve Lopez, Ruth Milkman, Sabina Neem, Sherry Ortner, Mary Pattillo, Melvin Pollner, Leslie Salzinger, Ida Susser, Joan Vicent, Loïc Wacquant, Ron Weitzer e Erik Wright. Também agradeço aos quatro resenhistas da *American Sociological Review*, especialmente Diane Vaughan, cujo comentário inspirado levou a revisões significativas, e Chas Camic, cujas persistentes intervenções críticas mantiveram minha tese em um rumo tranquilo. Essa aventura foi possibilitada por um ano na Arcádia da academia, a Fundação Russel Sage, para a qual revisitas são corretamente, mas tristemente, limitadas.

Indo e vindo durante quarenta anos de trabalho de campo, Clifford Geertz (1995) descreveu como as mudanças observadas em duas cidades que ele estudou, Pare na Indonésia e Sefrou no Marrocos, não podem ser dissociadas dos seus Estados-nação – o primeiro, assediado por uma sucessão de protestos políticos, e o segundo, produto de estruturas em dissolução. Estes dois Estados, por sua vez, não podem ser separados das hegemonias mundiais em competição e em metamorfose, que emaranharam tanto os antropólogos como seus temas de estudo. Assim como os campos de estudo de Geertz haviam sido reconfigurados, também fora a disciplina antropológica. Após décadas de expansão iniciada nos anos 1950, hoje, mais antropólogos fervilham ao redor do globo. Eles não vêm apenas dos grandes centros do ocidente, mas também das antigas colônias. Os antropólogos sempre foram muito mais céticos que nós em relação à ciência positiva, e por isso adotaram a guinada interpretativa ou hermenêutica – ela própria iniciada por Geertz, que garantiu um lugar de destaque à cultura enquanto narrativa e texto a ser lido. "Quando tudo muda, do pequeno e imediato ao vasto e abstrato, o objeto de estudo e o mundo imediatamente ao seu redor, o estudante e o mundo imediatamente ao seu redor e o vasto mundo ao redor de ambos – parece não haver mais lugar para ficar de pé e pelo menos localizar o que foi alterado e como foi alterado" (Geertz, 1995: 2). Este é o desafio da revisita etnográfica: desemaranhar os movimentos do mundo externo frente às modificações no envolvimento do pesquisador com esse mesmo mundo, reconhecendo ao mesmo tempo que esses dois lados não são independentes.

Com suas detalhadas revisitas etnográficas a lugares clássicos, os antigos antropólogos tendiam ao realismo, enfocando as propriedades dinâmicas do mundo que eles estudavam, ao passo que, recentemente, eles voltaram-se para uma direção mais construtivista em que o etnógrafo torna-se uma figura central na mudança interpretativa. Eles têm achado difícil adotar um curso de ação equilibrado. Por outro lado, os sociólogos-etnógrafos, em especial os teóricos enraizados, têm simplesmente se esquivado totalmente do desafio. Com bastante frequência, eles continuam presos ao cotidiano, aparafusados e encaixotados em seus lugares de pesquisa, a partir de onde colocam entre parênteses as questões da mudança histórica, os processos da sociedade, o contexto mais amplo e as tradições teóricas, assim como suas próprias relações com aqueles que estudam. A sociologia em geral tem tomado um rumo mais histórico – seja na forma do apoio à teoria social, seja na forma da história comparativa, seja ainda como uma demografia histórica ou como uma pesquisa quantitativa longitudinal – ao passo que a etnografia tem se mostrado mais vagarosa ao se emancipar do eterno presente. Minha proposta aqui é encorajar e consolidar aquele interesse histórico existente na sociologia-enquanto-etnografia, transportando-o do passado inconsciente para nosso mundo historicizado, ao elaborar o conceito de etnografia-enquanto-revisita. Isso, por sua vez, estabeleceria o fundamento para uma etnografia reflexiva.[1]

Permitam-me definir meus conceitos. Uma revisita etnográfica ocorre quando um etnógrafo encarrega-se de uma observação participante, ou seja, quando estuda os outros em seus próprios tempo e espaço, a fim de comparar seu campo de pesquisa com o mesmo campo de pesquisa já estudado em algum ponto do passado, seja pelo mesmo etnógrafo, seja por outro. Isso deve ser distinto da reanálise etnográfica,

---

[1] Como mostrarei no capítulo 4, a etnografia reflexiva também pode ser desenvolvida por comparações sincrônicas – comparando duas fábricas, comunidades, escolas e assim por diante – em diferentes contextos espaciais, bem como por comparações diacrônicas das revisitas temporais que formam a base desse capítulo.

que envolve o questionamento de uma etnografia já existente, sem qualquer trabalho de campo adicional. O exame crítico e a reinterpretação feita por Richard Colignon (1996) ao livro de Selznick, *TVA and the Grass Roots* [*A TVA e as bases sociais*] (1949) e o reexame das pesquisas de Hawthorne feito por Franke e Kaul (1978) são exemplos de reanálise. A revisita também precisa ser diferenciada da atualização etnográfica que remonta a um estudo anterior e o reporta ao tempo presente, mas não o emprega nem o incorpora. O balanço empírico feito por Hollinghead (1975) sobre as mudanças em Elmtown é uma atualização etnográfica, porque ele não empregou nem incorporou seriamente o estudo original. Herbert Gans fez uma atualização do livro *The Urban Village* [*Os bairros urbanos*] (1982), não tanto por incluir no estudo dados novos de campo, mas por recorrer à nova bibliografia sobre classe e pobreza. Estas não são distinções duras e fixas. No entanto, elas guiaram minha escolha pelas revisitas etnográficas que irei examinar neste capítulo.

Há uma última, porém, fundamental, distinção – a diferença entre a revisita e a replicação. Os etnógrafos eternamente sofrem a crítica de que suas pesquisas não são replicáveis por outras pessoas, que um etnógrafo veria o campo de maneira diferente de outro.[2] [Empenhar-se na replicabilidade não significa despojar-se dos nossos juízos prévios, viéses, teorias e coisas semelhantes antes de adentrarmos no campo e, com isso,

---

2   Ou, ainda pior, o mesmo etnógrafo teria interpretações divergentes do "mesmo" evento. Assim, Van Maanen (1998) descreveu, sucessivamente, seu trabalho de campo com policiais em patrulha como um conto realista, empenhado em alcançar um "ponto de vista genuíno"; como um conto confessional, preocupado com as próprias experiências do pesquisador de campo; e como um conto impressionista (da escola artística dos impressionistas), que traz o pesquisador de campo e o sujeito da pesquisa para uma relação dinâmica. De modo semelhante, Margery Wolf (1992) apresentou seu trabalho de campo com xamãs em Taiwan de três maneiras diferentes: anotações de campo, relato ficcional e artigo profissional. Conquanto tenha reconhecido a importância da escrita experimental e das contribuições da crítica pós-moderna da etnografia, Wolf acabou defendendo o artigo profissional com as regras da evidência e da interpretação. Tal polifonia pede um vocabulário e enquadramento além de "replicação".

minimizamos o impacto de nossa presença enquanto nos mantivermos lá. Em vez de pularmos na piscina totalmente vestidos, nós ficamos parados fora dela nus. Com a revisita, nós pensamos o contrário: não há maneira de enxergarmos claramente sem lentes teóricas, assim como não há posição passiva e neutra. A revisita exige que sejamos conscientes e intencionais nas teorias que usamos, e que nos aproveitemos dos efeitos das nossas intervenções. No entanto, existe um segundo sentido da palavra *replicação* que diz respeito não ao controle das condições da pesquisa, mas ao teste de robustez das descobertas. Nós replicamos um estudo para mostrarmos que as descobertas mantêm-se constantes ao longo de uma enorme variedade de casos dados, e que – para usar um dos exemplos de Hughes (1958) – a necessidade de executar trabalho sujo aplica-se tanto aos físicos como aos zeladores. A replicação significa a procura da semelhança na diferença. Quando revisitamos, porém, nossa proposta não é buscar aquilo que é constante nos dois encontros, mas entender e explicar a variação e, em especial, compreender a diferença ao longo do tempo.

Em poucas palavras, a revisita etnográfica defende aquilo que a replicação esforça-se em vão para reprimir. Onde a replicação está preocupada em minimizar a intervenção para controlar as condições de pesquisa e em maximizar a diversidade dos casos para assegurar a constância das descobertas, a proposta da revisita consiste exatamente no oposto: concentrar-se nos inevitáveis dilemas de se participar do mesmo mundo que se estuda e na necessidade de se levar a teoria a campo, tudo isso com uma atenção especial às explicações emergentes da mudança histórica. Como eu mostrarei a seguir, colocar a revisita em vez da replicação no centro da etnografia implica revisar a conexão desta com a ciência social e com o mundo que ela procura estender.

O que a sociologia pode aprender com a antropologia

Os antropólogos habitualmente revisitam seus próprios campos e os campos dos outros pesquisadores ou revisam obras canônicas, ao passo que os sociólogos-etnógrafos raramente revisitam seus próprios campos, sem falar os campos dos ancestrais de sua própria disciplina. Até mesmo as revisões são raras. Por que estas duas disciplinas difereriam-se tão drasticamente? Vale aqui considerarmos certo número de hipóteses mundanas, nem que seja para dissiparmos os estereótipos disciplinares. A primeira hipótese de porquê os antropólogos mostram-se usualmente tão aficcionados por revisitas é que o trabalho de campo tem uma longa tradição em sua disciplina e, por isso, eles vêm acumulando um vasto estoque de estudos clássicos para revisitar. Essa hipótese, contudo, não suportaria um exame mais detido, afinal os sociólogos vêm realizando trabalhos de campo sistemáticos há quase tanto tempo quanto os antropólogos. O antropólogo Franz Boas iniciou seu primeiro trabalho de campo entre os *kwakiutl* em 1886, pouco mais de uma década antes do sociólogo Du Bois elaborar seu *Negro da Filadélfia* [*Philadelphia Negro*] (1899). O antropólogo Bronislaw Malinowski aportou pela primeira vez nas Ilhas Trobriand em 1915, na mesma época em que os sociólogos Thomas e Znaniecki coletavam dados para seu livro *O camponês polonês na Europa e na América* [*The Polish Peasant in Europe and America*] (1918-20).

A segunda hipótese lança um olhar analítico ao presente. Os antropólogos, após terem conquistado o mundo inteiro, podem hoje apenas revisitar velhos lugares (ou estudarem a si próprios). Como no caso dos arqueólogos, restam-lhes poucos lugares a escavar. Os sociólogos, por outro lado, possuem tantos lugares inexplorados para visitar, mesmo em seus próprios quintais, que não têm a mesma necessidade de caminhar novamente sobre os velhos sítios. Esta segunda hipótese também não funciona bem, em especial hoje em dia, pois os antropólogos espalharam-se pelo capitalismo avançado, competindo com os sociólogos (ver Susser & Patterson, 2001). Além disso, os sociólogos estão sempre retornando aos mesmos lugares para realizar mais etnografias, porém, como seria possível, raramente para revisitá-los. Isto é, gerações e gerações de sociólogos têm estudado Chicago, mas nunca, ou quase nunca, têm comparado de modo sistemático seus trabalhos de campo com aqueles realizados por seus predecessores.

Isso me leva a uma terceira hipótese, bastante desoladora: é que as etnografias anteriores em sociologia foram tão malfeitas, tão *ad hoc*, que não valeu revisitá-las. Eu espero desiludir o leitor quanto a esta ideia assim que eu terminar. Assim como antropólogos podem empreender um trabalho de campo negligentes, sociólogos foram capazes de realizar etnografias soberbamente detalhadas. Além disso, um trabalho de campo malfeito não desencoraja as revisitas, mas, como eu mostrarei, isso muitas vezes as estimula.

Uma quarta hipótese é que os mundos estudados pelos antigos sociólogos-etnógrafos têm mudado tão radicalmente, que os antigos lugares de pesquisa são irreconhecíveis, ao passo que os campos de pesquisa dos antropólogos são mais estáveis e duráveis. Essa ideia também não faz sentido. A terra dos nuer de Sharon Hutchinson (1996) tem sido invadida, colonizada e assediada pela guerra civil desde que Evans-Pritchard lá esteve nos anos 1930, mas isso não a deteve de utilizar Evans-Pritchard como linha de base para compreender o impacto da descolonização, da cristianização, da guerra civil e do capital transnacional. De forma similar, Elizabeth Colson (1971) seguiu os *gwembe tonga* após eles terem sido desalojados pela inundação da represa de Kariba. Os lugares da pesquisa sociológica ainda não foram totalmente arruinados. Para ser exato, a renovação urbana deixou para trás a *West End* de Herbert Gans (1982), mas a *West End* de William Foote Whyte (1943) ainda é reconhecível, apesar das mudanças que o lugar sofreu. O drama da mudança e dissolução de antigos lugares de pesquisa desempenham certo papel nas revisitas, mas isso não distingue o antropólogo do etnossociólogo.

Se a distinção não está na natureza do ambiente a ser estudado, então, talvez isso esteja no observador – o romance do antropólogo com o passado ou o forte apego do sociólogo ao presente. Não devemos recorrer a uma tal psicologia essencialista e inverossímil. Podemos simplesmente argumentar que os antropólogos investem tanto em seus campos de pesquisa – aprendendo a linguagem, as práticas, os rituais e por aí vai – que eles partem mais para seus próprios campos do que se interessam por escavar outros. Porém, essa quinta hipótese não explica a inclinação dos antropólogos para estudar os lugares de outras pessoas, revisitando os estudos de outros colegas.

Talvez a resposta esteja nos projetos disciplinares da antropologia e da sociologia. Então, minha sexta hipótese é que os antropólogos têm sido treinados para estudar os "outros" como exóticos (ou se aproximaram da antropologia tendo isso em mente), e por isso, eles são mais reflexivos – mais aptos a se perguntar quem são e de onde vieram. Os sociólogos, por estudarem o que lhes é familiar (quer dizer, sua própria sociedade), mostram-se menos reflexivos, menos abertos a refletir sobre si e suas tradições. Mas ainda aqui, a diferença não é clara: os sociólogos têm exercitado sua capacidade de exotizar mundos diferentes, mesmo quando eles são seus vizinhos de porta. Com efeito, alguns diriam que era essa sua tarefa: tornar o normal anormal e, depois, torná-lo normal de novo.

Ainda assim, ao voltarmos nosso foco para o campo disciplinar e daí buscar uma explicação, acho que podemos ser ainda mais precisos na pontaria. A etnografia na sociologia americana tem caminhado por estradas sinuosas. Ela começou como uma abordagem dominante no campo quando a Escola de Chicago prevalecia, mas com a disseminação da sociologia e a expansão do sistema de ensino superior, ela sucumbiu às forças gêmeas da pesquisa quantitativa e do estrutural-funcionalismo – aquilo que Wright Mills chamou de empirismo abstrato e grande teoria (1959). Sua crítica, claro, era que a sociologia havia perdido contato com a realidade social. Mesmo antes de Mills expressar seus pontos de vista polêmicos, a Escola de Chicago havia tomado para si esse desafio, refazendo-se sob a influência de Everett Hughes e também de Anselm Strauss, em direção àquilo que Fine (1995) chamou de Segunda Escola de Chicago, criando uma alternativa ao teorismo e ao empirismo. À grande teoria dedutiva, estes sociólogos contrapuseram a teoria enraizada, descoberta nos dados empíricos. À pesquisa quantitativa, eles contrapuseram a pesquisa de campo baseada em observações *in situ* de fenômenos sociais em escala micro. Aqui, nós encontramos os grandes estudos de Goffman, Becker, Gusfield, Friedson, Gans, Davis, dentre outros. Eles reabilitaram a etnografia como ciência, uma ciência indutiva da observação próxima e atenta, codificada na coletânea *A descoberta da teoria enraizada* [*The Discover of Grounded Theory*] de Glaser e Strauss (1967) e alcançando sua apoteose na obra *Os truques do ofício* [*Tricks of the Trade*] de Becker (1998).

Forçada a entalhar seu próprio nicho "científico", a observação participante voltou-se para si mesma. Para dar seu melhor passo positivista adiante, os observadores participantes 1) fingiram ser intrusos neutros e, depois, silenciaram as formas pelas quais os pesquisadores em campo irrevogavelmente envolvem-se com o mundo que eles estudam; 2) suprimiram a teoria existente como uma contaminação perigosa; 3) em algumas ocasiões, eles até eclipsaram a mudança processual, na procura de descrições singulares de situações em escala micro; e 4) suprimiram como incompreensível o macrocontexto histórico da microanálise.[3] Com o estudo da revisita etnográfica, eu oferecerei corretivos ao longo de todas as quatro dimensões supracitadas – tematizando o observador

---

3   Abbott (1999, capítulo 7) argumenta que as etnografias da Escola de Chicago eram "históricas" por se preocuparem com o processo. Na minha opinião, as etnografias de Chicago eram amplamente privadas de processo, quem dirá de história. Se processo ou história entraram na Escola de Chicago, foi na forma de teorias cíclicas gerais da mudança social associadas à Robert Park.

como participante, a reconstrução da teoria, os processos internos e as forças externas – e, por meio disso, estabelecer os quatro princípios do estudo de caso ampliado e da etnografia reflexiva (ver Capítulo 1; Burawoy, Burton & *alii*, 1991; e Burawoy, Blum & *alii*, 2000).

Minha crítica aos etnossociólogos não deve ser mal interpretada. Há muito a ser estudado e extraído do presente. A longa tradição de estudos de comunidade, dominada pela Escola de Chicago, tem dado enormes contribuições à nossa compreensão da vida urbana. Os interacionistas simbólicos e os etnometodólogos têm recorrido à observação participante com boa vantagem, sustentando essa técnica marginal em face da ascendência da metodologia quantitativa. Como uma minoria combativa, os observadores participantes acabaram se isolando e ficando alheios tanto às mudanças da disciplina como às mudanças do mundo. Hoje, quando a sociologia histórica é a corrente dominante, quando a grande teoria não é tão reinante, quando até mesmo a pesquisa quantitativa está crescentemente interessada em análises longitudinais e quando a globalização é o tópico do dia, a observação participante deveria sair do seu cantinho protegido e abraçar a história, o contexto e a teoria.[4] Neste projeto, os sociólogos têm muito a aprender com os antropólogos, tanto em suas intuições como em suas omissões. Os antropólogos oferecem uma inspiração, mas também uma advertência.

Dentro da antropologia, a trajetória da etnografia tem sido bem diferente. Os textos canônicos da antropologia eram etnográficos. Assim como a sociologia está sempre retornando a Marx, Weber e Durkheim, a antropologia retorna a Boas, Mead, Malinowski, Evans-Pritchard,

---

4 Pelo menos em uma área os sociólogos que praticam a observação participante abraçaram a história, a teoria e o contexto. Os estudos de ciência começaram como uma reação às grandiosas afirmações mertonianas sobre as fundações normativas do conhecimento científico. Esses estudos voltaram-se para a prática diária da vida de laboratório (Latour e Woolgar, 1979) – uma microanálise resoluta que se vale da etnometodologia. Esses estudos de laboratório então se relocalizaram no contexto mais amplo que dava forma à ciência e sua história, mas sem perder suas fundações etnográficas. Ver S. Epstein (1996), Fujimura (1996) e Latour (1988).

Radcliffe-Brown, entre outros – e continuará retornando, enquanto esses autores definirem a tradição disciplinar. Quando a simples possibilidade de existência da etnografia foi ameaçada pelas revoltas anticoloniais, toda a antropologia reverberou em choque. Ao perceberam quão dependentes eles eram das forças que não podiam mais controlar, os antropólogos, querendo ou não querendo, tornaram-se bastante conscientes do mundo que havia além dos seus campos de pesquisa. Eles então revisitaram (e reinterpretaram) os estudos ingênuos que formavam seu cânones e que, muitas vezes, haviam sido conduzidos sob a tutela protetora do colonialismo – condição que permanecia silente nos estudos originais. O isolamento da aldeia e da tribo era um truque de magia que dependia da presença coersitiva da administração colonial (Asad, 1973). Contemporânea a tal intensificação da consciência histórica, surgiu o questionamento das teorias antropológicas que emergiram dessas condições então não declaradas, e o questionamento do modo como esses textos ainda traziam em si relações específicas à dominação colonialista (Clifford & Marcus, 1986). Assim, a história, a teoria e o contexto foram afetados profundamente pela sensibilidade dos antropólogos (Comaroff & Comaroff, 1991; 1992; Mintz, 1985; Vincent, 1990; e Wolf, 1982).

Enquanto o antropólogo era arremessado em uma ordem mundial turbulenta, o etnossociólogo refugiava-se em enclaves seguros, tanto no campo disciplinar como na comunidade. Os sociólogos erigiram falsas fronteiras ao redor de seus campos de pesquisa a fim de se resguardar das acusações de que eles não praticam ciência, ao passo que os antropólogos renunciaram à ciência porque abriram as comportas da história mundial. Uma vez que o ex-súdito colonial foi libertado do confinamento antropológico e autorizado a cruzar o mundo, a metáfora da revisita tornou-se tão natural à prática antropológica como o fôra aos movimentos de libertação dos seus súditos. A revisita é algo tão usual para os antropólogos que talvez caiba a um sociólogo revolver seu significado e suas variedades.

Na parte restante deste capítulo, esboçarei um quadro conceitual para me apropriar criticamente das revisitas da antropologia, resgatando da Idade das Trevas a sociologia-como-etnografia.

Dissecar a revisita focada: a fabricação do consentimento[5]

Revisitas chegam de diferentes maneiras. Porém, o tipo mais abrangente é a revisita focada que envolve uma comparação intensiva do próprio trabalho de campo de alguém com uma etnografia anterior do mesmo campo, geralmente realizada por outra pessoa. Assim como a entrevista focada (Merton, Fiske & Kendall, 1956), a revisita focada toma como seu ponto de partida uma situação já investigada, mas que assume sentidos bastante diferentes, devido às mudanças no contexto histórico e nos interesses e perpectivas do revisitante.

O esquema da revisita focada que eu desenvolvi aqui veio da minha própria revisita casual à mesma fábrica estudada por Donald Roy, um dos maiores etnógrafos da Escola de Chicago. Roy estudou a Geer Company entre 1944 e 1945 e eu estudei essa mesma fábrica trinta anos depois, em 1974-75, após ela ter se tornado a divisão de motores da Allied Corporation (Roy, 1952a, 1952b, 1953, 1954; Burawoy, 1979). Assim como Roy, fui empregado pela firma como operador de máquinas. Para nós dois, isso representava mais uma fonte de renda do que propriamente nosso campo de pesquisa. Conforme eu me acostumava ao ambiente de trabalho, trazia à memória outros setores da metalurgia por empreitada, especialmente os clássicos relatos de Roy acerca da restrição da produção.[6] Havia os operadores de máquinas que recebiam por índice

---

5 *A fabricação do consentimento* (Burawoy, 1979) é a versão publicada da minha tese de doutorado defendida em Chicago.

6 Roy (1952a, 1953, 1954). Eu estava familiarizado com vários outros estudos sobre pagamentos por peça que mostravam padrões semelhantes de "restrição da produção" (Ver, especialmente, Lupton, 1963).

de peças, trabalhando com suas furadeiras radiais, furadeiras axiais, trituradoras e prensas de corte e dobra, ao passo que os trabalhadores auxiliares (inspetores, preparadores, ajudantes, despachantes, motoristas de caminhão) recebiam por hora trabalhada. E eu observei o mesmo jogo de "bater a meta" do trabalho por empreitada (atingir o índice de peças), e os mesmos padrões de restrição da produção, a saber, o "corpo-mole" (que consiste em reduzir o ritmo da produção quando o índice de peças é muito difícil de atingir) ou a "restrição das quotas" (que significava não ultrapassar o índice de peças quando ele era fácil demais). Ao recorrer à dissertação de Roy (1952b), descobri uma série de extraordinárias coincidências que me levaram a não duvidar de que trinta anos depois eu havia por milagre aportado na mesma fábrica que ele. O que tornou isso ainda mais excepcional foi a rara qualidade da dissertação de Roy, com suas 546 páginas. Se eu houvesse planejado realizar uma revisita, simplesmente não poderia ter escolhido um predecessor melhor do que Roy – o detalhe exaustivo, o brilhante uso dos eventos, sua familiaridade com o trabalho industrial, seu rico retrato dos jogos no chão de fábrica.[7]

Com efeito, as descobertas de Roy eram tão persuasivas que eu estava desnorteado sem saber com que mais eu poderia contribuir. A despeito do discurso da ciência, eu achava que replicar o estudo de Roy não iria me garantir o título de doutor, muito menos um emprego. Como Robert Merton dissera há muito tempo, no ambiente acadêmico, a verdadeira recompensa não vem da replicação, mas da originalidade.[8] Meu

---

7   De acordo com Chapoulie (1996: 17), Everett Hughes considerava a tese de Roy "uma das melhores que ele havia orientado".

8   Merton (1957). Naturalmente, quando uma descoberta é controversa, a replicação pode recompensar. Um caso em discussão foi o caloroso e eterno debate entre perspectivas elitistas e pluralistas sobre poder da comunidade. Hunter (1953), cujo estudo refutacional (um tipo de etnografia) de Atlanta em 1950 colocou a perspectiva de elite em primeiro lugar, revisitou Atlanta no início da década de 1970 para confirmar suas descobertas originais (Hunter, 1980). As condições muito diferentes que ele encontrou na cidade Atlanta (surgimento de uma elite negra, expansão do centro da cidade, importância da tecnologia da informação etc.) tornaram a replicação bem

primeiro instinto foi reativo – denunciar Roy como um míope observador participante de Chicago, interessado em promover as relações humanas no chão de fábrica, alguém que não entendeu os trabalhadores no capitalismo ou a forma como o Estado e o mercado impõem-se às relações no chão de fábrica. Mas se o contexto externo era tão importante ao conformar as relações no chão de fábrica, então, era de se esperar que mudanças no Estado e no mercado produzissem experiências em 1974 que fossem diferentes daquelas de 1944. Mas tudo ali parecia ser idêntico. Ou será que não?

Eu examinei cuidadosamente a dissertação de Roy e, com efeito, descobri uma série de pequenas, mas significarivas, modificações na fábrica. Em primeiro lugar, a antiga relação autoritária entre a administração e o trabalhador havia desaparecido. Essa mudança foi marcada pelo desaparecimento do cronometrista ou do "homem do estudo dos tempos e movimentos", que cronometrava as atividades dos operários quando estes viravam as costas, à procura de índices de peças que pudessem ser apertados. Em segundo lugar, se a tensão vertical da hierarquia havia relaxado, os conflitos horizontais haviam se intensificado. Ao invés da solidariedade entre operários qualificados e trabalhadores auxiliares que Roy descreveu, eu observei ali hostilidade e antagonismo. Os motoristas de caminhão, os inspetores e os ajudantes eram o carma da minha vida. Quando Roy e eu relatamos nossas experiências, elas foram diferentes, mas o que fazer com tais experiências? Atualmente, considero quatro hipóteses sobre as diferenças entre nossas experiências, embora na época do meu estudo eu considerasse apenas a quarta.

---

mais persuasiva. Quanto mais diversas são as condições nas quais uma descoberta é feita, mais robusta ela se torna. Porque as condições da etnografia de Roy e da minha eram tão semelhantes, a replicação era menos interessante do que a explicação das pequenas mudanças.

O observador como participante

Minha primeira hipótese é que as experiências de Roy na Geer e as experiências que tive na Allied diferiram porque eu tive um relacionamento diferente com as pessoas que estudei. Antes de mais nada, Roy não era um operário novato no trabalho como eu; ele era um veterano de muitas firmas. Ele era aceito por seus colegas de trabalho, ao passo que eu – um britânico e um estudante, ainda por cima – jamais poderia sê-lo. Será que seu orgulho operário o tornava menos tolerante com as gerências? Será que ele pôde obter mais efetivamente a consideração e, com isso, a colaboração dos trabalhadores auxiliares? Nossas biografias divergentes, portanto, poderiam explicar as diferenças entre as experiências, mas nossa posição no ambiente de trabalho também poderia. Eu era um operador de máquinas polivalente e podia perambular com facilidade pelo chão de fábrica, enquanto Roy estava preso a sua furadeira radial. Não é de se admirar, pode-se concluir daí, que ele, mais do que eu, considerasse a administração autoritária. Por fim, um terceiro conjunto de fatores pode ter interferido – nossa inclusão na fábrica como sujeitos pertencentes ou representantes de sexos ou de raças. Embora muitos tenham criticado *A fabricação do consentimento* por não ter destacado as desigualdades raciais e de gênero, não é tão óbvio que estas fossem importantes para explicar as nossas diferentes experiências, pois tanto ele como eu éramos brancos e homens. À parte disso, na minha época, a branquitude poderia ter significado algo bastante diverso, pois, diferentemente de Roy, eu estava trabalhando ao lado de afroamericanos. E esse tom racial poderia ter rompido minhas relações laterais com outros trabalhadores e me ligado mais intimamente à administração formada exclusivamente por homens brancos.

Eu afirmo que nenhum desses fatores – nem a biografia, nem a localização, nem o ambiente – podem explicar as diferenças entre nossas experiências de trabalho, porque, ora sim, ora não, nós dois observamos os trabalhadores da fábrica através de experiências comuns, independentemente da biografia, função ou raça. O trabalho era organizado como uma competição coletiva e cada trabalhador avaliava tanto os outros como a si mesmo em termos de "bater a meta". Todos nós jogávamos o mesmo jogo e sofríamos da mesma forma com nossas vitórias e nossas derrotas – pelo menos isso era o que tanto Roy como eu ficávamos sabendo de todas as conversas emotivas ao nosso redor.

Reconstruir a teoria

Se o que moldou nossas diferentes experiências de trabalho não foram as relações que tivemos com aqueles que estudamos, então, talvez tenha sido a teoria que cada um levou para a fábrica. Sem dúvida, nós fomos para o chão de fábrica com teorias diferentes. Roy era um dissidente dentro da escola das relações humanas. Ele protestava contra a conclusão da *Western Electric Studies* segundo a qual a restrição da produção resultava da incapacidade dos trabalhadores em compreender a racionalidade econômica. Muito pelo contrário, dizia Roy, os trabalhadores compreendiam a racionalidade econômica muito melhor que os administradores que sempre atrapalhavam o jogo de "bater a meta" – situações que os operadores driblavam habilmente de modo a satisfazer as espectativas da administração sem, contudo, comprometer seus próprios interesses econômicos. Se as metas eram impossíveis de atingir, os trabalhadores sinalizavam isso diminuindo o ritmo. Se as metas eram fáceis demais, os trabalhadores tomavam precauções para não chamarem a atenção da gerência para essa facilidade em superar a meta; e evitar sua superação era o que provocava sua redução. Não eram os operários, mas as gerências que criavam regras contraprodutivas para o livre fluxo do trabalho.

Tal como Roy, eu era um dissidente, mas dentro da tradição marxista. Eu tentava demonstrar que o ambiente de trabalho não era o *locus* para a cristalização da consciência de classe hostil ao capitalismo, mas sim uma arena para a fabricação do consentimento. Eu mostrei como os aparelhos políticos e ideológicos do Estado, tão profundamente teorizados por Gramsci, Poulantzas, Miliband, Habermas e outros, encontravam suas contrapartes no próprio chão de fábrica. Aí, encontrei a organização do compromisso de classe e a construção do indivíduo como um cidadão industrial. Tomando emprestado o conceito de Gramsci, eu chamei isso de organização hegemônica da produção ou regime hegemônico de produção.

Se nossas teorias eram tão diferentes, poderiam elas explicar as experiências que Roy e eu tivemos no ambiente de trabalho? Certamente, teorias diferentes têm diferentes focos empíricos e selecionam dados diferentes. Mas ao menos nesse caso, diferenças teóricas não explicam por que eu experimentei mais conflitos laterais e Roy experimentou mais conflitos verticais; por que ele batalhava contra o cronometrista, enquanto na minha época, este não se encontrava em lugar algum. Se a teoria sozinha era a explicação para nossas narrativas serem tão diferentes, então, a Allied Corporation deveria ser idêntica à Geer Company, se ambas fossem examinadas através das mesmas lentes teóricas. Quando eu direcionei minha teoria da hegemonia sobre a Geer, porém, eu descobri um ambiente de trabalho muito mais despótico que o da Allied: um ambiente que privilegiava mais a coerção do que o consentimento, com poucas instituições constituindo trabalhadores como indivíduos ou articulando seus interesses aos da empresa. Igualmente, se Roy tivesse colocado lentes das relações humanas e mirado a Allied, ele notaria ali uma cultura administrativa mais participativa. Enquanto a Geer tratava os trabalhadores como prisioneiros ou recrutas do exército, a administração da Allied ampliou os direitos dos trabalhadores e, em troca, obteve mais cooperação por parte dos funcionários. As diferenças, entretanto, persistiam, mesmo quando cada um de nós levava a própria teoria ao âmbito de pesquisa do outro.

Eu não digo que as teorias nunca possam explicar as discrepâncias nas observações feitas por dois pesquisadores, mas que neste caso, o trabalho era tão rigorosamente estruturado e coletivamente organizado, que as experiências que vivemos eram em grande medida impermeáveis à influência da consciência trazida de fora do chão de fábrica, incluindo aí nossas próprias teorias sociológicas.

Processos internos

Até aqui, eu considerei apenas interpretações construtivistas das diferenças em nossas experiências – quer dizer, interpretações que se concentram nas relações que Roy e eu tivemos com nossos colegas de trabalho (seja devido à biografia, localização ou incorporação), ou interpretações que se concentram nas teorias que nós usamos para dar sentido ao que vimos. Eu agora me volto para as interpretações realistas das diferenças que nós observamos – quer dizer, interpretações que consideram como nossos relatos refletiram atributos do mundo que estava sendo estudado (em vez de produtos do nosso engajamento teórico ou prático com o âmbito de pesquisa). Tal como as interpretações construtivistas, as interpretações realistas também são de dois tipos: as primeiras atribuem as divergências aos processos internos, e as segundas, às forças externas.

Seria possível explicar a mudança do regime de produção despótico para o regime de produção hegemônico fazendo referência aos processos internos à fábrica? Com efeito, Roy observou processos internos cíclicos (1952b). A fim de restringir a barganha informal e o conchavo, regras eram impostas de cima para baixo. No entanto, os trabalhadores ficavam o tempo todo esgarçando e driblando as regras, até que outra avalanche de decretos gerenciais desabasse lá de cima. Poderia tal mudança cíclica explicar uma alteração mais profunda no decurso de trinta anos? É concebível que a guinada do despotismo para a hegemonia fosse um resultado artificial da nossa diferente localização no ciclo entre padrões de imposição burocrática e indulgência. Mas essa explicação não funciona, porque durante meu ano no chão de fábrica também observei uma oscilação parecida entre o enrijecimento e o relaxamento das diretrizes gerenciais. Então, isso exclui a possibilidade de que Roy e eu simplesmente estivéssemos em etapas diferentes do ciclo. Aliás, a guinada no decurso de trinta anos não pode ser reduzida à aplicação ou não aplicação de regras, porque também envolveu a introdução de novas regras a respeito do tempo de espera no trabalho, dos procedimentos para reclamações, da barganha coletiva e por aí vai. A mudança cíclica anual não explica a mudança geral nos trinta anos. Portanto, nós devemos nos voltar para os fatores externos para explicarmos a guinada secular para um regime de produção hegemônico.

Forças externas

A guinada do despotismo na Geer Company para a hegemonia na Allied Corporation é compatível com uma mudança registrada pela literatura das relações industriais. O sistema de mercado de trabalho interno (tanto em termos de oferta de cargos e postos de trabalho no interior da empresa, como no sistema de demissões para promoção), bem como a elaboração de procedimentos para reclamações e barganha coletiva tornaram-se características comuns nos setores monopolistas da indústria americana no pós-guerra. Essas mudanças foram consolidadas pela "negociação coletiva" entre os sindicatos e as empresas líderes dos maiores setores industriais. Apoiei-me na literatura que documentou as relações industriais mais corporativistas para explicar o que aconteceu no chão de fábrica depois do trabalho de campo de Roy. Embora a transformação geral do sistema de relações industriais regulado pelo Estado fosse o primeiro fator a governar a transformação do despotismo em hegemonia, a compra da pequena Geer Company pela multinacional Allied Corporation foi o segundo fator. A divisão de motores da Allied tinha um mercado garantido e estava, por isso, protegida da concorrência – que era a mesma pressão que estimulava o despotismo. Então, eis aqui minhas explicações gêmeas para a guinada do despotismo à hegemonia: a passagem da Geer Company do setor competitivo para o setor monopolista e a transformação das relações industriais em escala nacional. Ambas as forças originaram-se fora das próprias empresas.

O que entendo por *forças externas*? Emprego esse termo, em vez de, digamos, *contexto externo*, a fim de enfatizar a forma pela qual o ambiente é modelado por poderes que emanam de fora do campo de pesquisa. Estas forças não são fixas, mas estão em fluxo. Elas aparecem e desaparecem de modo que são frequentemente incompreensíveis e imperceptíveis aos participantes. O contexto externo, em contraste, é um conceito mais passivo, estático e inerte que omite a dinâmica da ordem social.

Isso faz emergir outra questão: dentre a miríade de potenciais forças externas em operação, como identificar aquelas que são as mais importantes? Elas não podem ser identificadas da perspectiva da observação participante apenas, porque, além disso, requerem a adoção de um quadro teórico para sua delimitação e conceitualização. Mas a teoria é necessária não apenas para captar as forças operantes para além do campo de pesquisa, mas igualmente para conceitualizar a própria distinção entre interno e externo, local e extralocal. Por exemplo, a teoria marxista dirige-nos primeiro para a firma e seu processo de trabalho (o local ou interno), e em seguida para o ambiente (o extralocal ou externo) composto por Estados e mercados. O interno e o externo são combinados dentro de uma teoria mais geral do desenvolvimento do capitalismo. Em suma: a teoria é a condição *sine qua non* de ambos os tipos de interpretação realista para a mudança entre sucessivos etnógrafos no mesmo campo de pesquisa.

A tabela 3 agrega as quatro interpretações hipotéticas para a discrepância entre a dissertação de Roy e meu relato sobre o chão de fábrica da Geer/Allied. Em uma das dimensões, procuro diferenciar a interpretação construtivista da interpretação realista – a primeira enfocando as mudanças no conhecimento do objeto (seja como resultado das diferentes relações sociais no campo ou como resultado das nossas alternativas teóricas), e a última enfocando as mudanças no objeto do conhecimento (sejam estas mudanças o resultado de processos internos ou de forças externas). A segunda dimensão refere-se à distinção entre interpretações internalistas e interpretações externalistas da mudança – a distinção entre relações constituídas no campo de pesquisa e teorias importadas de fora, ou entre processos internos e forças externas.

Tabela 3: Possíveis interpretações para a divergência entre a etnografia original feita por D. Roy e a revisita de M. Burawoy

Interpretações	Internalista	Externalista
Construtivista	Observador como participante	Reconstrução da teoria
	a) Biografia (experiência de trabalho)	a) Relações humanas (Roy)
	b) Localização (na produção)	b) Marxismo (Burawoy)
	c) Representação (língua, raça, idade)	
Realista	Processos internos	Forças Externas
	Ciclos de imposição e de relaxamento das regras da firma	a) Absorção da fábrica ao setor monopolista
		b) Guinada secular e nacional nas relações industriais

Crítica e autocrítica

Ao pretender que as forças externas sejam a explicação para a discrepância em nossos relatos, não estou afirmando que as outras três dimensões não sejam importantes. Longe disso. O impacto daquelas forças externas – a mudança no contexto do Estado e do mercado para a companhia – poderia ser compreendido apenas por meio da observação participante, poderia ser detectado apenas com a ajuda de algum quadro teórico, e poderia ter surtido seu efeito apenas por meio de processos sociais inerentes ao ambiente de trabalho. No entanto, minha abordagem é bem diferente da Escola de Chicago, exemplificada pela resenha de Roy (1980) sobre *A fabricação do consentimento*. Roy estava curiosamente desinteressado em explicar as transformações e continuidades na organização do trabalho, em localizar nossos processos de trabalho em seus respectivos contextos político e econômico ou em avaliar como nossos respectivos quadros teóricos lançaram diferentes luzes ao que havia acontecido no decorrer daqueles trinta anos. Para Roy, nossos dois estudos meramente mostravam que havia diferentes maneiras de se "esfolar um operário". Ele não mostrou nenhum interesse nos fatores que poderiam explicar por que este "esfolamento" era um e tornou-se outro depois.[9]

Se havia limitações no método de Chicago usado por Roy, também havia limitações no meu uso do método de Manchester.[10] Muito embora eu ainda acredite que as forças externas ofereçam a explicação mais precisa para as discrepâncias entre nossos relatos, ao perceber a maneira como eu havia conceitualizado os mercados e os Estados, vejo que ela foi

---

9   De maneira semelhante, Howard Becker (1998: 89) reduziu minha revisita ao estudo do "mesmo problema" sob "novas condições". Ao fazer isso, ele não percebeu o que há de distinto no meu estudo de caso ampliado. Primeiramente, eu não estudei o mesmo problema, mas o problema oposto, isto é, ele ignora minha inversão do enquadramento teórico de Roy (da questão das relações sociais – "por que as pessoas não trabalham mais?" – para a questão marxista – "por que as pessoas trabalham tanto?"). Em segundo lugar, ele não percebe o foco histórico do estudo, a saber, minha tentativa de explicar mudanças na área de produção entre 1944 e 1974. Em terceiro lugar, ele deixa passar, pois, meu exame das forças externas como fontes de tais mudanças. O problema tanto com Roy quanto com Becker não é sua crítica de *A fabricação do consentimento*, mas sua assimilação anódina do estudo a uma metodologia a qual o estudo se opõe: a metodologia de Hughes (1971), tematizada por Becker (1998), que busca indutivamente por aquilo que há de comum aos mais disparatados casos, em vez de explicar as divergências. Com certeza, há percepções a serem recolhidas ao se expor as semelhanças entre zeladores e médicos, mas há também muito a ser ganho ao se examinar por que os serviços médicos e de zeladoria mudam ao longo do tempo ou por que eles variam de um lugar para o outro.

10 Estou aqui me referindo à Escola de Manchester de antropologia social e a seu método do estudo de caso ampliado (ver capítulo 1 e Van Velsen, 1967).

profundamente problemática.[11] Lamento ter reificado as forças externas como naturais e perenes, ignorando que elas mesmas são o produto do desdobramento de processos sociais. Aqui, na verdade, fui totalmente míope. Mercados e Estados mudam. Logo depois que eu deixei a Allied em 1974, o regime hegemônico desabou sob o ataque da globalização dos mercados (o que de fato levou à desintegração econômica da Allied) e sob a ofensiva do Estado sob o governo Reagan contra os sindicatos. Ao forjar o compromisso de classe e individualizar os trabalhadores, o regime hegemônico tornou esses mesmos trabalhadores mais vulneráveis àquelas ofensivas vindas de fora. Se eu tivesse me mantido mais fiel à teoria marxista, teria compreendido que Estados e mercados mudam. E mais que isso: eu teria percebido que o regime hegemônico havia espalhado as sementes da sua própria destruição, ao enfraquecer o poder dos trabalhadores cujo consentimento a hegemonia organizou. O regime hegemônico que eu via como sendo o ápice das relações industriais no capitalismo avançado, na realidade, estava à beira do desaparecimento.

O problema não estava na escolha das forças externas como sendo a explicação da mudança da Geer para a Allied, mas na minha incapacidade de levar suficientemente a sério os outros três elementos da tabela 3. Eu deveria ter mobilizado a reconstrução teórica para descobrir os processos internos (mas situados em outro lugar, dentro do mercado e do Estado) que pudessem ter produzido aquelas forças externas. Além disso, tendo problematizado minha própria participação na Allied, eu poderia ter avaliado as peculiaridades da fabricação do consentimento que estava sendo substituída por variedades emergentes de processos de trabalho novamente racializados e sexualizados. A lição aqui é que a revisita obriga a que os etnógrafos considerem todos os quatro elementos dispostos na tabela 3.

---

11 Inúmeras críticas foram feitas ao livro *A fabricação do consentimento*. Mais recentemente, vale destacar um simpósio editado por Gottfried (2001). Essas e outras críticas incluem excelentes reanálises, mas poucas têm ligação direta com minha revisita à Geer.

Dos elementos aos tipos de revisita focada

Os quatro elementos da tabela 3 definem a etnografia reflexiva, ou seja, uma abordagem para a observação participante que reconhece que somos parte do mundo que estudamos. A etnografia reflexiva presume um mundo real "externo", mas esse mundo externo somente pode ser compreendido por meio da relação que construímos com ele. Não há como transcender esse dilema – as abordagens realista e construtivista oferecem corretivos uma à outra.[12] Seguindo Bourdieu, creio que interrogar a relação de alguém com o mundo que ele estuda não é um obstáculo, mas sim uma condição necessária ao conhecimento e à interpretação.[13] Particularmente, como etnógrafos, admitimos apenas parte do mundo que estudamos. Isso quer dizer que nós nos deparamos com os limites humanos àquilo que podemos examinar por meio da observação participante, o que torna a distinção entre interno e externo algo inevitável. Mais uma vez, ao combinar essas duas dimensões, nós obtemos quatro maneiras de interpretar as discrepâncias entre um estudo original e sua revisita. Ocorre então que a atual revisita focada tenderá a enfatizar uma ou outra dessas quatro interpretações, dando origem aos quatro tipos mostrados na tabela 4.

---

12   Abbott (2001, capítulo 3) escreveu um delicioso relato de como construtivismo e realismo reproduzem-se reciprocamente. Cada um deles é incompleto sem o outro; cada um deles corrige o outro.

13   Bourdieu (1990). É preciso ficar claro que, como Bourdieu e Wacquant (1992) ou Morawska (1997), não reduzo a etnografia reflexiva à relação entre observador e informante (como Rabinow [1977] e Behar [1993] fazem em seus relatos). Em primeiro lugar, uma etnografia reflexiva é reflexiva no sentido de que reconhece não apenas a relação que temos com aqueles que estudamos, mas também a relação que temos com um conjunto de teorias que compartilhamos com outros pesquisadores. Em segundo lugar, uma etnografia é reflexiva no sentido de que ela busca compreender o mundo externo tanto em termos do processo social que observamos quanto em termos das forças externas que caracterizamos.

Tabela 4: Tipologia e exemplos das revisitas focadas (clássicas)

Interpretações	Internalista	Externalista
Construtivista	*Tipo 1: Refutação*	*Tipo 2: Reconstrução*
	a) Freeman (1983) revisita Mead (1928)	a) Weiner (1976) revisita Malinowski (1922)
	b) Boelen (1992) revisita Whyte (1943)	b) Lewis (1951) revisita Redfild (1930)
Realista	*Tipo 3: Empirismo*	*Tipo 4: Estruturalismo*
	a) Lynd & Lynd (1937) revisitam Lynd & Lynd (1929)	a) Hutchinson (1996) revisita Evans-Pritchard (1940)
	b) Caplow & *alii* (1982) revisitam Lynd & Lynd (1929)	b) Moore & Vaughan (1994) revisitam Richards (1939)

Não apenas a revisita focada tende a cair em algum desses quatro tipos, mas cada tipo assume um caráter modal bastante distintivo.

As revisitas de Tipo 1 concentram-se nas relações entre o observador e o participante e tendem a ser refutadoras. Isso quer dizer que o sucessor usa a revisita para refutar as afirmações do antecessor, por exemplo, a denúncia de Derek Freeman (1983) ao livro *A chegada da idade em Samoa* [*Coming of Age in Samoa*] (1928) de Margaret Mead, e a crítica de Mariane Boelen (1992) ao livro *Street Corner Society* [*Sociedade da esquina*] de William Foote Whyte.

As revisitas de Tipo 2 concentram-se nas diferenças teóricas e tendem a ser reconstrutoras. Isso quer dizer que o sucessor usa a revisita para reconstruir a teoria do antecessor, por exemplo, a reconstrução feminista de Annette Weimer (1976) do livro *Os argonautas do Pacífico Ocidental* [*Argonauts of the Western Pacific*] de Bronislaw Malinowski, e a reconstrução historiográfica de Oscar Lewis (1951) ao livro *Tepoztlán: Um Vilarejo Mexicano* [*Tepoztlán: A Mexican Village*] (1930) de Robert Redfield.

As revisitas de Tipo 3 concentram-se nos processos internos e tendem a ser empiristas. Ou seja, o sucessor tende mais a descrever do que explicar as mudanças no decorrer do tempo. Tais são as revisitas de Robert Lynd e Helen Lynd (1937) ao seu próprio estudo inicial, *Cidade média: um estudo sobre a cultura americana moderna* [*Middletown: A Study in Modern American Culture*] (1929); e a subsequente revisita a *Cidade média* feita por Theodore Caplow e seus colegas (Caplow & Bahr, 1979; Caplow & Chadwick, 1979; Caplow & *alii*, 1982; e Bahr, Caplow & Chadwick, 1983).

Finalmente, as revisitas de Tipo 4 concentram-se nas forças externas e tendem a ser estruturalistas. Isto é, elas dependem de uma configuração de forças externas para explicar a discrepância entre os dois estudos. Aqui, meus dois principais exemplos são a revisita de Sharon Hutchinson (1996) ao livro *Os nuer* [*The Nuer*] de Evans-Pritchard (1940) e a revisita de Henrieta Moore e Megan Vaughan (1994) ao livro *Terra, trabalho e dieta alimentar na Rodésia do Norte* [*Land, Labour and Diet in Northern Rodhesia*] (1930) de Audrey Richards.

Revisitas focadas de tipo construtivista

A hipótese distintiva da revisita construtivista é que não foi o campo estudado que mudou naqueles dois pontos do tempo; o que diferiu foi a relação do etnógrafo com o campo (Tipo 1) ou as diferentes teorias que o etnógrafo levou a campo (Tipo 2) e que foram responsáveis pela discrepância nas observações. O que mudou não foi o campo em si, mas o nosso conhecimento sobre o campo – no primeiro caso, por meio da refutação; e no segundo caso, da reconstrução. Chamamos essas revisitas de construtivistas porque elas dependem do envolvimento ou da perspectiva do etnógrafo.

Tipo 1: Refutação

Talvez o caso mais famoso de refutação seja a revisita de Derek Freeman (1983) ao estudo de Margaret Mead (1928) a respeito das adolescentes em Samoa. Em seu canônico livro *A chegada da idade em Samoa*, Mead afirma que as samoanas experimentam uma fácil e tranquila transição para a vida adulta, marcada por uma sexualidade relaxada e liberada, tão diferente da adolescência rebelde, ansiosa, cheia de tensão e carregada de pecados que vemos nos Estados Unidos. Baseando-se em recursos múltiplos – relatos de missionários e exploradores, arquivos e seus próprios trabalhos de campo em Samoa em 1940, 1965, 1968 e 1981 – Freeman afirmou que os samoanos são um povo orgulhoso, vingativo, punitivo e competitivo; longe de serem plácidos, eles eram com frequência belicosos; e diferente da sua tão celebrada liberação sexual, os samoanos prezavam a virgindade – entre eles, o adultério provocava ódio e o estupro era algo comum. As adolescentes samoanas, afirmou Freeman, eram tão delinquentes como as adolescentes ocidentais.

Como podia Mead estar tão errada? Freeman tinha uma longa lista de acusações. Mead sabia muito pouco sobre Samoa antes de chegar; ela nunca dominou a língua local; ela se restringiu aos adolescentes, sem estudar a sociedade mais ampla; seu trabalho de campo foi muito curto, durante apenas três meses dos nove meses que ela passou em Samoa; ela conviveu mais com os expatriados que com seus informantes; ela confiou nos relatos dados pelas próprias adolescentes, que posteriormente declararam que estavam apenas caçoando dela. Mead teria sido ingênua, inexperiente, despreparada e, por fim, foi ludibriada.[14] Pior ainda – e

---

14 Essa estratégia de acusar os adversários destacando suas motivações extracientíficas ou suas práticas não científicas não está restrita às ciências sociais. Em *Abrindo a caixa de Pandora*, Gilbert e Mulkay (1984) mostram como os bioquímicos, envoltos em disputas sobre "a verdade", empregam dois tipos de discurso: um discurso empirista, que lida com "os fatos" e um discurso contingente, que atribui erros a interesses não cognitivos (social, político e pessoal). Os cientistas empregam o discurso empirista a eles mesmos e o discurso contingente a seus oponentes. Nós vemos o mesmo julgamento

aqui nós vemos como a teoria entra em cena –, Freeman acusou Mead de defender de maneira dogmática o programa de pesquisas culturais do seu orientador: Franz Boas. Ao mostrar que o trauma da adolescência não era algo universal, Mead estava dando apoio à hipótese do primado da cultura sobre a biologia. Mas as evidências, afirmou Freeman, não sustentava suas alegações.

Esse ataque a um clássico fundante da antropologia cultural reverberou em toda a disciplina.[15] Os antropólogos sociais e culturais se reagruparam amplamente em defesa de Mead. Embora reconhecessem as possíveis falhas em seu trabalho de campo e as interpretações tendenciosas de suas notas, os defensores voltaram os holofotes para Freeman. Os críticos acharam nas citações de Freeman recursos oportunos: gostariam de saber como ele (um homem de meia-idade) e sua esposa puderam ser mais bem-sucedidos que Mead (uma mulher à época com vinte e três anos) em revelar a vida sexual das adolescentes. Eles acusaram Freeman de confiar em informantes que estavam pessoalmente interessados, fazendo-o parecer ainda mais ingênuo que Mead ou apenas cínico. Eles se queixaram de que Freeman dissera muito pouco sobre suas próprias relações com as pessoas que estudou, embora soubesse a língua delas melhor do que Mead. Os críticos estavam céticos quanto às alegações de

---

com dois pesos e duas medidas nas revisitas de tipo 1. A pesquisa do revisitador é isenta de críticas, enquanto a pesquisa do seu predecessor é considerada desfigurada por um trabalho de campo falho, por parcialidade causada por biografia, localização ou tipificação. Nesses casos de refutação, como para os cientistas estudados por Gilbert e Mulkay (1984), os revisitadores se eximem de inadequações e parcialidades em seu próprio trabalho de campo – mas as bases para tal isenção são mais presumidas do que propriamente demonstradas. Os críticos facilmente respondem ao revisitador jogando o mesmo jogo e revelando sua parcialidade.

15 Várias revistas dedicaram seções especiais (*American Anthropologist* [1983]: 908-47; *Current Anthropology* [2000]: 609-22) ou até edições inteiras (*Canberra Anthropology*, vol. 6, nos. 1,2 [1983]; *Journal of Youth and Adolescence*, vol. 29, nº 5 [2000]) à controvérsia. Vários livros apareceram (Caton, 1990; Freeman, 1999; Holmes, 1987; Orans, 1996), um filme documentário foi feito (Heimans, 1988) e uma peça foi produzida sobre esse grande drama na academia (Williamson, 1996).

Freeman de que torná-lo um chefe honorário significava que os samoanos confiavam mais nele do que em Mead. Seus críticos consideraram que ele havia sido acometido de um patológico frenesi refutador que durou desde seu primeiro trabalho de campo até sua morte em 2001.

Freeman trouxe para si mesmo uma vituperação adicional, ao recusar-se a oferecer uma teoria alternativa sobre a adolescência, biológica ou cultural, que explicasse os dados que ele havia mobilizado contra Mead. Ele seguiu Karl Popper, para quem dedicou seu livro de 1983, mas o seguiu apenas até a metade do caminho. Popper insistiu que refutações deveriam ser acompanhadas por conjecturas mais arrojadas, mas isso teria obrigado Freeman a mover-se do Tipo 1 para o Tipo 2 de revisita – a reconstrução da teoria. Outros antropólogos vieram com tais reconstruções ou resoluções parciais da controvérsia. Assim, Bradd Shore (1983) afirmou que os samoanos tinham certo caráter ambíguo, exibindo características à la Mead em algumas situações, e características à la Freeman em outras situações. Ele propôs uma teoria mais rica sobre o *ethos* samoano que aquelas propostas por Mead e por Freeman.

Outros, buscaram resolver a questão de maneira realista, propondo que Mead e Freeman estavam estudando samoanos diferentes. Para refutar Mead, Freeman era forçado a homogenizar todos os samoanos. Ele não distinguia a Samoa colonizada pela Holanda da Samoa colonizada pelos Estados Unidos. A coleta de dados em quaisquer partes do arquipélago entre 1930 e 1987 era propícia a sua refutação. Até mesmo Mead reconheceu as grandes mudanças que varreram Samoa durante esse período, sugerindo que a época do seu trabalho de campo fora especialmente harmoniosa. Weiner (1983) afirmou que o caráter dos samoanos variava conforme a influência das missões. Na área estudada por Freeman, a competição entre várias denominações evangélicas levaram os samoanos a serem mais desafiadores que na região de Manu'a visitada por Mead, onde havia uma única missão. Tendo em vista essas diferenças reais entre as comunidades, disse Weiner, levaria muito tempo até que os relatos divergentes se reconciliassem. Estamos aqui nos movendo em direção às revisitas realistas.

Em poucas palavras, o foco obsessivo de Freeman na refutação, baseado em relações distorcidas do etnógrafo com seu campo, barraram a reconstrução da teoria e as mudanças históricas como estratégias para a reconciliação do estudo anterior com o estudo posterior. O mesmo foco estreito e limitado na refutação pode ser encontrado na revisita de Marianne Boelen (1992) ao livro *Sociedade de esquina* (1943) de William Foot Whyte. Baseado em uma série de breves visitas a *Corneville* nos anos 1970 e 1980, Boelen acusou Whyte de todos os tipos de pecado – por não entender italiano, por ignorar a família, por não entender o estilo de vida dos bairros italianos, além de falta de ética ao defender as falsas teorias da Escola de Chicago sobre as gangues. Diferente de Mead, que havia morrido cinco anos antes que o livro de Freeman fosse publicado, Whyte ainda estava vivo para rebater as acusações de Boelen (Orlandella, 1992; Whyte, 1992). No relato de Whyte, seu italiano era melhor que o falado pelos membros das gangues; ele não considerou a família ou o bairro italiano como diretamente relevantes para a sociedade de esquina; suas posições éticas eram claras e estavam acima da reprovação; e, finalmente, sua teoria sobre os cortiços, longe de adotar as teorias de Chicago sobre a desorganização, refutava-as. Assim como Freeman, Boelen fixou-se na refutação sem proferir sua própria teoria ou considerar a possibilidade de mudança histórica entre a época dos estudos de Whyte e suas próprias observações em *Cornerville*.

A crítica de Boelen à etnografia na sociologia quase não ondulou as águas da disciplina, em parte porque a etnografia é algo mais marginal na sociologia que na antropologia, em parte porque a crítica foi malfeita. Mesmo se Boelen tivesse abordado sua revisita com a mesma seriedade de Freeman, ela teria que confrontar o poder sociológico estabelecido interessado em defender uma de suas etnografias arquetípicas. Na condição de pós-graduanda (e ainda por cima mulher), ela partiria em grande desvantagem. Como Freeman descobriu, é sempre uma tarefa ingrata refutar um estudo entrincheirado que se tornou um pilar da disciplina e, no caso de Mead, um monumento para a autoanálise da cultura americana. Dir-se-ia que Freeman desenvolvera um compromisso patológico com a refutação, ainda que tivesse feito algum progresso. No negócio da refutação, o equilíbrio de poder geralmente favorece o antecessor, especialmente se ele ou ela estiver vivo para desacreditar seu refutador.[16] A evidência mobilizada para sustentar a refutação precisa ser especialmente persuasiva ou ecoar poderes disciplinares alternativos ou emergentes. Em vez de decepar gigantes para diminuir-lhes o tamanho e, então, pisoteá-los, frequentemente, é mais produtivo – estratégia do próximo conjunto de revisitas – montar sobre seus ombros.

Tipo 2: Reconstrução

Vimos como alguns refutadores, não contentes em destacar os efeitos distorcidos de trabalhos de campo mal conduzidos, também afirmam que seus antecessores importam teorias arbitrárias de um professor influente, favorecendo esta ou aquela escola de pensamento. Entretanto, ao menos nos exemplos anteriores, os revisitantes fracassaram em propor sua própria teoria. Almejaram a destruição da teoria antecessora, mas não sua reconstrução. É a reconstrução o que define as revisitas de Tipo 2.

Não é de se estranhar que as teorias feministas estivessem na vanguarda da reconstrução teórica das etnografias clássicas. Tem havido reanálises feministas de trabalhos canônicos, tais como a famosa reconstrução feita por Gough (1971) do trabalho de Evans-Pritchard (1940) sobre os nuer. A clássica revisita focada feminista, porém, é a revisita feita por Annette Weiner (1976) ao estudo de Bronislaw Malinowski (1922) sobre

---

16 Em seus comentários como resenhista, Diane Vaughan comprovou essa tese. Também o fez Richard Grinker em comentários privados ao autor. Grinker (1994, 2000) revisitou os pontos da África Central do famoso e controverso antropólogo Colin Turnbull.

os ilhéus de Trobriand. Malinowski fez seu trabalho de campo entre 1915 e 1918, e Weiner fez o seu trabalho de campo numa aldeia vizinha em 1971 e 1972. Embora de maneira nenhuma a primeira revisitasse esse lugar sagrado, o estudo de Weiner é uma dramática reconstrução a partir do ponto de vista das mulheres de Trobriand. Enquanto Malinowski concentrara-se nos rituais e cerimônias em torno da troca de inhame, Weiner discorreu sobre as "cerimônias fúnebres", conduzidas pelas mulheres após a morte de um parente homem, quando a parentela do enfermo trocava entre si pacotes de folhas de bananeira especialmente preparados e saias (igualmente feitas com folhas de bananeira). Enquanto os homens trabalhavam nas lavouras de inhame, as mulheres trabalhavam o tempo todo em seus pacotes de folhas. Esses dois objetos de troca representavam diferentes esferas de poder: o controle da transferência intergeracional de propriedade, no caso dos homens; e o controle da identidade ancestral, no caso das mulheres. Assim, os rituais de morte dividiam de maneira semelhante a tribo em dois grupos: aqueles responsáveis pelo restabelecimento dos laços intergeracionais através da distribuição da propriedade; e aqueles responsáveis pela reparação do "dala" identitário ou da ancestralidade de alguém, pela distribuição de pacotes de folhas de bananeira. As mulheres monopolizavam uma esfera de poder própria – a imortalidade no tempo cósmico –, enquanto dividiam com os homens o controle do mudo material no tempo histórico.

Weiner comprometeu-se em reposicionar as mulheres na sociedade Trobriand e, por extensão daí, reposicionar as mulheres em todas as sociedades. Portanto, os antropólogos predecessores haviam reduzido o gênero ao parentesco ou haviam concebido as mulheres como objetos sem poder trocados pelos homens (Lévi-Strauss, 1969). Ao tomar o ponto de vista desses supostos objetos (quer dizer, ao subjetivar suas experiências), Weiner mostrou as mulheres brandindo um poder considerável, institucionalizado nas práticas materiais e nas cerimônias elaboradas. Sua revisita, portanto, serviu para reconstruir um estudo clássico, ao oferecer uma compreensão mais completa e mais profunda das relações de poder entre homens e mulheres. Embora Weiner pudesse ter sido inspirada a desenvolver sua interpretação alternativa em virtude de ser mulher e viver entre mulheres, essas não eram condições suficientes para a sua análise de gênero; sabemos disso por meio de antropólogas que a antecederam. A guinada para sua compreensão particular do gênero foi conformada pelo feminismo. Em vez de desconfiar do trabalho de campo de Malinowski como tendo sido limitado por seu foco nos homens e em uma miríade de outras bizarrias que poderiam ter sido conseguidas dos seus diários de campo, ela dedicou-se a suas limitações teóricas.

Ao mesmo tempo, o estudo de Weiner é curiosamente a-histórico, pois ela não faz nenhuma tentativa de considerar quais mudanças poderiam ter acontecido nos cinquenta e cinco anos de lapso de tempo entre seu estudo e a etnografia de Malinowski. Determinar a mudança histórica pôde ter sido difícil para Weiner, porque Malinowski havia dado muito pouca atenção aos rituais de funeral. Isso teria demandado, antes de mais nada, a reconstrução das narrativas de Malinowski sobre os ilhéus de Trobriand, tal como eles eram em 1915 – um trabalho arriscado, mas que, como veremos ainda, algumas revisitas de Tipo 4 têm tentado fazer.

Porém, em algumas revisitas de Tipo 2, em especial a clássica revisita de Oscar Lewis (1951) ao vilarejo de Tepoztlán de Robert Redfield (1930), o sucessor reconstrói a teoria da história usada pelo antecessor. Redfield estudou Tepoztlán em 1926 e Lewis estudou o mesmo vilarejo dezessete anos depois, em 1943, aparentemente para descobrir o que havia se transformado. Mas ele se tornou muito menos interessado em estudar a mudança em Tepoztlán que empregar Redfield, com seu relato de um vilarejo integrado, homogêneo, isolado e funcionando de maneira igualitária, escamoteando, para Lewis, "a violência, o rompimento, a crueldade, a enfermidade, o sofrimento e o desajuste" (Lewis, 1951: 428-429). Lewis destacou o individualismo dos habitantes do vilarejo, seus cismas políticos, sua falta de cooperação, a luta entre os latifundiários e os sem-terra e os conflitos entre os habitantes nessa área. Em vez de sustentar o isolamento de Tepoztlán descrito por Redfield, Lewis situou o vilarejo em uma rede mais ampla de forças econômicas e políticas; e fez remontar características de Tepoztlán à Revolução Mexicana.

Como Lewis explicou as diferenças entre seu relato e o relato de Redfield? Em primeiro lugar, ele destacou as mudanças históricas ocorridas durante aqueles dezessete anos como sendo insuficientes para explicar seus relatos discrepantes de Tepoztlán. Em vez disso, Lewis criticou o conceito do contínuo tribal-urbano de Redfield – a teoria segundo a qual a mudança histórica pode ser medida como um movimento de formas tribais para formas urbanas. Embora Lewis tenha concedido alguma validade à teoria de Redfield – as comunidades tornam-se mais seculares e individualistas com o passar do tempo –, ele manteve a crítica ao contínuo tribal-urbano como o responsável pelo retrato sentimental de Redfield sobre Tepoztlán. As críticas de Lewis eram múltiplas: a ideia do contínuo tribal-urbano cria a falsa separação da cidade e da nação e o isolamento ilusório do vilarejo; isso negligencia as dinâmicas internas e a diversidade dos vilarejos; e o mais importante: ignora o impacto das mudanças históricas mais amplas. Além disso, Redfield substituiu o estudo da mudança histórica real por essa posição num contínuo do rural ao urbano. Assim, em uma análise final, Lewis atribuiu a romantização de Tepoztlán por Redfield à sua miopia teórica a respeito da história.[17]

Para Lewis, parar por aqui teria mantido sua revisita no Tipo 1, mas ele avançou para o Tipo 2, ao elaborar sua própria teoria, largamente marxista, sobre a mudança social. Ele situou Tepoztlán dentro de um arranjo

---

17 Vicent (1990, capítulo 4) situa a crítica de Lewis à Redfield em movimentos muito mais amplos em direção à análise histórica que preocupava os antropólogos do pós-guerra tanto na Inglaterra quanto nos Estados Unidos. Também observo, adicionalmente, que Redfield foi profundamente influenciado pela Escola de Chicago de etnografia urbana, naquele tempo dominada por Robert Park e Ernest Burgess. De fato, Redfield casou-se com a filha de Park e começou a estudar os mexicanos em Chicago sob a orientação de Burgess. Desse modo, não se pode estranhar sua abordagem a-histórica, acontextual das mudanças históricas.

de influências exteriores historicamente específicas, tais como novas estradas e melhoria nos transportes, comércio, reforma agrária, novas tecnologias e expansão da educação. Assim como Weiner, Lewis não usou o estudo de Redfield como linha de base para estimar a mudança histórica. Lewis considerou que a etnografia de Redfield estava baseada numa teoria da história enganosa, e que ele, Lewis, substituiria isso por sua própria compreensão da história dependente do contexto.

A história não termina aqui. Em *A pequena comunidade* [*The little Community*] (1960, 132-148), Redfield ofereceu uma reanálise posterior à revisita focada de Lewis. Ele concordou com Lewis: a mudança histórica não pode explicar a discrepância entre seus dois relatos de Topoztlán. Mas Redfield negou a relevância do contínuo tribal-urbano, porque ele nem sequer havia desenvolvido essa teoria na época em que escreveu *Topoztlán*. No lugar disso, ele atribuiu suas diferenças à questão que cada qual colocou: "A questão oculta atrás do meu livro é 'o que torna essas pessoas felizes?' A questão oculta atrás do livro do Dr. Lewis é 'de onde vem o sofrimento dessas pessoas?' [Redfield, 1960: 136]. E Redfield prosseguiu, isso é como deveria ser – não necessitamos de perspectivas múltiplas e complementares sobre o mesmo lugar. Cada um tinha sua própria verdade.[18] Nós estamos de volta à reanálise de tipo 2. Mas isso perde o ponto de Lewis – essas questões derivam de teorias, e algumas teorias são superiores a outras. Mesmo se o contínuo tribal-urbano não florescera totalmente acabado em *Topoztlán*, seu embrião já estava ali nesse estudo inicial, lançando seus encantos como uma inadequada teoria sincrônica da mudança social.[19]

---

18 Em outra revisita à Tepoztlan em 1970, Bock (1980) focou a contínua potência da vida simbólica, originando ainda outra revisita de tipo 2, reconstruindo as interpretações de Redfield e Lewis.

19 Em 1948, Redfield (1950) conduziu, de fato, sua própria revisita a uma vila que ele havia estudado dezessete anos antes. *Uma Vila Que Escolheu o Progresso [A Village That Chose Progress]* parece uma história de fadas durkheimiana de uma comunidade se movendo ao longo do contínuo urbano-popular ou, como coloca Redfield,

Quando Lewis afirmava que algumas teorias tinham um melhor alcance da mudança histórica que outras, ele estava certamente rumando para uma direção realista. Hoje, nós encontramos antropólogos tomando uma direção construtivista, prendendo-se a revisitas de tipo 2 que destacam toda história interpretativa como sendo igualmente impossível ou perigosa. No final dos anos 1980, James Ferguson revisitou o Cinturão do Cobre zambiano, quase trinta anos após os famosos estudos da Escola de Manchester [Ferguson, 1999]. Em seu relato da desindustrialização, desemprego e êxodo inverso para áreas rurais, o resultado da queda do preço do cobre, dos ajustes estruturais patrocinados pelo FMI e da violenta epidemia de AIDS – Ferguson desacreditou a teologia da urbanização e da industrialização de Manchester como uma mitologia do desenvolvimento [ver Gluckman, 1961b]. Em vez de assinar embaixo de uma teoria do subdesenvolvimento e do declínio econômico, Ferguson recusou qualquer outra teoria da história com o receio de criar uma nova mitologia. Embora haja matizes realistas em sua etnografia e os dados que ele oferece possam ser reinterpretados através de lentes desse tipo, Ferguson substituiu a teologia da Escola de Manchester por uma antiteologia descomprometida de qualquer consideração sobre a mudança social. Em outras palavras, sua revisita foi além da pura refutação para a reconstrução teórica (Tipo 2), mas sua nova teoria era a apoteose do construtivismo, repudiando explicitamente o esforço realista. O construtivismo trazido à baila agora o derrubava.

Revisitas focadas de tipo realista

Aos ingênuos, as revisitas focadas realistas limitam-se ao estudo da mudança histórica. No entanto, temos visto que as revisitas podem nem ao menos mencionar a história (ou mencioná-la apenas para

---

pegando "a estrada para a luz" (1950: 153) – e a luz é Chicago. Essa é uma irreal revisita realista de tipo 3.

desconsiderá-la). As revisitas construtivistas supõem não haver mudanças e as diferenças entre os relatos do antecessor e do sucessor são o resultado da participação dos etnógrafos no campo de pesquisa ou da teoria que eles levam à campo. As revisitas que eu considero agora partem da hipótese oposta – os relatos discrepantes são o resultado de mudanças no mundo, mas, como mostrarei adiante, elas são frequentemente modificadas por considerarem os efeitos da teoria e da participação do etnógrafo. A perspectiva construtivista traz uma necessária dose de observação realista às revisitas ao insistir que nós não podemos entender o mundo externo sem termos um relacionamento com ele. No que daí segue, o construtivismo mais perturba que rejeita, mais corrige que despreza, mais aprofunda que desaloja a revisita realista.

Eu divido as revisitas realistas em dois tipos: as realistas de tipo 3, que dão atenção inicial aos processos internos; e as revisitas de tipo 4, que dão mais peso às forças externas. Esta é uma distinção difícil de garantir, principalmente quando o tempo que separa os estudos é longo. Apenas se a revisita for uma descrição empírica, catalogando as transformações na economia, na estrutura social, na cultura e em outros aspectos de uma comunidade, poderá um foco puramente internalista ser sustentado. Por isso, eu chamo essas revisitas de empiristas. Tão logo o foco se eleva à explicação da mudança social, o etnógrafo é quase que inevitavelmente levado a considerar as forças que estão além do campo de pesquisa.[20] Mesmo o mais brilhante dos etnógrafos têm fracassado em seus esforços para reduzir as dinâmicas históricas às forças internas.

---

20 Mesmo explicações internas da mudança social aparentemente robustas, como a "lei de ferro da oligarquia" de Michels ([1910] 1962), têm sido alvo de críticas punitivas por colocar o contexto histórico entre parênteses. Schorske (1955), por exemplo, mostrou como as tendências burocráticas do Partido Social Democrata Alemão, a base empírica da lei de ferro da oligarquia, eram uma função de um conjunto de forças que emanavam do campo político mais amplo. Chegando perto da etnografia, eu (Burawoy, 1982) censuro o clássico estudo de caso de Gouldner (1954) da dinâmica da burocracia industrial por isolar o contexto econômico externo de sua fábrica de gipsita.

Assim, o relato de Edmund Leach sobre a oscilação entre a igualitária organização *gumlao* e a hierárquica organização *gumsa* no planalto da Birmânia; e o relato de Fredrik Barth sobre o movimento cíclico de concentração e dispersão da propriedade latifundiária entre os habitantes do Vale Swat, no Himalaia, ficaram ambas sobre críticas cerradas por ignorarem as forças mais amplas.[21] Denomino as revisitas que tendem à configuração das forças externas – sejam elas econômicas, políticas ou culturais – de estruturalistas. Mas a ênfase nas forças externas não deve vir às expensas do exame dos processos internos. A marca distintiva das melhores revisitas estruturalistas é sua atenção à maneira como os processos internos mediam o efeito das forças externas.

Sustentar a distinção entre interno e externo obriga-nos a problematizá-la, mas sem abandoná-la. Assim como a revisita de refutação tipo 1 é insatisfatória por si mesma e requer a incorporação da revisita de reconstrução tipo 2, as revisitas de tipo 3 que discorrem sobre processos internos são igualmente insatisfatórias, demandando sua incorporação às revisitas de tipo 4 que tematizam as forças externas.

Tipo 3: Empirismo.

Uma revisita empirista convincente é difícil de se achar, mas a revisita de Tobert Lynd e Helen Lynd [1937] ao seu próprio estudo sobre Middletown é, pelo menos, uma exceção parcial. Na medida em que eles descreveram as transformações de Middletown entre 1925 e 1935, eles

---

21 Leach (1954), Barth (1959). A reanálise de David Nugent (1982) de *O sistema político da Alta Birmânia* mostrou que as mudanças na região foram um produto da instabilidade política na vizinha China, onde estavam mudando os padrões do negócio de ópio a longa distância, e de disputas entre os exércitos britânico e birmanês tanto quanto elas eram produto de processos internos. Antes de Nugent, Talal Asad (1972) havia mostrado as limitações do modelo hobbesiano de Barth de política do equilíbrio por meio do foco na dinâmica de classes, em especial, a concentração secular da posse de terras e como isso foi determinado por forças coloniais além da região imediata.

limitaram suas atenções à comunidade. Mas tão logo se aventuraram na interpretação dessas transformações, eles estavam se dirigindo à exploração de forças para além da comunidade. Sem admitir isso, eles reconstruíram a teoria que haviam utilizado no primeiro estudo – uma reconstrução que pode ser estendida para suas próprias biografias e suas relações alteradas com Middletown. Em outras palavras, a revisita desses autores, uma investigação voltada de maneira ostensiva aos processos internos, espalhou-se para todas as direções, rumo às interpretações construtivistas de tipo 1 e 2, assim como às interpretações estruturalistas de tipo 4.

O primeiro estudo sobre Middletown [Lynd & Lynd, 1929], que eu denomino Middletown I, era o mais incomum para a sua época, ao focar a mudança social. Tomando como seu ano base 1890, os Lynds reconstituíram os trinta e cinco anos intermediários, a partir de diários, jornais e relatos orais.[22] Para captarem uma imagem total de Middletown, eles adotaram um esquema usado pelo antropólogo W. H. R. Rivers, que dividia a vida comunitária em seis domínios: a obtenção de recursos, a criação do lar, a preparação da juventude, a organização do tempo livre, a prática da religião e o engajamento com as atividades da comunidade. Os Lynds afirmaram que a ampliação do mercado de trabalho modelou progressivamente todos os demais domínios. A expansão da indústria acarretou a desqualificação profissional, o trabalho monótono, o desemprego e o declínio das chances de mobilidade social ascendente. O emprego perdeu sua recompensa intrínseca e o dinheiro tornou-se o árbitro do consumo. As exigências da produção industrial conduziram a novos padrões de divisão (organizada ao redor do automóvel, em particular) e de novos padrões de casas (como novos eletrodomésticos e menos empregadas), bem como a emergência da propaganda (em especial nos jornais que aumentaram sua circulação). O compasso da mudança foi maior na economia que estendeu seu ritmo a outros domínios: ao tempo

---

22 Mais adiante nesse capítulo, eu chamo esse tipo de escavação histórica de revisita arqueológica.

livre, à educação e ao lar sobrevieram maiores mudanças, ao passo que a religião e o governo mudaram mais lentamente.

Em todas as áreas, os Lynds discerniram os profundos efeitos da classe social. Os trinta e cinco anos anteriores presenciaram, assim disseram eles, um crescimento na divisão entre a classe operária, que manipulava objetos físicos, e a classe dos negócios, que manipulava seres humanos (estendendo-se de todas as formas, desde os mais ínfimos trabalhadores de escritório até o mais alto executivo corporativo). Eles descobriram uma crescente divisão de classes no acesso à moradia, à escolaridade, ao bem-estar social e aos serviços médicos; nos padrões de divisão do trabalho doméstico, lazer, leitura e práticas religiosas; e na influência sobre os governantes, a mídia e a opinião pública. A classe dos negociantes controlava a ideologia, impulsionando o progresso material, o liberalismo econômico, a lealdade cívica e o patriotismo, ao passo que a classe de proprietários de terra tornava-se ainda mais atomizada, desprovida de um universo simbólico alternativo.

Devemos parabenizar os Lynds por adotarem a perspectiva histórica. Devemos igualmente nos precaver de endossar o conteúdo de seu estudo, especialmente depois que o historiador Stephan Thernstrom [1964] demoliu uma história retrospectiva semelhante, encontrada no estudo de Warner & Low [1947] sobre *Yankee City*. Isso representa uma razão adicional para nos focarmos na revisita dos Lynds, em 1935, a Middletown— *Middletown em transição* [*Middletown in transition*] –, que eu chamarei de Middletown II.

Robert Lynd retornou a Middletown com um time de cinco estudantes de graduação, mas sem Helen Lynd. A equipe começou examinando as mesmas seis arenas da vida que estruturaram o primeiro estudo. Com a depressão, a dominância da economia havia se tornado ainda mais forte, mas os Lynd estavam mais impressionados com a continuidade que com a descontinuidade, pela reafirmação por parte dos moradores dos antigos valores, costumes e práticas, em oposição à mudança que vinha de fora. Eles documentaram a emergência e consolidação dos grandes negócios como uma força controladora na cidade; a expansão e depois a contração dos sindicatos quando os grandes negócios lutavam para manter as fábricas abertas em Middletown, o estrangulamento do governo e da imprensa pelo grande negócio; o crescimento e centralização da assistência ao desempregado; a adaptação familiar quando as mulheres conquistam seu emprego e os homens perdem prestígio; a expansão do sistema de educação; a estratificação dos padrões de diversão e a continuidade das práticas religiosas que oferecem consolo e segurança.

Eis o bastante para a abordagem empirista de Lynd. Mas há um segundo registro, uma interpretação das transformações entrelaçada com a descrição. A competição capitalista e as crises de superprodução provocaram o desaparecimento dos pequenos negócios, fazendo o poder dos grandes negócios muito mais visível; o emprego precário para a classe operária, que estava vivendo da mão para a boca; a diminuição das oportunidades de mobilidade social ascendente quando os degraus sobre a escada econômica desapareceram, resultando em um sistema de classes mais transparente. O modelo de duas classes deveria ser substituído por um modelo de seis classes. Já agora se pode discernir uma mudança na teoria dos Lynds: em Middletown I, a mudança vinha quase que internamente através de sucessivos incrementos da divisão do trabalho; em Middletown II, a mudança era produzida pela dinâmica do capitalismo, preso pela inescapável lógica da competição, da superprodução e da polarização. A influência do marxismo é clara, porém, desapercebida. As forças do mercado estavam absorvendo Middletown dentro de um país maior; o governo federal estava provendo a assistência social, apoiando os sindicatos e fundando frentes públicas de trabalho, ao passo que de lugares distantes vinham as transmissões radiofônicas, as colunas dos jornais sindicais e a educação padronizada. Middletown estava sendo varrida por um turbilhão fora do seu controle e do seu entendimento.

Os Lynds não podiam ficar confinados aos processos internos, mas quão conscientes eles estavam a respeito da guinada em sua própria perspectiva teórica? Dois capítulos extensos e notavelmente anômalos em Middletown II não têm paralelos em Middletown I. O primeiro capítulo anômalo é devotado à família 'x' que dominava a economia, o governo, a imprensa, os órgãos de caridade, os sindicatos e a educação na localidade. Mas a família 'x' era raramente mencionada em Middletown I, embora seu poder, mesmo àquela época, fosse visível a todos. O segundo capítulo anômalo é intitulado "O espírito de Middletown" e examina a ideologia da classe dominante, além das possibilidades de uma contraideologia apoiada sobre a consciência da classe operária. Se Middletown I era um estudo da cultura enquanto relações sociais, Middletown II tornou-se um estudo da cultura como mascaradora e reprodutora das relações de poder. Diferentes perspectivas teóricas selecionam diferentes focos empíricos: no lugar de um extraordinariamente longo capítulo sobre religião, nós encontramos outro sobre a hegemonia da família 'x'.[23] Não só Middletown havia mudado — os Lynds, ou pelo menos Robert Lynd havia mudado seu quadro teórico.

Mas por quê? Teria a teoria reformulada simplesmente espelhado as mudanças no mundo externo? Em outras palavras, o mundo simplesmente se estampa no sociólogo que fielmente reporta a mudança? Essa era a posição dos Lynd em 1925, quando eles se definiram como havendo simplesmente registrado dos "fenômenos observáveis" sem nenhuma tentativa de "provar qualquer tese" [1929: 4; 6]. O ambiente

---

23 Outra explicação do foco de Lynd e Lynd (1937) na Família "X" é que Robert Lynd foi criticado por residentes por ter omitido isso de Middletown I. Bahr (1982) vai mais longe e sugere que Lynd tirou suas ideias sobre a importância da Família "X" de um trabalho final escrito por um residente de Middletown, Lynn Perrigo, que era crítico ao primeiro estudo de Middletown. Merton (1980) escreveu uma carta à Bahr questionando sua insinuação de plágio e sugerindo razões alternativas para a mudança de foco de Lynd em Middletown II. (Ver também Caccamo, 2000, Capítulo 4.)

intelectual de Middletown II era inteiramente diferente. Robert Lynd começou por declarar que a pesquisa sem um ponto de vista é impossível, e que seu ponto de vista estava no extremo oposto das pessoas que ele estudou. Naquele interregno de dez anos, Lynd foi se convencendo de que o capitalismo *laissez-faire* era disfuncional, que o planejamento era necessário e que os sindicatos deveriam ser apoiados. Ele havia começado a participar do New Deal como membro do [*National Recovery Administration's Consumers Advisory Board*] [Conselho Informativo dos Consumidores da Administração de Recuperação Nacional, e havia sido influenciado pelo que ele considerou ser o sucesso da planificação soviética [*vide* Smith, 1994]. Como sabemos a partir do livro de Robert Lynd, *Conhecimento para quê?* [*Knowledge for what?*] (1939), ele adotou uma postura ainda mais hostil ao capitalismo. Em dez anos, ele havia trilhado um longo caminho do empirismo declarado de Middletown I, e sua revisita foi modelada muito mais por sua própria transformação que pelas transformações de Middletown, pela adoção de uma teoria do capitalismo que tematizou o poder das forças sociais para além da cidade. Em poucas palavras, há mais que um bafejo dos tipos 1, 2 e 4 de revisitas em sua ostensiva revisita de tipo 2 a Middletown.

Se os Lynds nunca foram os empiristas que originalmente declararam ser, a segunda revisita (Middletown III) realizada entre 1976 e 1978 por Theodore Caplow e seus colaboradores tentou empreender uma descrição puramente empírica das mudanças dentro de Middletown. Embora os pesquisadores passassem tempo – seriadamente – em Middletown, seus resultados foram amplamente baseados numa replicação das duas pesquisas quantitativas que os Lynds encabeçaram em 1924 – a primeira sobre as donas de casa e a segunda sobre os adolescentes. Sem considerar a mudança no significado das questões ou o viés diferencial à própria coleta da amostra, Caplow e seus colaboradores concluíram que os valores não haviam se alterado muito no decorrer dos cinquenta anos, e que os estudos de vida da classe operária e da classe dos negócios haviam convergido

[Bahr, Caplow & Chadwick, 1983; Caplow & Bahr, 1979; Caplow & Chadwick, 1979]. Em seu conhecido volume *Famílias de Cidade Média* [Middetown families] (1982), Caplow e seus colegas notaram que a despeito das mudanças na economia, no Estado e na grande mídia, a família manteve sua integridade como uma instituição em Middletown.

Caplow e seus colegas derrubaram a ideia segundo a qual a família americana estava em declínio, mas eles não estavam interessados em explicar sua persistência – como e por que a família persistiu lado a lado às mudanças em outros domínios. Nem estavam eles interessados em explicar as transformações significativas na família que observaram outrora, a saber, o crescimento da solidariedade, as menores lacunas entre as gerações e a maior intimidade da comunicação marital. Tal tarefa poderia tê-los levado a examinar as relações entre a família e outras esferas sociais, ou investigar o impacto das forças para além da comunidade. Ao escolherem concentrar-se na replicação das pesquisas quantitativas feitas pelos Lynd em Middletown I, Caplow e seus colegas necessariamente negligenciaram questões de dominação de classe que estavam no centro de Middletown II e, particularmente, o poder da família 'x'.[24] Com efeito, escondidos detrás do seu empirismo, estava um conjunto de escolhas – escolhas feitas por omissão, mas que eram escolhas mesmo assim: técnicas de investigação que definem a relação do pesquisador com a comunidade, valores que determinam o que estudar ou não estudar, teorias a serem refutadas ou reconstruídas.[25]

---

24 Os levantamentos originais em Middletown I não foram replicados por Robert Lynd em Middletown II, em parte, suspeito, por causa da ausência de Helen Lynd.

25 Como o próprio Robert Lynd escreveu: "A atual ênfase das ciências sociais em técnicas e dados empíricos precisos é saudável; mas, como já observado, coleta habilidosa, organização e manipulação de dados não valem mais do que o problema para cuja solução eles são direcionados. Se o problema é murcho, os dados não passam de notas de rodapé para o insignificante" (1939: 202). Mark Smith (1984) revisou os estudos de Middletown III traindo o projeto de sociologia crítica de Robert Lynd. Caplow (1984) respondeu que ele e seus colegas eram nada menos que bons cientistas sociais, examinando as hipóteses formuladas pelos Lynd e descrevendo as complexas mudanças sociais desde 1924.

Caplow e seus colaboradores lançaram novas luzes sobre a distinção entre replicação e revisita, tendo em vista que seu retorno a Middletown foi de fato uma replicação que buscou controlar a relação do observador com o participante, ou seja, eles fizeram a mesma pergunta sob condições simuladas de uma amostra similar da população com o objetivo de isolar e mensurar alterações nas crenças, no estilo de vida e assim por diante.[26] O problema é que, como nas ciências naturais, não podemos nunca, evidentemente, saber até que ponto respostas a uma pesquisa refletem algo real que pode ser utilizado para testar uma hipótese ou até que ponto elas são uma construção do instrumento da pesquisa (Collins, 1985; Collins and Pinch, 1993). A revisita focada não tenta aparentar que controla todas as condições; ela confronta essas questões de realismo e construtivismo. Há, no entanto, um segundo sentido em que os estudos de replicação de Middletown III são limitados: sua falha em explicar o que mudou e o que não mudou. Isso significaria reconstruir, em vez de refutar, teorias e, evidentemente, isso iria tornar necessário ir além de Middletown. Isso nos traz, enfim e convenientemente, às revisitas de tipo 4.

Tipo 4: Estruturalismo

A revisita clássica de Raymond Firth a Tikópia – uma pequena e isolada ilha da Polinésia que ele estudou pela primeira vez em 1928-29 e para a qual ele retornou em 1952 (Firth, 1936, 1959) – é semelhante ao retorno de Lynd à Middletown. Como os Lynds em seu retorno à Middletown, Firth não pretendia reconstruir ou desconstruir seu estudo original. Em vez disso, ele baseou-se nesse estudo para verificar mudanças sociais ocorridas nos vinte e quatro anos que separam os dois estudos. Tendo construído Tikópia como um ente isolado e auto-sustentável, o impulso de mudança social vinha, fundamentalmente, de fora. De fato, Firth chegou logo após

---

26 Na extensa literatura sobre replicação, Bahr, Caplow e Chadwick (1983) são particularmente interessantes por sua discussão do problema da replicação a propósito de seus próprios estudos de Middetown III.

um raro furacão – uma força externa, se alguma vez houve outra – que havia devastado a ilha, causando fome generalizada. De maneira semelhante à depressão que atingiu Middletown, o furacão se tornou o teste de Firth da resiliência da ordem social, um teste que, de forma geral, foi bem respondido. Mas Firth estava mais preocupado em perceber tendências de longo prazo, independentes do furacão e da fome que isto provocou. Ele enfatizou a incorporação seletiva da sociedade tikopiana de mudanças vindas de fora: migração de trabalhadores para outras ilhas, expansão do comércio e uma economia baseada no dinheiro, o influxo de mercadorias ocidentais, a expansão das missões cristãs, a intrusão do domínio colonial. Em face dessas forças irreversíveis da chamada modernização, a ordem social tikopiana ainda preservou sua integridade. Seu sistema de linhagens enfraqueceu-se, mas não desapareceu; a troca de presentes e a permuta na enseada, os padrões de moradia e de parentesco ficaram menos ritualizados, mas os princípios permaneceram apesar da pressão sobre a terra, e o poder dos chefes ficou menos cerimonial, mas também se fortaleceu quando se tornou a base do domínio colonial. Em suma, um conjunto de forças externas não explicadas e não exploradas tiveram seu efeito, mas foram mediadas pelos processos sociais de uma sociedade tikopiana homogênea.

Revisitas estruturalistas mais recentes problematizaram as suposições de Firth. Elas examinaram a contingência de forças externas bem como as profundas divisões que essas forças causam no seio das sociedades. Elas pensam com mais profundidade sobre as implicações do fato de os primeiros etnógrafos viverem no mundo que eles estudam e até sobre o impacto da sua presença no mundo que é revisitado.[27] Sharon Hutchinson (1996) e Henrietta Moore e Megan Vaughan (1994) substituíram a sociedade homogênea em processo de modernização de Firth por sociedades afligidas

---

27 Macdonald (2000) escreve sobre os efeitos do próprio Firth na revisita que ela mesma empreendeu à Tikópia. Os tikopianos citariam Firth de volta para ela como a autêntica interpretação de sua sociedade, e eles a trataram como filha de Firth. Os chefes em particular abraçaram o retrado que Firth havia feito de um povo orgulhoso e independente, capturado no título de seu primeiro livro, *We, the Tikopia* (Firth, 1936).

por dominação, disputas e indeterminação. Essas revisitas refletem as diferenças profundas entre as lentes teóricas que os etnógrafos trazem para o seu trabalho de campo.

A revisita de Hutchinson é a mais abrangente tentativa de estudar o que aconteceu ao povo Nuer, da região sul do Sudão – aqueles guerreiros criadores de gado, isolados e independentes, que foram imortalizados por Evans-Pritchard nos seus clássicos estudos dos anos 1930 (1940, 1951, 1956). Hutchinson realizou seu primeiro trabalho de campo entre 1980 e 1983, um pouco antes da deflagração da segunda guerra civil entre o sul "africano" e o norte "árabe". Ela retornou a Nuerland em 1990, enquanto a devastadora guerra civil ainda estava acontecendo. Hutchinson tomou os relatos de Evans-Pritchard sobre o povo Nuer como ponto de referência balizador e questionou o que havia mudado durante sessenta anos de colonialismo, sucedido por um governo nacional in Khartoum (região norte do Sudão) e depois por duas guerras civis. Suas questões eram completamente diferentes daquelas de Evans-Pritchard. Enquanto ele se interessou pela união funcional da comunidade Nuer – interpretando essa união como uma ordem isolada, separada do colonialismo, das guerras, das secas e das doenças –, Hutchinson focou justamente esses eventos. Enquanto ele olhou para a paz em meio à antigas desavenças, os efeitos integradores das animosidades humanas e os assassinatos rituais, ela atentou para a desarmonia e o antagonismo a fim de entender a transformação da comunidade Nuer.

Em vez de reconstruir os estudos originais de Evans-Pritchard, recolocando-os em seu contexto histórico-mundial, Hutchinson empregou o inteligente artifício metodológico de comparar duas comunidades Nuer – uma, no território Nuer ocidental, que se aproximava mais do mundo fechado de Evans-Pritchard; outra, no território Nuer oriental, que havia sido mais solidamente integrada aos campos econômicos, políticos e culturais mais amplos. Administrada pelo Exército de Libertação do Povo Sudanês (ELPS), a comunidade ocidental tornou-se um bastião da resistência à islamização vinda do norte. Mesmo assim, apesar de serem lançados em guerras, mercados e estados, os Nuer conseguiram manter sua sociedade baseada na criação de gado. As trocas com gado, sobretudo na forma de dote pago à família da noiva, continuou a conectar os Nuer, mas isso somente foi possível com a regulação e a diminuição da importância do dinheiro. Como dizem os Nuer: "Dinheiro não tem sangue". O dinheiro não pode recriar as complexas relações familiares precisamente porque ele é um meio de troca universal. Em vez de transformar o gado em mercadoria, os Nuer transformaram o dinheiro em "gado". Como no caso do dote, também no caso das dívidas de sangue,[28] o gado continuou a ser o meio de pagamento. Nas desavenças entre os Nuer, gado era tomado como pagamento pelo assassinato de membros de grupo inimigo. Quando armas de fogo substituíram as lanças ou quando os Nuer começaram a matar desconhecidos, eles preservaram a prática do pagamento de indenização à família do inimigo morto, mas apenas quando isso fosse necessário para manter a integridade da comunidade local.

Mudanças podiam acontecer dentro dos termos da antiga ordem; contudo, elas eram intensamente contestadas. A medida que a guerra acelerava a integração dos Nuer às estruturas econômicas, políticas e sociais mais amplas, os jovens Nuer exploravam novas oportunidades de mobilidade por meio da educação. Uma classe emergente de homens Nuer educados – garotos-touro, como eram chamados – ameaçava a ordem existente ao recusar marcas de iniciação (marcação do corpo com cicatrizes). A iniciação repousa no coração da sociedade Nuer, prendendo os homens à riqueza vinda do gado e as mulheres à procriação. Assim, as classes recentemente educadas estavam no centro da controvérsia. Da mesma forma, o sacrifício de gado foi contestado na medida em que as comunidades ficavam mais pobres, os medicamentos ocidentais mais eficientes contra doenças e o cristianismo em expansão buscava dessacralizar o gado. O ELPS promoveu o cristianismo para

---

28 *Bloodwealth, no original. Trata-se da prática do pagamento de indenização à família de uma vítima de assassinato. [N.T.]

reunir as diferentes facções do sul a fim de travar a guerra contra o norte e também como uma religião mundial para opor-se ao islamismo em um cenário internacional. Finalmente, a descoberta de petróleo e a construção do Canal de Jonglei (que poderia arruinar o meio-ambiente da região sul do Sudão) acentuaram os interesses em jogo e, consequentemente, a intensidade da guerra. Por certo, o sul do Sudão transformou-se em um redemoinho de forças locais e globais.

Em vez de reificar e congelar as forças externas, Hutchinson as dota de sua própria historicidade, seguindo suas imprevisíveis idas e vindas, mas também reconhecendo o surgimento de novas formas enquanto outras antigas desaparecem. Incertezas vieram não só de fora, mas também de dentro de Nuerland, onde os processos sociais tinham uma profunda abertura – uma cacofonia de vozes em disputa abriu o futuro para múltiplas possibilidades. Compromissos instáveis foram firmados entre o dinheiro e o gado, a religião dos Nuer e o cristianismo, os profetas e os evangelizadores, as armas de fogo e as lanças, todos com resultados diferentes e instáveis em diferentes dimensões. A indeterminação radical tanto das forças externas quanto dos processos internos apresentava um realismo de proporções assustadoras.

Apesar de toda esta indeterminação, a revisita de Hutchinson é fundamentalmente realista. Ela não tenta reconstruir ou desconstruir o relato de Evans-Pritchard.

A revisita seguinte, no entanto, faz exatamente isso – problematiza o estudo original de forma semelhante ao que Freeman fez com Mead e Weiner com Malinowski. Em *Terra, trabalho e alimentação na Rodésia do Norte [Land, Labour and Diet in Nothern Rhodesia]* (1939), outro clássico da antropologia sobre a África, Audrey Richards postula o colapso da sociedade Bemba no momento em que os homens dessa sociedade migram para as minas do sul da África nos anos 1930. Ela atribuiu o colapso da sociedade Bemba à prática de uma agricultura de "corte e queimada" (sistema de citimene) que não poderia sobreviver à falta de homens fortes para o corte das árvores. Henrietta Moore e Diane Vaughan (1994) retornaram à província norte da Zâmbia (Rodésia do Norte) nos anos 1980 e constataram que o sistema de citimene ainda sobrevivia, talvez até com algum sucesso.

Por que Richards estava tão errado e mesmo assim foi tão amplamente aceito?

A primeira tarefa de Moore e Vaughan foi reexaminar *Terra, trabalho e alimentação na Rodésia do Norte* à luz dos dados que compilados pela própria Richards e depois à luz dos dados coletados por antropólogos subsequentes, incluindo os seus. Moore e Vaughan descobriram que as mulheres Bemba eram mais engenhosas do que Richards havia percebido – elas cultivavam condimentos em sua própria terra e usavam todo tipo de artimanhas para convencer os homens a cortarem as árvores. Este foi o pecado da omissão de Richards – ela subestimou a importância do trabalho feminino e seu poder de adaptação. Seu segundo pecado foi ter endossado a obsessão tanto dos chefes Bemba quanto dos administradores coloniais pelo sistema de citimene, uma obsessão que nascia da maneira como os Bemba usavam a rotação de culturas para escapar do controle de seus senhores, quer esse controle fosse para cobrar impostos quer fosse para impor obrigações tribais. Assim foi dito tanto pelos chefes Bemba quanto pelos administradores coloniais que o citemene era o responsável pela decadência da sociedade. Richards não apenas reproduziu a interpretação reinante, mas também muniu sucessivas administrações que desejavam acabar com o citemene. *Terra, trabalho e alimentação na Rodésia do Norte* foi redigido em uma configuração específica de forças sociais e conhecimento extensivo e assim contribuiu para a reprodução dessas forças e desse conhecimento. Como um relato específico da história do povo Bemba o livro também se tornou parte dessa história.

O saber consensual que Richards propagou – segundo o qual a sociedade Bemba encontra-se em estado de colapso – foi empregado por administrações coloniais e pós-coloniais para justificar suas tentativas de transformar a agricultura dessa sociedade. Ainda nos anos 1980 as reformas agrícolas do governo de Zâmbia contavam com o fato de que o citemene estava moribundo. Em resposta ao declínio agudo da indústria do cobre zambiana, o governo encorajou mineiros a voltar para "casa" (i. e., às zonas rurais), onde lhes seriam oferecidos incentivos para iniciar o cultivo de milho híbrido. Moore e Vaughan mostram como foi esse retorno dos homens (e não sua ausência) que levou ao empobrecimento, uma vez que os agricultores agora demandavam enormes quantidades de trabalhadoras, cuja presença no campo significava seu afastamento da agricultura de subsistência e das tarefas domésticas. Em particular, esse trabalho compulsório obrigava as mulheres a interromper prematuramente a amamentação de seus filhos, o que gerou um aumento na mortalidade infantil. Não foi a economia monetária, o citemene ou o absenteísmo masculino que ameaçou o meio de vida dos Bemba, como querem Richards e o saber consensual, mas o controle do trabalho feminino pelos trabalhadores que retornavam do Cinturão do cobre.

Essa é uma revisita de grande complexidade. Por um lado, Moore e Vaughan fizeram com Richards exatamente aquilo que os Lynds não fizeram consigo mesmos e Hutchinson não fez com Evans-Pritchard, a saber: situar o estudo original no contexto social de sua produção, reconhecendo sua contribuição para a história que o estudo posterior revela, delineando os elos entre poder e conhecimento. Por outro lado, diferentemente de Freeman, que também propôs maneiras segundo as quais Mead dava forma ao mundo por ela descrito, Moore e Vaughan não sacrificaram a história. Elas ainda foram capazes de oferecer um relato da transformação na agricultura Bemba a partir dos anos 30, usando a sua reconstrução do clássico estudo de Richards como ponto de partida. Mas aqui está o paradoxo final.

Moore e Vaughan não levaram em conta as maneiras como sua própria análise pode ter sido parcial, guiada por pressupostos feministas e foucaultianos específicos, contribuindo com isso para discursos que iriam dar forma ao mundo Bemba em revisitas futuras. Enquanto elas situaram Richards no mundo que ela produziu, elas não se situaram na sua própria relação com os Bemba. Certamente, elas escrevem muito pouco sobre seu próprio trabalho de campo, sua própria interação com os Bemba. Ao resgatar Richards para a história, ironicamente, Moore e Vaughan colocaram-se fora da história.

Moore e Vaughan não deram o último passo para se firmar em terreno sólido porque elas não se comprometeram com nenhuma teorização consciente de si mesmas. Elas não tinham nenhuma teoria para ajudá-las a sair de si mesmas. Como no caso da indeterminação dos resultados em Nuerland, a indefinição do futuro é originada pela recusa à teorização que vai além de proposições orientadoras sobre gênero, poder e conhecimento.

Ambas revisitas contrastam vivamente com meu próprio estudo estruturalista no qual eu vi a organização hegemônica do trabalho como o "fim da história" e não tinha nenhuma concepção de caminhos de volta ou alternativos. Onde eu congelei as forças externas para produzir uma sobredeterminação estrutural, Hutchinson, Moore e Vaughan deixaram essas forças nas mãos dos deuses para produzir uma subdeterminação. Meu erro foi o contrário do que elas cometeram, mas a fonte dos dois erros foi a mesma: o desconhecimento dos processos por trás das forças externas. Eu não examinei os processos por trás da transformação do Estado ou da globalização do mercado. Hutchinson não estudou as estratégias de guerra no Sudão ou os esquemas de desenvolvimento do Banco Mundial. Moore e Vaughan não tentaram empreender uma análise da indústria do cobre em declínio ou das estratégias de desenvolvimento agrícola do Estado em Zâmbia. As revisitas aos Nuer e aos Bemba inverteram o determinismo dos seus predecessores, seja pelo funcionalismo estático de um ou pelo colapso iminente do outro. Essa aversão dos antropólogos por teorias explicativas originou um empirismo sem limites, da mesma forma como minha falha em levar o marxismo suficientemente a sério induziu-me à reificação das estruturas. Nesses casos, o problema foi a pouca teorização das forças externas. Precisamos colocar nossas teorias em uso para abarcar os limites do possível e as possibilidades sem limites.

A revisita como conduta etnográfica

Estou agora em condições de ampliar a análise da revisita focada para outras dimensões da etnografia. Mas antes, para recapitular: a revisita focada requer um diálogo focado entre os estudos do sucessor e do predecessor. Desse diálogo eu elucidei quatro explicações para a divergência entre relatos sobre o "mesmo" lugar feitos em momentos diferentes. Eu distingui revisitas com base no fato delas serem construtivistas (i. e., focadas no avanço – refutação ou reconstrução – do "conhecimento do objeto") ou realistas (i. e., focadas na mudança histórica do "objeto do conhecimento").

No grupo das revisitas construtivistas, distingui revisitas de tipo 1 das de tipo 2. Revisitas de tipo 1 concentram-se em uma suposta distorção do estudo original trazida à tona pela relação do etnógrafo com o grupo em estudo. Essas revisitas têm como objetivo mostrar o quanto o primeiro estudo estava mal direcionado, para, daí, desacreditar esse estudo. Isso é feito sem que se ofereça uma interpretação que substitua o estudo desacreditado. A peculiaridade aqui é a refutação sem a reconstrução. Na revisita de tipo 2 o foco está na substituição da teoria trazida a tona pelo primeiro etnógrafo por uma teoria alternativa. Em nenhum dos casos a própria revisita é explorada pelo seu discernimento sobre a mudança histórica. Tal exploração será o foco das revisitas de tipo 3 e 4. As revisitas de tipo 3 concentram-se nos processos de mudança internos. Tal concentração se prova possível somente enquanto não houver tentativas de explicar a mudança, isto é, somente se nos limitarmos a descrevê-la. Finalmente, revisitas de tipo 4 acolhem as forças externas no seu quadro explicativo. Aqui, o desconhecimento daquelas forças externas – seu surgimento, desaparecimento e sua dinâmica – leva ou à determinação estrutural ou, mais frequentemente, à indeterminação histórica, para a qual até os efeitos do estudo original podem contribuir.

Tenho defendido que as nove revisitas discutidas aqui tendem a se enquadrar em um dos quatro tipos, em vez de atravessá-los. Isso sugere que as dimensões que usei para definir os quatro tipos possui uma certa robustez no que tange a prática efetiva da revisitação focada. Ainda assim, as distinções estão longe de ser irrefutáveis. Veja a distinção mais impositiva entre o realismo e o construtivismo. Enquanto as revisitas construtivistas aparentam ser capazes de deixar a mudança histórica em suspenso, esse é exatamente o seu defeito. Por outro lado, tenho mostrado como as revisitas realistas continuamente enfrentam desafios construtivistas, sublinhando os dilemas envolvidos na participação no mundo enquanto se busca objetificá-lo e externalizá-lo. Se há algum sangramento entre as dimensões construtivistas e realistas, a fronteira entre o interno e o externo é um verdadeiro rio de sangue. Refutação leva facilmente à reconstrução; e empirismo, ao estruturalismo. Não importa o quanto a linha entre o interno e o externo seja fluida e permeável, a distinção em si será, não obstante, necessária. Em primeiro lugar, a teorização não pode ser reduzida à relação do etnógrafo com o campo. A teorização não pode fazer tábula rasa de cada novo trabalho de campo – não é possível para os etnógrafos despirem-se de seus preconceitos. Ainda que isso fosse possível, os pesquisadores não chegariam longe enquanto uma coletividade científica se eles insistissem sempre em começar do zero – eles necessariamente chegam ao campo carregados de teoria. Dito de maneira simples, o diálogo mutuamente enriquecedor entre observação participante e teoria da reconstrução depende da lógica relativamente autônoma de cada um deles. Em segundo lugar, nem tudo pode ser tópico de estudo: um etnógrafo precisa distinguir a arena da observação participante daquilo que se encontra além dessa arena. A necessidade de demarcação entre o interno e o externo é, portanto, prática – etnógrafos são parte do mundo que estudam, mas apenas parte dele – mas ela é representada e justificada nos termos das teorias que eles empregam.

Resumindo, a etnografia reflexiva reconhece dois dilemas: há um mundo fora de nós mesmos (momento realista), mas os etnógrafos só o podem conhecer por meio de sua relação com ele (momento construtivista); e os etnógrafos são parte desse mundo (momento do interno), mas apenas parte dele (momento do externo). Não há jeito algum de transcender esses dilemas, e, desse modo, os etnógrafos reflexivos devem levar em conta todos os quatro momentos, ainda que na análise final haja uma concentração em apenas um ou dois. Os praticantes de outros métodos sociológicos não têm motivos para se gabar – os mesmos dilemas também se aplicam a eles; eles são apenas menos óbvios e menos invasivos. A etnografia reflexiva esclarece e antecipa os desafios metodológicos colocados a todas as ciências sociais. Os etnógrafos podem dizer a seus detratores científicos: "De te fabula narratur!" (a história se aplica a você).

Agora, tendo demonstrado os princípios da etnografia reflexiva usados nas revisitas focadas, princípios estes ainda muito esotéricos para os sociólogos, podemos perguntar: esses princípios podem ser aplicados a outros aspectos do trabalho de campo? A etnografia pode ser conceitualizada mais amplamente por meio das lentes da "revisita"? Em acréscimo a revisita focada eu delineei outros cinco tipos de revisita: contínua, seriada, heurística, arqueológica e de despedida. Aqui, meu propósito é mostrar como os sociólogos começaram a usá-las em suas etnografias, com isso acenando para, ou até abraçando, a história, o contexto e a teoria.

Trabalho de campo: a revisita contínua

Começo com as rotinas triviais do trabalho de campo, a forma básica da etnografia. Convencionalmente, o trabalho de campo é considerado como uma sucessão de períodos de observação distintos que se acumulam em anotações de campo para depois, assim que todos os dados estiverem inseridos, serem codificados, classificados e analisados. Cada visita ao campo não se conecta com visitas prévias e subsequentes, de forma que, na análise final, elas são agregadas como se fossem eventos independentes. Na visão reflexiva do trabalho de campo, por outro lado, as visitas ao campo são uma sucessão de testes experimentais, cada intervenção separada da seguinte, certamente, mas cada uma delas em conversação com as anteriores. Nessa concepção, o trabalho de campo é uma revisita contínua. Cada registro de campo é seguido não somente pela escrita do que aconteceu, mas também por uma análise na qual questões são colocadas, hipóteses são formuladas e teoria é elaborada – tudo isso para ser verificado durante sucessivas visitas. Nessa versão, as anotações de campo são um contínuo diálogo entre observação e teoria.

No apêndice de *Street Corner Society* (1955),[29] William Foot Whyte descreve o processo autônomo de acumular dados, anotar tudo e separar todo esse material em pastas, mas ele também escreve a respeito da conversação entre os dados coletados e a teoria. Assim, ele escreve sobre a influência que o antropólogo Conrad Arensberg exerceu ao encorajá-lo a focar a interação social entre indivíduos específicos e como essa interação refletia as estruturas sociais nas quais esses indivíduos estavam inseridos. Arensberg forneceu o modelo teórico que conhecidamente seria aperfeiçoado por Whyte. Em conformidade com esse modelo, as anotações de campo de Whyte ficaram cheias de eventos e conversas, ambos detalhados, entre indivíduos específicos. Sua epifania aconteceu quando ele descobriu o elo entre o desempenho no boliche e a posição dentro da gangue e depois quando ele relacionou a doença mental (ou seja, as tonturas de Doc) à perturbação de papéis rotineiros. Ele conduziu experimentos de campo para testar suas teorias. Desse modo, ele curou os pesadelos de Long John ao devolvê-lo a seu antigo lugar na gangue. Uma vez que Whyte percebeu a finalidade de seu projeto – depois de dezoito meses em campo, ele foi forçado a escrever um relatório para renovar seu auxílio de pesquisa – suas anotações de campo tornaram-se de fato mais próximas de um diálogo entre dados e teoria. Isso teria ocorrido muito mais cedo se ele tivesse aderido à ideia da revisita contínua em vez de tê-la descoberto por acidente.

---

29 Whyte, William Foote. *Sociedade de esquina*. Rio de Janeiro: Jorge Zahar Editor. 2005 [1943].

Enquanto as anotações de campo são um diálogo contínuo entre observação e teoria, o trabalho de campo é uma interação contínua entre o etnógrafo e o participante. Ele envolve uma percepção consciente de si a respeito do modo como a presença, o lugar e a biografia afetam a relação do etnógrafo com o grupo estudado e, dessa forma, como aquelas relações influenciam o que é observado e os dados que são coletados. Whyte estava por demais ciente do significado de sua afiliação étnica – seu porte físico avantajado e sua relativa juventude bem como sua origem na classe-média alta e sua ligação com Harvard – para fazer e manter contato com os vários grupos em Cornerville. Sua relação com a comunidade mudou de status quando, por exemplo, sua nova esposa veio viver com ele. Essa relação também se alterou quando seus interesses passaram das gangues para a extorsão e a política. Do começo ao fim, ele agiu estrategicamente quando se posicionou dentro da comunidade, atuando como secretário do Clube da Comunidade Italiana, tornando-se parte das campanhas eleitorais locais (uma das quais o levou a atuar numa fraude, com votos repetidos), e até organizando uma manifestação no gabinete do prefeito. Por sua própria decisão, ele começou sua pesquisa como um observador não participante e a terminou como um participante não observador.

Estes são, desse modo, momentos construtivistas no campo. Eles se concentram na maneira como o conhecimento do campo se altera, ainda que o campo propriamente dito permaneça o mesmo. A suposição de um lugar fixo é uma ficção útil, mas, no final das contas, problemática. Os campos têm uma dinâmica própria que, frequentemente, emergem com intervenções de fora. Novamente, Whyte, ao focar a dinâmica do próprio campo, estava muito a frente de seu tempo. Ao estudar a ascensão e a queda da gangue Norton, a relação da gangue com o Clube da Comunidade Italiana, a evolução das campanhas políticas e as lutas permanentes pelo controle de casas de jogo, Whyte foi capaz de identificar as relações entre indivíduos e estruturas sociais e entre as estruturas sociais elas mesmas.

O comportamento humano e os grupos aos quais os indivíduos pertencem só poderiam ser compreendidos, Whyte comprovou, analisando-se sua mudança ao longo do tempo. Em grande medida parte da dinâmica interna e da trajetória de vida dos indivíduos, essas mudanças também foram afetadas por eventos externos como campanhas eleitorais e batidas policiais. As expansões de Whyte para a macroestrutura e a história foram limitadas, mas ele definitivamente apontou para o universo mais amplo no qual as gangues estavam inseridas.

O trabalho de campo reflexivo, em resumo, chama a atenção tanto para momentos realistas quanto para construtivistas. Ele requer que o campo seja entendido como algo em permanente movimento, de forma que a revisita contínua registre a dinâmica do processo do próprio campo. Mas, além disso, a revisita contínua requer atenção para perturbações do campo vindas de fora, que alteram sua forma e o levam para novos caminhos. Ainda assim, lembre-se de que esse campo-em-movimento só pode ser compreendido por meio de lentes teóricas e por meio das interações do etnógrafo com aqueles em estudo.

Pesquisa de campo de longo prazo: a revisita seriada

George Foster e seus colegas têm aperfeiçoado a ideia de pesquisa de campo de longo prazo na qual etnógrafos, como indivíduos ou como um grupo, revisitam um campo regularmente por muitos anos (arbitrariamente, eles dizem mais de dez anos) com uma perspectiva de entender a continuidade e a mudança histórica.[30] Sua compilação de casos de pesquisas de campo de longo prazo estende-se do panorama de Louise Lamphere (1979) sobre a mata densa das etnografias Navajo até um relato sobre o Projeto Chiapas (1957-1975), de Harvard, feito por Evon Voigt (1979).

---

30 Foster *et al* (1979). Ver Phelps, Furstenberg e Colby (2002) para uma similar coleção de estudos que lidam com alguns problemas metodológicos impressionantemente semelhantes em pesquisa quantitativa longitudinal.

Uma subespécie dessa pesquisa de longa duração é aquilo que chamo de revisita seriada, na qual o mesmo etnógrafo conduz períodos separados de trabalho de campo no mesmo local durante uma série de anos. É assim que Elizabeth Colson (1989) descreve suas múltiplas revisitas aos Gwembe Tonga da Rodésia do norte desde sua primeira pesquisa com esse grupo em 1956. Ela e seu colega, Thayer Scudder, acompanharam o reassentamento dos Tonga depois do término da Represa Kariba, em 1959, e subsequentemente estudou como os Tonga se saíram na repartição pós-colonial (Scudder e Colson, 1979). Eles observaram como sua relação com os Tonga mudou com a intensificação de sua preocupação com o destino desse grupo, mas também com o seu envelhecimento e o de seus informantes. Ao mesmo tempo, o enquadramento teórico de Colson e Scudder mudou de um foco sobre o parentesco e o ritual para um foco na absorção dos Tonga em uma economia política regional e nacional, e daí para uma análise mais ampla dos padrões de reassentamento e do problema dos refugiados em um contexto global. Todas as quatro dimensões da etnografia reflexiva estavam em operação nas três décadas de evolução do projeto.

A maioria das revisitas seriadas da sociologia é desavergonhadamente realista. Dessa forma, entre 1975 e 1989, Elijah Anderson estudou o desenvolvimento urbano desigual na Filadélfia dentro daquilo que chamou de Vila-Northton (Anderson, 1990). Com o êxodo das fábricas das áreas ao redor, um lado, a saber, a Vila da classe média, tornou-se gentrificada e mais branca, enquanto o outro lado, a Northton de classe baixa, tornou-se mais pobre e mais negra. Anderson descreveu os padrões de mudança do controle social e da etiqueta nas ruas, a substituição da "velha guarda" pelos jovens traficantes, as mudanças dos códigos sexuais e os efeitos que transbordam de uma comunidade para outra. Sudhir Venkatesh, cujo trabalho é mais consciente de sua historicidade, estudou o conjunto habitacional Robert Taylor, em Chicago, durante um período de dez anos, marcando o crescimento e o declínio do gueto moderno (Venkatesh, 2000). Ele ligou os modos de controle comunitário em mudança (o crescimento das gangues, da economia informal e dos grupos de mães) ao desemprego em elevação e à retirada de serviços oferecidos pelo Estado (especialmente a retirada da polícia e a destruição da habitação pública).

Nem todas as revisitas seriadas exploram a extensão temporal do trabalho de campo para estudar as mudanças sociais. Muito pelo contrário: elas são frequentemente usadas para extrair o que não muda. Ruth Horowitz (1983) estudou gangues de jovens em uma vizinhança mexicano-americana pobre de Chicago por três anos, de 1971 a 1974. Depois, ela retornou em 1977 para acompanhá-los no caminho ao mercado de trabalho e para descobrir como as gangues haviam se sustentado. Confirmando o choque entre cultura comunitária e o amplo individualismo da sociedade americana, ela enfatizou a permanência em vez da mudança. Martin Sanchez Jankowski, que estava ainda mais determinado a focar naquilo que é constante, estudou, durante dez anos, trinta e sete gangues em três cidades (Jankowski, 1991). Períodos de trabalho de campo foram realizados e dados foram coletados como se fossem observações independentes em um lugar fixo. Ele focou a forma de organização em comum desses grupos e seu caráter de inserção na comunidade. Ele não estava interessado em como as gangues mudaram ao longo do tempo ou diferiam de cidade em cidade ou como suas ligações ao contexto político e econômico alteravam-se com o passar do tempo. Ele utilizou seu trabalho de campo de longo prazo para revelar os efeitos estabilizadores de uma outra constante: o individualismo desafiador dos membros de gangue. Ele fixou-se naquilo que permanecia o mesmo apesar, e por meio da, mudança.

Apesar de ser, tecnicamente, uma revisita seriada, o objetivo de Jankowski era a replicação, tanto em sentido realista quanto construtivista. Como um observador participante não intrusivo, ele buscou estabelecer condições de pesquisa replicáveis, chegando à teoria a partir das suas observações neutras. Ao mesmo tempo, ele descentralizou o estudo das mudanças, seja por processos internos ou por forças externas, em favor de replicar o mesmo resultado através do espaço e do tempo – quanto mais amplo for o espectro de casos, mais convincentes serão os resultados. Pode-se dizer que, paradoxalmente, ele mobilizou a reflexibilidade na busca pela replicação.

Apesar de Jankowski fazer referência a outros estudos sobre gangues, isso não acontece para sugerir que o tempo e o espaço expliquem suas diferentes conclusões. Ele poderia, por exemplo, ter recorrido ao estudo similar sobre gangues de Whyte (1943) com achados semelhantes para perguntar o que havia mudado durante os quarenta anos entre os estudos. Isso, no entanto, teria transformado o estudo de Jankowski em uma revisita "heurística", a antítese da replicação.

Cercar o presente: a revisita heurística

As revisitas contínuas e seriadas colocam os etnógrafos de volta à familiaridade de seus próprios locais de estudo. Nessas revisitas, a memória tem um papel muito importante, apesar de raramente este papel ser teorizado (Mayer, 1989). Revisitas contínuas e seriadas contrastam com os próximos dois tipos de revisita nas quais os etnógrafos comparam seu trabalho de campo com a pesquisa, a documentação ou o estudo de outra pessoa. A primeira é a revisita heurística, que recorre a outro estudo – nem sempre estritamente etnográfico e não necessariamente do mesmo local, mas de um local análogo – que enquadra a questão colocada, provê os conceitos a serem adotados ou oferece um relato similar ou comparativo.

A maior parte das revisitas heurísticas na sociologia, como as revisitas seriadas, tem uma forte tendência realista. Dessa forma, Mary Pattillo-McCoy (1999) usou os livros *Burguesia negra* (1957), de Frazier, e *Metrópole negra* (1945), de Drake e Cayton, para moldar seu relato etnográfico da proximidade geográfica, economia e social da vida da classe-média negra e do gueto do sul de Chicago. O estudo de Mitchell

Duneier (1999) dos vendedores de rua em Greenwich Village retorna no tempo quarenta anos até o livro *Morte e vida de grandes cidades [Life and Death of Great American Cities]* (1961), de Jane Jacobs, recuperando a análise de Jacobs da mesma área e, em especial, do papel dos personagens públicos. Seguindo o exemplo de Jacobs, Duneier considerou os vendedores de rua "personagens públicos" que, ao contrário do estereótipo, estabilizam as relações comunitárias. Tendo o trabalho de Jacob como base, Duneier considerou as grandes mudanças em *Greenwich Village* – a desigualdade crescente, diferenças culturais e crime – e como esse lugar se tornou moradia para os sem-teto. Ele traçou o caminho dos vendedores de volta para seu local anterior na Estação Pennsylvania e revelou as forças políticas que os levaram ao seu despejo. Ele utilizou o que chama de método de espaço ampliado – método realista por excelência – que tenta remover todos os rastros de construtivismo empenhando-se por um registro objetivo dos comportamentos do seus objetos de estudo e renunciando a reconstruções teóricas em favor da indução.[31]

Meu último exemplo de um revisita heurística adota uma perspectiva mais construtivista. Leslie Salzinger (2003) utilizou o estudo pioneiro de Patricia Fernandez-Kelly (1983) sobre o uso de mulheres como força de trabalho barata e maleável na indústria maquiladora mexicana para moldar seu próprio estudo da mesma indústria vinte anos depois. Enquanto Fernandez-Kelly viu um único regime de gênero, Salzinger descobriu uma multiplicidade, refletindo a expansão da indústria e seu contexto de mercado em mudança. Destacando a indeterminação dos resultados e refletindo vinte anos de pensamento feminista, Salzinger também fez uma virada teórica. Sua análise da produção concentrou-se na subjetividade pós-estruturalista em vez de concentrar-se na economia política dos regimes de gênero. A história continua movendo-se, mas também o faz a teoria. Suas trajetórias estão entrelaçadas.

---

31 Desnecessário dizer, o compromisso de Duneier com Jacobs é já um forma de reconstrução teórica – uma lente externamente imposta.

Escavar o passado: a revisita arqueológica

Se a revisita heurística move-se para frente no tempo, do estudo mais antigo para o mais recente – moldado pelo primeiro –, a revisita arqueológica move-se para trás no tempo a fim de escavar o terreno histórico que origina ou atribui um significado ao presente etnográfico. Se não se trata, estritamente falando, de uma revisita – considerando-se que não há nenhum estudo de referência conhecido antecipadamente – é uma técnica comum de conceder profundidade histórica para a etnografia.[32] Na revisita arqueológica são usadas fontes múltiplas de dados, seja entrevistas retrospectivas, relatos publicados ou documentos de arquivo. Poder-se-ia simplesmente triangular e agregar todos os dados históricos de diferentes fontes como se eles dessem a medida de uma realidade fixa e singular. Isso, no entanto, violaria as regras da reflexividade, as quais demandam que os dados desagregados reflitam suas relações de produção, a saber, relações entre observadores e participantes, e as teorias que os observadores (jornalistas, oficiais, testemunhas) empregam.

Vários estudos sociológicos recentes voltaram-se para as revisitas arqueológicas. Pierrette Hondagneu-Sotelo (1994) explorou os antecedentes históricos da corrente imigratória baseada em gênero do México para os Estados Unidos. Para dar especificidade às revelações do seu trabalho de campo em uma comunidade do norte da Califórnia, ela foi levada de volta no tempo para distinguir imigrantes que vieram antes do fim do programa *bracero* em 1965 (o programa que canalizou imigrantes homens e solteiros para os campos agrícolas da California) daqueles que vieram depois do término do programa. Por meio de histórias orais, Hondagneu-Sotelo foi capaz de traçar as consequências do padrão de imigração original para a divisão doméstica do trabalho. De maneira semelhante, Rhonda Levine (2001) produziu uma etnografia inesperada

---

32 A revisita arqueológica recua até Thomas e Znaniecki (1918-20), que usaram cartas escritas para imigrantes poloneses em Chicago a fim de construir a estrutura social e o mal-estar das comunidades de origem.

de criadores de gado alemães no estado de Nova York, refugiados da perseguição nazista. Para entender suas participações na transformação da indústria de laticínios de Nova York ela relevou detalhes de suas vidas na Alemanha rural antes de sua partida daquele país. Como Hondagneu-Sotelo, Levine traçou as conexões entre a comunidade de origem e a comunidade de assentamento. Lynne Haney (2002) conduziu uma etnografia dos efeitos sociais dos cortes na assistência social da Hungria pós-socialista. Para entender a reação das mulheres pobres que ela estudou, Haney teve que reexaminar o estado de bem-estar social socialista, distinguindo o regime de assistência social matriarcal do comunismo reformado da assistência social do início do período pós-Segunda Guerra mundial. Ela se voltou para arquivos e histórias orais a fim de reconstruir o passado, mostrando uma nova periodização do socialismo burocrático e suas consequências.

Não é por acidente que tantas etnografias do mercado e das transições democráticas transformaram-se em revisitas arqueológicas, escavando os antecedentes socialistas da ordem pós-socialista (Burawoy e Verdery, 1999; Kligman, 1998; Lampland, 1995; Woodruff, 1999). Como no caso da transição pós-colonial, os etnógrafos têm olhado para o caráter de regimes anteriores em busca da origem das esperanças desiludidas. A revisita arqueológica, no entanto, não é unidirecional, porque a necessidade obriga o etnógrafo a alterar o rumo para frente e para trás entre o passado descoberto e o presente interpretado, conferindo todo tipo de novas percepções a ambos.

A revisita arqueológica pode ser usada para ligar o presente ao passado, mas também pode ser usada para compará-los. Assim, Haney corrigiu nosso entendimento da assistência social socialista ao destacar sua amplitude e flexibilidade. De modo semelhante, Steven Lopez (2003) participou de mobilizações de trabalhadores em Pittsburgh. Ele perguntou por que tais mobilizações eram bem sucedidas em um contexto histórico e não em outro. Para entender as condições dessa diferença de resultados, Lopez reconstruiu – com entrevistas, arquivos, relatórios jurídicos e jornais – um momento anterior no tempo para cada mobilização. Ele desassociou a maneira como os obstáculos à organização eram (ou não) superados da influência tanto do novo contexto quanto dos efeitos cumulativos de mobilizações anteriores.

Na busca às vezes desesperada por dados históricos, o etnógrafo é facilmente tentado a suprimir personagens construídos com dados. Assim, como mencionei antes, historiadores como Stephan Thernstrom têm sido críticos do modo como os etnógrafos de sociedades reduzem a história às mitologias de seus participantes. Com lentes teóricas para guiar suas investigações, no entanto, os etnógrafos tornam-se sensíveis ao caráter de construção da narrativa histórica. De fato, eles são capazes de explorar a "construtividade" dessa narrativa.

Reportar de volta: a revisita de despedida

Meu último tipo de revisita é o que chamo de revisita de despedida: quando o etnógrafo reencontra seus objetos de estudo preparado com os resultados do trabalho, seja em esboço ou em forma de publicação. O objetivo não é empreender uma outra etnografia em profundidade, mas, em vez disso, averiguar as respostas dos indivíduos estudados à pesquisa relatada e talvez descobrir o que mudou desde a última visita. Pressupondo que os indivíduos estudados possam ser engajados, esse é o momento do julgamento, quando relações prévias são reexaminadas, a teoria é colocada à prova e os relatos são reavaliados. Isso pode ser traumático para ambos os lados e, por este motivo, esses eventos são todos muito raros.

William Foot Whyte (1955) realizou revisitas de despedida à Cornerville para descobrir o que, se algo, *Street Corner Society* havia significado para os membros da gangue. Doc, seu principal informante, demonstrou certa ambivalência e embaraço sobre o papel central que ele ocupa no livro; Chick estava mais aborrecido pela maneira como ele foi retratado; e Sam Franco ficou inspirado a realizar, ele mesmo, um trabalho de campo.

Whyte não foi levado a nenhum reexame do estudo em si, pois havia tido um percurso relativamente suave se comparado ao, por exemplo, de Nancy Scheper-Hughes (2001). Ela foi enxotada de sua vila irlandesa, An Clochan, quando retornou vinte e cinco anos depois de seu primeiro trabalho de campo. Os moradores ainda se lembravam dela. Muitos não a haviam perdoado pelo retrato de uma comunidade fraca e vulnerável que ela fez. A recepção hostil instou-a a repensar sua visão em novos prólogo e epílogo para seu livro. Essa foi também uma ocasião para refletir sobre as mudanças que haviam ocorrido durante o período intermédio – o impacto da integração da Irlanda à União Europeia, a expansão da indústria do turismo e continuada emigração. No caso dela, a rejeição pelos participantes a levou a rever suas interpretações originais, mas também a propeliu a escrever um relato sobre a mudança histórica. Sua revisita de despedida fica no limite da revisita focada, abrangendo todos os quatro princípios de reflexividade.

Frequentemente, os indivíduos estudados por uma etnografia simplesmente não estão interessados naquilo que o etnógrafo tem a dizer até que forças adversárias se interessem. Consideremos a etnografia histórica de Diane Vaughan (1996) – em si uma revisita arqueológica que reconstituiu os passos que levaram ao desastre da Challenger em 1986. Contestando a versão convencional de erro humano e culpa individual, ela revelou uma história alternativa da NASA (Administração Nacional de Aeronáutica e Espaço) em sua descida gradual até maus julgamentos e falhas de projeto rotineiras. Ela localizou a causa do desastre no tipo de tecnologia, cultura organizacional e contexto externo. Publicado dez anos depois do desastre da Challenger, seu estudo recebeu bastante publicidade, mas nem uma espiada da NASA, o objeto da investigação. Não houve revisita de despedida à NASA até que, em fevereiro de 2003, a Columbia se acidentou; a partir daí o estudo de Vaughan sobre a Challenger a revisitou, e com ímpeto (Vaughan, 2006). Seu diagnóstico original do problema na NASA encontrou uma oportunidade renovada entre jornalistas, engenheiros e outros especialistas, estimulando-a a investigar o desastre da Columbia. Sua comparação dos dois desastres figura com destaque em um relatório da Comissão de Investigação do Acidente da Columbia. Sua revisita de despedida transformou-se em uma revisita focada que confirmou suas conclusões iniciais, para o desgosto da NASA. Como no caso de Audrey Richards, que observei acima, etnografias têm sua própria história de consequências – ignorada em um momento, invocada em outro – trazida à baila pelo jogo das forças externas.

Diz-se frequentemente que entregar um produto finalizado para o indivíduo estudado é responsabilidade do etnógrafo. Pode ser que sim, mas a revisita de despedida também se presta a uma função científica. Esse contato final com as pessoas estudadas, confrontando-os com conclusões, aprofunda tanto as percepções construtivistas quanto as realistas no mundo estudado. Isso pode ser traumático – tanto para o participante quanto para o observador –, mas a causa da etnografia reflexiva avança pela dor.

O que a Antropologia pode aprender com a Sociologia

O mundo pós-colonial tem arrastado antropólogos de volta para perspectivas macro-históricas anteriores que eles perderam na era da profissionalização. Como eu venho tentando argumentar aqui, esses movimentos no tempo para além do trabalho de campo e no espaço para além do local em estudo eram, em seu início, invariavelmente positivos. Agora, no entanto, esses movimentos geralmente fazem uma curva que os leva à derrota. Quando antropólogos libertam seu "objeto" de análise do confinamento conceitual imposto às suas vilas, eles passam a imitar os circuitos migratórios daqueles que eles estão estudando. Pulando de local em local, os antropólogos facilmente substituem o trabalho de campo sério por anedotas e rótulos, e passam a reproduzir o sincretismo e o hibridismo das populações que eles observam (Hannerz, 1996).

Enquanto se juntam aos indivíduos em estudo no mundo exterior, os antropólogos perdem muito facilmente a noção da parcialidade de sua participação no mundo que estudam. Eles começam a crer que são o mundo que estudam ou que o mundo gira ao redor deles. O diálogo de seis anos de Ruth Behar com o seu único indivíduo em estudo, Esperanza, ainda que fascinante, deixa de lado toda preocupação com problemas teóricos e, assim, falha em encarar as mudanças na sociedade mexicana. A visão de Behar da reflexividade reduz tudo ao orbitar mútuo entre participantes e observadores. Essa visão dispensa a distinção entre o interno e o externo: na dimensão construtivista em que a teoria antropológica é reduzida ao discurso do participante; e na dimensão realista em que não há nada além da etnografia "multissituada". Além disso, a distinção mesma entre o realismo e o construtivismo dobra-se sobre si em uma relação autocêntrica do etnógrafo com o mundo.

Clifford Geertz, cuja narrativa das dificuldades do antropólogo em mudança em um mundo em mudança introduziu esse capítulo, falha, de maneira semelhante, em enfrentar os dilemas das revisitas, dissolvendo suas reflexões em uma exibição virtuosa de imagens literárias. Nas suas mãos, a etnografia transformou-se em um jogo mesmeriano de textos sobre textos, narrativas dentro de narrativas (Geertz, 1995). Ao fim de sua virada cultural, a antropologia perdeu sua identidade distintiva, tendo descentralizado suas técnicas de trabalho de campo, sacrificado a ideia de estudar um local intensamente, abandonado suas tradições teóricas e renunciado à sua busca por explicações causais. Teoria e história evaporam em uma confusa massa discursiva. Qualquer um com ambições literárias pode agora assumir o manto antropológico, deixando a destroçada disciplina vulne¬rável à invasão de uma cavalaria de nativos e impostores. Dessa forma, uma ciência social, a antropologia, aspira a se tornar um mero suplemento das humanidades. Ainda que isso constitua apenas uma tendência dentro da antropologia, é uma tendência significativa e ascendente – um alerta para os etnógrafos-sociólogos enquanto eles emergem de seu próprio território selvagem.

Como os exemplos neste capítulo mostram, os etnógrafos-sociólogos estão seguindo os antropólogos para fora da reclusão – mais cuidadosamente, porém mais convictamente. Como tenho dito, dentro da sociologia, a etnografia tem tido que se debater com um legado positivista que é também reducionista – uma tradição que reduziu o externo ao interno (teoria produzida pela observação, contexto suspenso para isolar a microssituação) ao mesmo tempo que privilegiou o realismo ao construtivismo (o mundo é puramente externo a nós). Enquanto os antropólogos dão uma guinada em direção ao centro do universo olhando para fora, os etnógrafos-sociólogos estão vindo das margens e olhando para dentro. Os etnógrafos-sociólogos podem estar atrasados em chegar à história e à teoria, mas é aí mesmo que se encontra sua vantagem. Pois quando eles deixam seu espaço protegido, eles são disciplinados pela vibração da história comparada e pelas tradições teóricas da sociologia. Esse diálogo dentro da sociologia e, mais amplamente, com as ciências sociais ajudará o etnógrafo-sociólogo a manter um equilíbrio entre o construtivismo e o realismo. Tais, de certo, são os benefícios do atraso. O etnógrafo-antropólogo, por outro lado, não conta com tal proteção disciplinar e, ao menos que novas alianças sejam forjadas, irá enfrentar este mundo hostil sozinho.

As órbitas divergentes da etnografia na sociologia e na antropologia refletem as histórias de nossas disciplinas, mas elas também respondem à era na qual vivemos.

O lugar espacialmente delimitado, não conectado a outros lugares, é uma ficção do passado que não é mais sustentável. Nessas circunstâncias o que significa realizar uma revisita, especialmente uma revisita focada? O que há para revisitar quando os lugares são evanescentes, quando tudo que é sólido desmancha no ar? Como, por exemplo, eu posso revisitar a Allied hoje – trinta anos depois de meu primeiro encontro – se não posso encontrá-la onde a deixei? Uma possibilidade, bem conhecida, é estudar a mim mesmo. Eu poderia traçar minha própria trajetória de pesquisa de Chicago para a Hungria comunista e, daí, para a Rússia pós-comunista, refletindo sobre as transformações histórico-mundiais desde meados dos anos 1970. Movendo-me para além de tal solipsismo, eu poderia acompanhar meus colegas de trabalho, como Jay MacLeod (1995) fez com suas duas gangues. Poderíamos chamar isso de revisita biograficamente fundada.[33] Ou eu poderia estudar os recicladores sem-teto que agora, hipoteticamente, habitam a espaço vago que costumava ser a planta da Allied. Poderíamos chamar isso de revisita fundada no lugar. Ou eu poderia ir para a Coreia do Sul onde, de novo hipoteticamente, a nova divisão de motores da Allied pode ser encontrada. Podemos chamar isso de revisita fundada na instituição. Esses diferentes tipos de revisita poderiam todos coincidir se estivéssemos estudando a mesma vila fechada ou a velha cidade de companhia, mas com a globalização eles separam-se em três projetos profundamente diferentes. A única maneira de conectá-los é olhando para cada uma como um produto do mesmo e amplo processo histórico, examinando, por exemplo, as implicações nos Estados Unidos da mudança de uma economia industrial para uma economia de serviços. Isso poderia interconectar as biografias de trabalhadores e seus filhos com a reestruturação espacial e a fuga de capital para outros países.

---

33   Ou, considerando que a maioria se aposentou, talvez eu devesse estudar a ocupação de seus filhos em uma revisita baseada em geração? Isso é o que Sennett faz implicitamente quando ele passa de um relato sobre operários em *Hidden Injuries of Class* (Sennett e Cobb, 1972) ao estudo dos novos trabalhadores do setor de serviços em *Corrosion of Character* (Sennett, 1998).

Mas não podemos mais parar no nível nacional. Hoje, a recomposição da vida cotidiana é também o produto de processos transnacionais e supranacionais. Uma revisita abrangente poderia envolver o acompanhamento de biografias individuais, trajetórias institucionais e a reconstituição de lugar, situando-os em em relação à grande transformação regional, nacional e global. Katherine Verdery (2003) conduziu tal revisita de organização complexa em sua etnografia da descoletivização em Aurel Vlaicu – uma vila na Transilvaniana que ela estudou durante o período comunista e depois novamente durante o período pós-comunista. Ela acompanhou membros individuais de famílias, grupos específicos (pessoas de dentro e de fora), o comitê da vila de restituição de terras e diversas organizações econômicas (fazendas estatais, cooperativas e produção individual), todos em relação à transformação das relações de posse, que em si faz sentido apenas dentro da economia política local, da lei nacional de privatizações, dos condicionamentos do Banco Mundial e do Fundo Monetário Internacional e da expansão global do fundamentalismo de mercado. Com tantas partes do mundo dissolvendo-se, reconfigurando-se e se recompondo sob a pressão de suas conexões globais, as revisitas etnográficas com alcance global tornaram-se irresistíveis. Quanto mais irresistível for a revisita global, no entanto, mais necessária será a teoria para rastrear e encontrar sentido em todas as partes móveis.

Privatizações e transições de mercado forçam a etnografia a extensões globais que requerem não apenas enquadramentos teóricos para sua interpretação, mas também profundidade histórica. A única forma de dar sentido às forças globais, conexões e imaginações é examinando-os ao longo do tempo. Em outras palavras, as etnografias globais requerem revisitas focadas, heurísticas, seriadas e, especialmente, arqueológicas, para escavar seus terrenos históricos (Burawoy, Blum *et al*, 2000). Abordar uma etnografia global da Allied hoje requereria re-situar a companhia de 1973-74 no seu mercado global, nas conexões globais entre a divisão de motores e as outras divisões, na imaginação global de seus trabalhadores e dirigentes – antes que eu pudesse realizar uma investigação semelhante. É assim que June Nash (2001) transformou uma revisita focada em uma etnografia global do movimento Zapatista. Em todos os verões entre 1988 e 1993 ela retornou a Chiapas – o local de seu próprio estudo de 1957 – com um grupo de estudantes. Embora reconhecendo as falhas da antropologia descritiva que ainda existiam nos anos 1950 – a saber, a tendência de isolar comunidades de seus contextos determinantes – ela, todavia, recuperou parcialmente aquele isolamento como uma luta política para defender a autonomia. No início dos anos 1990 tais manobras defensivas não faziam mais efeito. Em face do Tratado Norte-Americano de Livre Comércio (NAFTA), do recuo da reforma agrária por meio da privatização, da erosão da agricultura de subsistência, do desgaste da assistência do Estado e da violação dos direitos humanos, a autonomia de Chiapas não poderia mais ser defendida pela retirada e isolamento. Ela precisava de uma organização política agressiva e do desenvolvimento de um movimento indígena de foco nacional e alcance global. Nash demonstrou que sem a história para fundamentar e a teoria para orientar, a etnografia global estaria perdida.

Está chegando o tempo para que o sociólogo-etnógrafo saia do esconderijo a fim de se juntar ao resto da sociologia em novas explorações da história e da teoria.[34] Não devemos nos esquecer de que Marx, Weber e Durkheim fundamentaram sua história, bem como sua teoria, em uma imaginação etnográfica, seja das fábricas da Inglaterra do século XIX, das bases religiosas do comportamento econômico ou dos ritos e crenças de pequenas sociedades. Michel Foucault fundou sua originalidade em uma quase etnografia de prisões e asilos. Simone de Beauvoir e suas aliadas compartilharam experiências femininas privadas, enquanto

---

34 Como sabemos de Adams, Clemens e Orloff (2005), que compilaram um maravilhoso compêndio de explorações recentes, historiadores comparativos estão prontos a abraçar a etnografia, assim os etnógrafos só podem ganhar ao levar suas explorações para uma direção comparativa e histórica.

Pierre Bourdieu lançou sua meta-teoria a partir das vilas da Argélia. Dessa forma, a etnografia reflexiva requer não apenas a infusão da teoria na história, mas o entendimento segundo o qual a teoria e a história avançarão imensamente com a conceitualização e a prática da etnografia como revisita.

Capítulo 3

Dois métodos à procura da revolução: Trotsky *versus* Skocpol

1 Agradecimentos: Escrevi a primeira versão desse capítulo no outono de 1985 para o meu seminário de dissertações. Logo, Kyong Cho, Linda Brum, Vedat Milor, Gay Seidman, Louise Jezierski e Brian Powers receberam-no com espanto, temor e até horror. Será que seu orientador estava louco? Depois disso, eu moderei o argumento muitas vezes sob a influência de seus comentários, bem como daqueles recebidos de Vicki Bonnell, Carol Hatch, Elisabeth Nichols, Michael Liu, Charles Tilly, Ira Katznelson, Arthur Stinchcombe, Jerry Karabel, Adam Przeworski, Wally Goldfrank, Wolfgang Schluchter, Erik Wright, Alan Sica, Kathleen Schwartzman, Reinhard Bendix, Julia Adams, Ron Aminzade, Barbara Laslett, Bill Sewell, Perry Anderson, Rick Biernacki, Rebecca Scott, Bill Rosenberg e Jeffrey Alexander. Eu gostaria também de agradecer à Bill Form, editor da *American Sociological Review*, e seu batalhão de seis pareceristas que, durante um período de dois anos, instigaram duas grandes revisões e mais de trinta páginas de troca de escrita. Mesmo que, no fim, nossas diferenças fossem grandes demais para serem superadas, acredito que o ensaio tenha se beneficiado substancialmente das objeções por eles levantadas. O ensaio foi finalmente publicado em *Theory and Society* em 1989. Dos dois pareceristas anônimos, eu gostaria de agradecer especialmente aquele que forneceu um excelente conjunto de críticas ao meu tratamento de Skocpol, forçando-me a revisar o argumento mais de uma vez. Finalmente, as questões às quais me dediquei aqui eram centrais para o curso de metodologia (antes dele ser banido) que corrompeu quatro grupos consecutivos de pós-graduandos que ingressaram no Departamento de Sociologia de Berkeley entre 1984 e 1987. Foi com aqueles estudantes que explorei os significados de ciência e, especificamente, das ciências sociais. Sou grato a todas as pessoas que mencionei por apontarem falhas importantes no capítulo, forçando-me a revisar, esclarecer e elaborar minhas alegações.

> *Se o trabalho metodológico – e essa é naturalmente sua intenção – pode até certo ponto servir de maneira direta à prática do historiador, seguramente isso se dá ao permitir a este escapar em definitivo das imposições de um diletantismo filosoficamente embelezado.*
>
> Max Weber, *A metodologia das ciências sociais.*

A sociologia tem fundamentado suas credenciais científicas ao imitar o método das ciências físicas, tal como estas são concebidas pelos filósofos. Os princípios reguladores, tais como os "cânones da indução" de Mill, a "explanação dedutiva-nomológica" de Hempel ou a "falseabilidade" de Popper foram assentados como sendo o método científico. Porém, esses princípios envolvem mais especulação filosófica que um exame empírico cuidadoso das "ciências duras", das quais eles derivaram sua legitimidade. Com efeito, quando os filósofos voltaram-se para a história e para a verdadeira prática científica, eles viram seus princípios sendo violados. Uma nova compreensão acerca da ciência emergiu, motivada menos pela procura de um único método universal e abstrato e mais pela necessidade de explicar o progresso do conhecimento científico. Minha proposta neste capítulo é explorar as implicações para a sociologia de se aplicar uma dessas concepções historicamente enraizadas da ciência, a saber, a metodologia dos programas de pesquisa científicos proposta por Imre Lakatos, ao compará-lo com a metodologia padronizada da indução.[1]

---

[1] É importante enfatizar que aqueles que criticaram o uso do "método científico" para estudar o mundo social assumiram e adotaram concepções positivistas ultrapassadas de ciências. A ironia é que as abordagens interpretativas alternativas à sociologia,

Indução versus a metodologia dos programas científicos de pesquisa

Organizar e concretizar a comparação requer exemplos de cada metodologia que estude objetos similares e de uma maneira substancialmente semelhante. Por razões que se tornarão claras, é difícil encontrar casos puros de cada metodologia, sem falar dos casos que combinem teorias comparáveis com diferentes metodologias. Eu então escolhi o livro *Estados e revoluções sociais* [*States and social revolutions*] de Theda Skocpol [1979] e o livro *Balanço e perspectivas* [*Results and prospects*] de Leon Trotsky ([1906] 1969) pelas razões que se seguem. Com importantes qualificadores, eles exemplificam as metodologias da indução e do programa de pesquisa. Ambos os trabalhos tratam da lógica causal das revoluções sociais conforme uma perspectiva comparativa. Além disso, eles discorrem sobre variáveis explicativas bastante similares. Ambos destacam a importância do Estado e das relações internacionais, tanto nas causas como nos resultados das revoluções. Assim, Skocpol destaca as crises político-militares do Estado e a dominação de classe; mais a emergência que a produção de situações revolucionárias; o desenvolvimento desigual e combinado do capitalismo em escala global; um sistema internacional de Estados em competição; os desenvolvimentos organizacionais e ideológicos entre as revoluções; e, por fim, o Estado como uma estrutura potencialmente autônoma e um ator independente tanto nacionalmente como mundialmente [1979: 17-31]. São também esses os fatores que Trotsky apresenta, não epenas no trabalho citado acima, mas também em sua monumental obra *História da Revolução Russa* [*History*

---

propostas por humanistas com uma tendência anticientífica, frequentemente mostraram-se semelhantes aos juízos históricos da ciência como encontrados em, por exemplo, Polanyi (1958), Kuhn (1962), Toulmin (1972), Feyerabend (1975) e Lakatos (1978). Nesse capítulo, eu sigo a metodologia de Lakatos dos programas de pesquisa não porque ela se adapta melhor à abordagem de Trotsky, mas porque ela explica mais satisfatoriamente o desenvolvimento do conhecimento científico.

of the Russian Revolution].[2] Devido às similaridades serem tão consideráveis, as diferenças podem ser mais facilmente isoladas e atribuídas a suas metodologias divergentes.

Um dos méritos do *Estados e revoluções sociais* é que ele tenta seguir rigorosamente os cânones da indução de Mill. Com uma análise impecável em termos historiográficos, Skocpol busca as causas das revoluções sociais ao examinar o que as revoluções que deram certo têm em comum e, então, tenta isolar aqueles fatores causais que distinguem as revoluções "bem-sucedidas" das revoluções "malogradas". Sua intenção é clara: "Como poderemos chegar a novas concepções teóricas se não deixamos os padrões históricos falarem por si mesmos, ao invés de sempre vê-los através das lentes opacas ou fortemente tingidas das teorias pré-existentes?" [1986: 190].

A indução, então, é o processo de se deduzir explicações causais a partir de "fatos pré-existentes". Dentre os filósofos da ciência, Karl Popper [1959] tem sido o mais celebrado oponente dessa visão, argumentando que sem um mecanismo para selecionar elementos dentre os fatos, não há como deduzirmos teorias. As teorias, ou como ele as chama, as conjecturas são necessariamente postuladas antes dos fatos que elas organizam e selecionam. Ademais, os fatos não são usados para

---

2   É particularmente estranho, portanto, ver Skocpol vilipendiar o marxismo, e outras teorias, porque ele "teoriza com base em uma imagem voluntarista de como as revoluções acontecem... foca primordialmente ou exclusivamente conflitos e processos de modernização intranacionais... colapsa analiticamente estado e sociedade ou reduz ações políticas ou estatais a representações de forças e interesses socioeconômicos" (Skocpol, 1979: 14). Inexplicavelmente, não ouvimos nada sobre Trotsky – nem de sua visão da história como um roteiro dramático no qual os atores podem interpretar somente papeis determinados, nem de sua teoria do desenvolvimento desigual e combinado do capitalismo em escala mundial, nem sequer de seu interesse obsessivo pela autonomia do Estado. De fato, através de todo o livro, ela se refere a Trotsky duas vezes, e ainda apenas de passagem: em conexão com os comentários dele de que 1905 foi um ensaio geral para 1917 e quando descreve a organização do Exército Vermelho (1979: 94, 217). Não há referências à teoria de Trotsky sobre a Revolução Russa ou ainda a seus escritos sobre a Revolução Francesa ou aos seus comentários proféticos a respeito da Revolução Chinesa.

verificarmos conjecturas, mas para refutá-las. Embora essa seja uma posição amplamente defendida, ela é também insustentável. Uma vez que todas as teorias já nasçam refutadas e continuem sendo refutadas, se nós seguirmos as prescrições de Popper, o conhecimento estaria confinado em um caos perpétuo e não sujeito a um crescimento contínuo. Nós não teríamos nenhuma teoria se sempre as abandonássemos quando fossem refutadas pelos fatos (ver, por exemplo, Polanyi, 1958; Feyerabend, 1975; Kuhn, 1962; Laudan, 1977; Lakatos, 1978; Putnam, 1981).

Tais conclusões conduziram Lakatos a argumentar que a ciência desenvolve-se não pela refutação de teorias, mas pelas refutação de refutações, ou pelo menos refutando algumas refutações e ignorando outras.[3] Os programas de pesquisa emergem da tentativa de se proteger da refutação as premissas das conquistas científicas anteriores. Os cientistas definem o núcleo duro de certos postulados que eles aceitam por convenção. Conforme o princípio metodológico que Lakatos [1976] chamou de heurística negativa, as refutações direcionadas contra o núcleo duro não são permitidas. Os cientistas defendem o núcleo duro do seu programa de pesquisa contra a falsificação por meio de inúmeras estratégias, algumas das quais levam a mudanças de problemática progressivas e outras a mudanças de problemática degenerativas. Estratégias protecionistas conduzem à degeneração de programas de pesquisa quando reduzem o conteúdo empírico dos postulados centrais ao restringir seu escopo ou ao rotular suas anomalias, ou seja, resultados fragmentados ou teoricamente inesperados, como exceções. Mudanças progressivas de problemas, por outro lado, resolvem anomalias introduzindo teorias auxiliares que expandem o poder explanatório dos postulados centrais. Aqui, os cientistas seguem o princípio metodológico que Lakatos chamou de heurística positiva, isto é, uma tática

---

3   Lakatos (1978: 8-101). Além do próprio trabalho de Lakatos, três volumes aplicam e discutem suas ideias: Howson (1976); Cohen, Feyerabend e Wartofsky (1976) e Radnitzsky e Anderson (1978).

de pesquisa feita de modelos e exemplos para digerir as anomalias ao construir teorias consistentes com o núcleo duro do programa. Em outras palavras, uma defesa progressiva do núcleo duro toma a forma de um cinturão expansivo de teorias que aumentam o conteúdo empírico comprovado, resolvendo sucessivos quebra-cabeças. Os cientistas não deveriam avaliar uma teoria isolada contra outra, mas as sequências de teorias que formam os programas de pesquisa. Conforme Lakatos, portanto, as revoluções científicas substituem programas de pesquisa degenerados por progressivos.

Eu tentarei mostrar que a teoria de Trotsky sobre a Revolução Russa pode ser vista como parte de um programa de pesquisa marxista progressivo. O foco central recairá sobre sua formulação de 1906 em *Balanço e perspectivas* e que Deutscher denominou "a mais radical reformulação dos prognósticos da revolução socialista levada a cabo desde o *Manifesto comunista* de Marx e Engels" [1954: 150]. O fato de Trotsky ter antecipado Lakatos em tantos anos não é razão para negar a relevância da metodologia dos programas de pesquisa. A ciência bem-sucedida não depende da obediência a uma metodologia articulada.[4] Com efeito, alguns podem mesmo afirmar que uma consciência demasiado metodológica é um obstáculo à boa ciência. Conforme Michael Polanyi [1958: Capítulos 1, 4 e 6], os cientistas trabalham com "habilidades tácitas" não explícitas e um "conhecimento personalizado" que se origina do "convívio" com uma tradição de pesquisa. Essa é uma das razões, embora não seja a principal, do porquê a elaboração dos princípios de um programa de pesquisa deve, necessariamente, ter um caráter menos definitivo que a correspondente elaboração dos princípios da indução. E o mais importante: os cânones da indução reivindicam ser aplicados a todos os contextos científicos, ao passo que cada programa de pesquisa

---

4   Eli Zahar (1978), por exemplo, lida com esse problema diretamente, tentando mostrar que a metodologia dos programas de pesquisa científicos representa a melhor reconstrução disponível da metodologia intuitiva em casos de grande avanço científico.

tem seus próprios princípios distintivos ou heurísticos, como Lakatos os chamou. Ali, não pode haver quaisquer prescrições metodológicas que se apliquem a todos os programas de pesquisa.[5]

Meu interesse não é simplesmente comparar as duas metodologias. Eu também as avalio quanto a suas capacidades de fazerem avançar a ciência da sociologia. Porém, nós devemos ser claros quanto ao significado do "avanço da ciência". Eu proponho usarmos o critério de Popper para o crescimento do conhecimento [1963: 240-243]. Em primeiro lugar, uma nova teoria deve proceder de alguma "ideia simples, nova, poderosa e unificadora". Em segundo lugar, a nova teoria deve ser "verificável de maneira independente", quer dizer, ela deve levar ao prognóstico de fenômenos inesperados, mais que ao simples relatório de fenômenos existentes. Em terceiro lugar, queremos que a teoria "passe por testes novos e severos", ou seja, alguns prognósticos devem ser corroborados.

Como as duas abordagens atenderão àqueles critérios? Tanto Skocpol como Trotsky introduziram uma "ideia nova, simples, poderosa e unificadora". Skocpol propõe que as revoluções bem-sucedidas ocorrem em decorrência de circunstâncias estruturais, ao passo que Trotsky elabora suas teorias do desenvolvimento desigual e combinado e da revolução permanente para explicar as causas e os efeitos de diferentes revoluções. Suas teorias são "verificáveis de maneira independente", e podem "passar por novos e severos testes"? Skocpol, como eu tentarei mostrar, refuga ao prever novos fenômenos e, por isso, evita o desafio dos testes mais

---

[5] Da mesma forma que esse capítulo não está preocupado com revoluções sociais *per se*, ele também não foi pensado como uma defesa do marxismo. Ele é uma discussão de duas metodologias que não são necessariamente ligadas a nenhum quadro teórico em particular. De acordo com isso, eu vinculo as teorias de Trotsky à metodologia dos programas de pesquisa e não às prescrições metodológicas de Marx. A metodologia dos programas de pesquisa também instruiu reconstruções de "funcionalismo estrutural". Ver, por exemplo, Jeffrey Alexander (1982, 1983 e 1987). Essas reconstruções não seguem Lakatos estritamente, pois concedem pouco peso à descoberta e corroboração de fatos novos e, certamente, pode-se dizer que são um bom exemplo de programa de pesquisa em degeneração.

severos, ao passo que, apesar de ter falhado em sua antecipação da revolução no Ocidente, Trotsky, em 1906, previu com sucesso tanto o resultado como a irrupção da Revolução Russa.

Em relação ao critério popperiano do avanço científico, Trotsky ultrapassou Skocpol. Isso é particularmente surpreendente porque – contrastando com Skocpol e seu distanciamento, suas aspirações à cientificidade e suas reivindicações para confiar nos "padrões da história" – Trotsky, na condição de um participante central dos eventos que analisou, soube atirar pela janela as normas da objetividade positivista. Ele não perseguiu a "traiçoeira imparcialidade" do historiador que "sobe o muro de uma cidade sitiada e admira ao mesmo tempo os sitiantes e os sitiados." (Trotsky [1933] 1977: 21).

Então, uma questão deve ser formulada: por quê uma fracassou e o outro conseguiu satisfazer o segundo e o terceiro critérios de Popper? Uma resposta possível é que o gênio inato de Trotsky permitiu-lhe sobrepujar a todos, inclusive Skocpol. Mas isso não ajuda muito; até no gênio existe algum método. Uma segunda resposta, a adversária essencial da resposta dada neste capítulo, é que a execução do método, e não o método em si, é a causadora das diferenças. Essa perspectiva tem duas variantes. Pode-se dizer, como Stinchcombe [1978] o faz, que existe apenas um método verdadeiro, o método da indução, e Trotsky o emprega melhor que Skocpol. Ou então se pode dizer que há na verdade dois métodos, mas que Trotsky executa seu método com mais estilo que Skocpol executa o seu. Neste ensaio, eu espero demonstrar o contrário. Com efeito, existem duas metodologias que acarretam diferentes implicações para o desenvolvimento da ciência. Skocpol leva a cabo os cânones de Mill com tamanha habilidade até a metodologia despedaçar-se, ao passo que Trotsky, em pontos decisivos, não obedece a nenhum método de maneira consistente – como mostrarei adiante, felizmente para Skocpol e infelizmente para Trotsky. Skocpol voa sobre seu método, enquanto Trotsky afunda sob o seu, mas é Trotsky quem ainda faz o maior avanço científico e, por meio disso, destaca a superioridade dos programas de pesquisa frente à indução.

As limitações inerentes aos cânones da indução de Mill obrigaram Skocpol a violar seus princípios em pontos cruciais. Porém, à medida que ela realmente segue o método de Mill, seu trabalho tende a se enfraquecer. O método da indução nega-lhe a possibilidade de demonstrar a teoria que ela reivindica demonstrar. Longe de ser um algorítimo neutro para se derivar teorias a partir de fatos, o método da indução produz teorias independentes de fatos. O método protege suas teorias autoproduzidas contra a falseabilidade e a competição de outras teorias. Isso é encorajado pelas suas hipóteses metodológicas da indução, a saber, que numa análise final, os fatos (os padrões da história) são incontestáveis e nisso eles convergem para uma teoria única. Por fim, se o método abraça a concepção de uma única história verdadeira, ele também tende a contar uma história do passado sem continuidade com o presente, uma história que pretende localizar o historiador fora da história. Em outras palavras, eu pretendo mostrar que uma sabatina dos fatos torna-se uma sabatina do método que separa Skocpol dos fatos. Tudo isso inibe a previsão de novos fenômenos. Que Skocpol ainda seja capaz de desenvolver uma tão poderosa teoria sobre as revoluções, é graças a sua imaginação macrossociológica, que sobrepuja os métodos de Mill em pontos cruciais.

A força de Trotsky, por outro lado, está em seu implícito compromisso com a metodologia dos programas de pesquisa. Ele se baseou em um programa de pesquisa marxista que ele próprio elaborou à luz das anomalias, levando-o a previsões, algumas das quais foram confirmadas, enquanto outras refutadas. Mas a refutação não nos leva à rejeição do programa de pesquisa marxista, e sim à contrução de novas teorias sobre o mesmo fundamento marxista. Ao registrar sua anomalias, a história está continuamente forçando a reconstrução do marxismo, conduzindo, por sua vez, à reconstrução da história e também dos futuros possíveis.

Nesta concepção, o historiador mantém-se no meio da história, pego entre o futuro e o passado, entrando em um diálogo com certa tradição de pesquisa em desenvolvimento sobre as possibilidades do mundo à nossa volta. Onde Trotsky fracassa na metodologia dos programas de pesquisa é em prezuízo de suas análises. Sua insistência no caráter revolucionário da classe operária ocidental é o mais espantoso caso de "negativa da exceção" [*exception barring*] primitiva – a recusa em reconhecer um contraexemplo mundial – e certamente limitou suas contribuições ao programa de pesquisa marxista.

Em poucas palavras, Trotsky cumpriu melhor que Skocpol os critérios de Popper, porque a metodologia de Trotsky era a do programa de pesquisa, ao passo que a metodologia de Skocpol era a da indução. A análise de Skocpol brilha quando ela repudia os cânones da indução de Mill, porém se apaga quando ela os abraça, assim como o marxismo de Trotsky floresce quando ele adere à metodologia dos programas de pesquisa, mas regride quando ele se afasta de seus princípios condutores. Portanto, enfatizar as características indutivistas de *Estados e revoluções sociais* e as características de programa de pesquida de *Balanço e perspectivas* – tal como eu devo fazer para construir meu argumento – inevitavelmente apresenta Skocpol sob uma luz mais opaca e Trotsky sob uma luz mais viva do que se poderia justificar tendo em vista uma avaliação geral de seus respectivos trabalhos.

A análise que se segue é uma conjectura que precisa de refutação, isto é, de uma explicação alternativa para o relativo sucesso de Trotsky. A fim de facilitar tal refutação eu organizei este capítulo de modo a destacar seus argumentos gerais. A primeira parte examina o trabalho de Skocpol, principalmente *Estados e revoluções sociais*; e a segunda examina o trabalho de Trotsky, principalmente *Balanço e perspectivas*. Os dois trabalhos são contrastados com base nas sete antinomias destinadas a revelar *o contexto de descoberta* em que examino como a metodologia conforma a teoria (indução *versus* dedução, história congelada *versus* história inédita, fatores causais *versus* processos causais); o *contexto de justificação*, onde eu examino como as teorias são validadas (não falseabilidade *versus* falseabilidade, recusa às previsões *versus* previsões); e o *contexto do cientista*, onde eu examino como a metodologia situa o cientista em relação ao mundo estudado (história do passado *versus* história do futuro, manter-se fora da história *versus* manter-se no centro da história).[6]

Skocpol: deixe os fatos falerem por si mesmos

O método da indução

Skocpol escreve que a análise histórica comparativa tem "uma longa e distinta linhagem na ciência social. Sua lógica é explicitamente estabelecida por John Stuart Mill em seu *Sistema de lógica*" [1979: 36; ver também Theda Skocpol e Margaret Somers, 1980; Skocpol, 1984: Capítulo II].

Basicamente, tenta-se estabelecer associações válidas de causas potenciais para um dado fenômeno que se pretende explicar. Há duas formas principais de se proceder. Em primeiro lugar, pode-se tentar estabelecer que os vários casos que têm em comum o fenômeno que se pretende explicar também têm em comum um conjunto de fatores causais, embora eles apresentem outras variações que podem dar a impressão de serem relevantes como causas. Essa abordagem é o que Mill chamou de "método da concordância". Em segundo lugar, pode-se

---

6 Críticos reclamam que eu lido com apenas um exemplo de cada metodologia e, portanto, que não demonstro minhas alegações sobre as consequências da adoção de metodologias diferentes. Sem dúvidas, meu argumento seria mais persuasivo se outros casos fossem incluídos. Mesmo que espaço não fosse problema, achar casos adequados não é tão fácil. Para isolar os efeitos da metodologia, cada caso teria que ser, o máximo possível, metodologicamente puro e postular teorias comparáveis. Tais foram as razões que me levaram à Skocpol e Trotsky. Apesar desses exemplos não serem perfeitos, seria difícil encontrar casos melhores.

contrastar os casos nos quais o fenômeno a ser explicado e as causas hipotéticas estão presentes em outros casos nos quais o fenômeno e as causas estão ambos ausentes, mas que são, também, tão similares quanto possível aos casos positivos. Esse procedimento Mill rotulou de "método da diferença". [Skocpol, 1979: 36].

Skocpol aplica esses dois princípios para descobrir "a lógica generalizável" em operação em todo o conjunto das revoluções sob discussão. Ela define revolução social como sendo "a coincidência de mudanças na estrutura social com um levante de classe; e a coincidência de transformações políticas e sociais" [Skocpol, 1979: 4]. Para as propostas de sua análise das revoluções clássicas na França, na China e na Rússia, ela reduz as revoluções sociais a dois componentes: crise política e revolta camponesa.

Ela começa pelo exame de dois fatores comuns que deram margem à crise política na França e na China:

"As crises revolucionárias emergiram tanto na França como na China porque os Antigos Regimes estiveram sob inusuais pressões vindas de nações estrangeiras mais desenvolvidas e porque essas pressões levaram a conflitos políticos internos entre as autoridades autocráticas e as classes dominantes. [...] Tentativas autocráticas no sentido de reformas modernizantes de cima para baixo na França e na China [...] enfrentaram a resistência política orquestrada das forças das classes dominantes bem-organizadas. Por sua vez, dado que essas forças possuíam influência dentro dos aparatos formalmente centralizados dos Estados monárquicos, sua resistência desorganizou esses aparatos. [...] A oposição bem-sucedida às reformas autocráticas inadvertidamente abriram as portas para revoluções mais profundas tanto na França como na China. [1979: 80-81].

No entanto, na Rússia as classes dominantes eram muito mais fracas e sucumbiram às reformas estatais:

"Na Rússia, uma fraca nobreza latifundiária não pôde bloquear as reformas vindas de cima. Porém, a economia agrícola e a estrutura de classes serviram de freios à industrialização guiada pelo Estado, tornando então impossível à Rússia czarista alcançar econômica e militarmente a Prússia Imperial, sua principal inimiga potencial no sistema de Estados europeu" [Skocpol, 1979: 99].

Mas em todos os três casos, o Estado esteve preso entre pressões internas por reformas e entraves da estrutura agrária que obstruíram tais reformas: "As crises políticas revolucionárias emergiram em todos os três Antigos Regimes porque às estruturas agrárias impingiram-se as organizações autocráticas e protoburocráticas do Estado, de forma a bloquearem ou acorrentarem as iniciativas monárquicas no sentido de lidarem com a escalada da competição armamentista internacional, num mundo que passava por uma transformação desigual rumo ao capitalismo" [1979: 99].

A tarefa agora é mostrar que tanto a pressão internacional como uma "classe dominante organizada e independente com influência no Estado" são ingredientes necessários às crises políticas. Seus dois casos contrastantes são a Restauração Meiji (1868-73) no Japão e o movimento de reformas na Alemanha (1807-15). Em ambos os casos, mas por diferentes razões, as classe dominante ou não era poderosa (Alemanha) ou não tinha influência sobre o Estado (Japão) e, portanto, não criaria uma crise política revolucionária. Então, o Estado estava apto a introduzir reformas sem lançar as sementes da revolução. Skocpol escreve que "os diferentes destinos que esses regimes monárquicos agrários enfrentaram com os desafios de se adaptarem às exigências de um desenvolvimento internacional desigual podem ser explicados em larga medida ao observarmos as formas pelas quais as relações agrárias de produção e as classes dominantes latifundiárias predominaram sobre as organizações do Estado" [Skocpol, 1979: 110]. Até aí, tudo bem, mas nota-se imediatamente que os casos contrastantes não demonstram as "pressões internacionais" como sendo necessárias para o desenvolvimento de uma crise política revolucionária.

No capítulo seguinte, Skocpol examina as condições necessárias ao segundo componente da revolução, a saber, a revolta camponesa. Ela procede da mesma maneira que no capítulo anterior, primeiro com o método da concordância e depois com o método da diferença. Ela mostra como as estruturas agrárias na França e na Rússia garantiram autonomia e solidariedade às comunidades camponesas, o que se combinou com a crise política de um Estado repressivo para produzir uma revolta camponesa. Ela agora precisa demonstrar que tanto a crise política como a autonomia camponesa são necessárias para a revolta camponesa. Tomemos primeiramente a crise política. Durante longos períodos, a história da autonomia caponesa na França, na China e na Rússia deram margem somente a rebeliões camponesas localizadas. Somente uma crise política revolucionária pode desencadear uma revolta social no campo. Para estabelecer a necessidade da autonomia camponesa, por outro lado, Skocpol deve prover casos onde a crise política não levou à revolta no campo: "Uma vez que a crise política revolucionária depôs as monarquias absolutas e desorganizou os governos e os exércitos centralizados, as relações das classes agrícolas e os arranjos políticos locais na França e na Rússia propiciaram às comunidades camponesas uma solidariedade e uma autonomia suficientes para abolir a propriedade e os privilégios dos senhores de terras. Condições tão conducentes às revoltas camponesas de modo algum estavam presentes em todos os países. E sua ausência pode dar conta do porquê uma revolução social bem-sucedida pode não ocorrer, mesmo em presença de uma crise política social" [Skocpol, 1979: 140]. Tanto na revolução política da Inglaterra como no fracasso da revolução social da Alemanha (1848), houve crises políticas, mas o ingrediente principal para a revolta camponesa e, com isso, para a revolução social, estava em falta – uma comunidade camponesa autônoma. Por fim, Skocpol se dirige ao complexo caso da China, onde a comunidade camponesa era só potencialmente autônoma. Essa potencialidade foi realizada somente após 1930, sob o comando de um exército camponês.

Parece que Skocpol vem construíndo o convincente augumento segundo o qual uma revolução social bem-sucedida envolve uma estrutura agrária que paraliza a reação estatal ao aumento das pressões internacionais, levando à crise política, que por sua vez desencadeia uma revolta camponesa onde as comunidades camponesas são autônomas e solidárias. Apenas ao combinar seus dois conjuntos de argumentos em uma única tabela, algumas falhas tornam-se aparentes (ver tabela 5).

Tabela 5: Os argumentos de Skocpol
S=Sim; S*=Sim após 1930; N=Não

	Método da concordância para revoluções bem-sucedidas			Método da diferença para revoluções malsucedidas			
	França 1789	China 1949	Rússia 1917	Alemanha 1807	Japão 1868	Inglaterra 1640	Alemanha 1848
Pressão internacional	S	S	S	S	S	N	N
Classe dominante organizada e independente com influência sobre o Estado	S	S	N	N	N	S	N
Economia agrária próspera	S	N	N	S	S	S	S
Comunidades camponesas solidárias e autônomas	S	S*	S	N	N	N	N
Crise política	S	S	S	N	N	S	S
Revolta camponesa	S	S	S	N	N	N	N

Estabelecer a necessidade da autonomia comunitária para a revolta camponesa depende de se mostrar que, onde há crise política (um ingrediente necessário à revolta camponesa), mas não há autonomia comunitária, não há também revolta camponesa, ou seja, na Alemanha em 1848 e na Inglaterra em 1640. Mas se houve crise política na Inglaterra de 1640 e na Alemanha de 1848, então, a análise original das condições da crise política, baseada na França, na China, na Rússia, no Japão e na Alemanha de 1807, não mais se sustenta. Ao examinarmos a Inglaterra de 1640 e a Alemanha de 1848, nós descobrimos que nem um conflito internacional nem uma "classe dominante organizada e independente com influência sobre o Estado" são condições necessárias para o desenvolvimento de uma crise política e, portanto, de uma revolução social.[7] Em poucas palavras, a aplicação do método de Mill para as revoltas

---

[7] Sckocpol (1979: 6). Charles Ragin e David Zaret (1983: 746) afirmam que o método da explicação genética de Weber, que busca trajetórias históricas específicas, é "não menos evidente em trabalhos de Bendix e Skocpol". Ao contrário de sua própria concepção do que ela está fazendo, eles afirmam que a sua adoção do método de Mill não está em busca de explicações genéricas características da análise estatística. No que segue eu mostro que ela tenta sim imitar estratégias de comparação estatísticas, e com as consequências adversas que Ragin e Zaret antecipam. Todavia, a avaliação que os dois fazem reflete uma tensão real do livro de Skocpol. Eu sigo a identificação de Elisabeth Nichols (1986) da análise genética latente, ou "conjectural", por trás da redução de Skocpol de todas as revoluções à revolta camponesa e à pressão internacional sobre o Estado. Skocpol explica esses dois fatores como emergentes de uma constelação de forças particular a cada revolução, um modo de explicação que é estranho aos cânones de indução de Mill. A réplica de Skocpol à Nichols (Skocpol, 1986) recusa-se a reconhecer a distinção de Weber, seguindo Rickert, entre as ciências culturais generalizante e particularizante. Ele se equivoca ao entender que a crítica a acusa de aplicar erroneamente os cânones de Mill, quando Nichols apontava a coexistência de um método diferente. Ela parece estar tão envolvida em uma causalidade linear, na qual cada fator deve dar a mesma contribuição causal para cada revolução, que ela está cega para seu próprio uso subterrâneo de uma noção diferente de causalidade. Skocpol (1973) trata *Social Origens of Dictatorship and Democracy*, de Barrington Moore, de modo semelhante, forçando-o para o molde da explicação genérica (generalizante), quando muito da análise de Moore busca explicações genéticas (particulares) para a modernização.

camponesas no Capítulo 3 de Skocpol, frustra sua aplicação para as crises políticas no Capítulo 2.

O método de Mill não cumpre o que Skocpol reivindica para ele, a saber, uma lógica generalizável das revoluções.[8] Enquanto é verdade que na França, na China e na Rússia o Estado não foi capaz de reagir efetivamente às pressões internacionais devido às restrições impostas pela estrutura agrária, não há nada nos dados que sugira que tais restrições agrárias ou fatores internacionais tenham sido necessários para uma revolução clássica.[9]

---

8   Embora seja verdade que John Stuart Mill (1888) advogou, com importantes qualificações, o método da indução – ou aquilo que ele chama de método experimental ou químico para as ciências naturais – ele explicitamente repudia sua aplicabilidade às ciências sociais. No estudo da sociedade, onde "as causas de cada fenômeno social... são infinitamente numerosas" (1888: 612), não se pode assumir que um efeito tenha sempre as mesmas causas, de modo que as revoluções, por exemplo, podem ser causadas por fatores diferentes em diferentes países. O método da diferença é ainda mesmo importante, de acordo com Mill. Podem-se encontrar casos em que duas sociedades são parecidas em todos os aspectos exceto naquele que estamos tentando isolar como fator causal. "Mas a suposição de que essas condições possam ser encontradas é manifestamente absurda" (610). A aplicação resoluta de Skocpol dos dois cânones justifica o ceticismo de Mill. A questão não é que Skocpol tenha falhado na execução do método de indução propriamente, mas, em vez disso, que o método é, como Mill bem sabia, "completamente fora de questão" nas ciências sociais. Skocpol, obviamente, tem consciência dessas falhas – a impossibilidade de controlar as variáveis de forma a executar o método da diferença, que as unidades em comparação são raramente, se alguma vez, independentes e que a indução não pode ser uma substituta para a teoria (Skocpol, 1979: 38-39). Mesmo assim, ela ainda se apega a essa como a melhor abordagem. Embora não "sem suas dificuldades e limitações," no entanto, "desde que não seja aplicado mecanicamente, ele pode motivar tanto extensões teóricas quanto reformulações, por um lado, e novas formas de olhar para casos históricos concretos, por outro lado"(40).

9   Charles Tilly (1984: 105-15) argumenta que Skocpol dedica muita atenção ao método da concordância e pouca ao método da diferença. Ele sugere que se olhe para as variações dentro daquelas sociedades que experimentaram revoluções, tanto para as diferenças regionais na época de sua eclosão quanto para a razão da revolução não ter ocorrido em períodos anteriores. Em outro lugar, no entanto, Tilly (1976: 159) observa que a revolução é um estado de toda uma sociedade e não pode ser explicada pela comparação de suas partes. Como comparar momentos diferentes na história de uma sociedade, é notoriamente difícil explicar um não evento. Há, como nos adverte Mill, variantes demais para controlar. O problema não está na falha de Skocpol em usar o método da diferença, mas no próprio método de indução, que subestima

Eu não estou sugerindo que a concepção de Skocpol sobre os determinantes estruturais das revoluções seja inválida. Pelo menos, não de todo. Ela continua sendo "a ideia simples, nova, poderosa e unificadora" que faz do seu livro um clássico. Eu estou sugerindo que sua concepção não emerge nem confirma os princípios da indução de Mill. Muito pelo contrário: a aplicação desses princípios viria a falsear sua teoria.

Para sustentar suas conclusões, Skocpol acaba reduzindo seu método histórico comparativo e efetivamente adotando uma análise conjuntural na qual as crises políticas têm diferentes causas, conforme seu resultado seja uma revolução social ou não. Sobretudo, não há razão para acreditar que as crises políticas tenham um único conjunto de causas. Como eu mostrarei, essa é uma hipótese arbitrária que deriva da aplicação que ela fez do método de Mill.

Congelando a história

Acabamos de ver como a intuição histórica de Skocpol leva a melhor sobre o seu proclamado método comparativo histórico. Em outros pontos, no entanto, seu método leva a melhor sobre sua intuição. Nos pontos cruciais, sua teoria é um produto dos dois princípios da indução. O método transforma-se em um substituto para a teoria.

Para realizar o método da concordância de Mill, ela deve fazer várias suposições. A primeira é que as revoluções francesa, chinesa e russa são partes de uma mesma classe de objetos. Ela definiu revolução como "a

---

a importância de teorias anteriores e toma os fatos como dados. Muito diferente é o método do *The Vendee* [o vendedor], em que Tilly é sensível à construção social e tendencioso em relação aos fatos históricos, assim como à necessidade de se proceder dedutivamente a partir de uma teoria, em seu caso, uma teoria da urbanização. Quando um pesquisador coleta seus dados com uma visão para a análise comparativa cuidadosa, a necessidade de enfrentar o caráter ilusório, complexo e incerto dos "fatos" obriga uma dependência muito mais forte de teorizações anteriores. Ainda mais importante, Tilly procura reconstruir a teoria baseado em uma anomalia – um movimento contrarrevolucionário na França revolucionária – em vez de descobrir a teoria indutivamente.

coincidência da transformação social com a política" de maneira que essas três revoluções de fato aparentem ser exemplos de uma única espécie.[10] A segunda é que os mesmos fatores causais operam todas as três revoluções, isto é, há, de fato, uma teoria das revoluções sociais. A terceira diz que os padrões causais que conduzem a revoluções fracassadas são diferentes dos que conduzem a revoluções vitoriosas. Isto é, a distinção entre as revoluções que transformam as estruturas políticas e aquelas que transformam as estruturas sociais é causalmente notável (ver Nichols, 1986). Essas suposições são equivalentes a congelar a história mundial pelos três séculos de 1640 a 1947, no sentido de que, durante esse período, revoluções são de um mesmo tipo e têm as mesmas causas. Você pode argumentar que Skocpol está mantendo a história constante ou controlando as variáveis históricas. Como resultado, por exemplo, ela descarta o levante da classe operária em Petrogrado e Moscou em 1917 como necessário para a Revolução Russa porque uma rebelião similar não foi encontrada nas outras duas revoluções (1979: 113). Essa conclusão é produto de sua metodologia.[11] Ela não é justificada com base em um exame dos eventos da Revolução Russa.

A suposição metodológica de uma lógica causal comum tem uma segunda consequência: ela exclui a possibilidade de que uma revolução

---

10 Skocpol (1979: 4). Ela também escreve: "Revoluções sociais são rápidas transformações básicas do Estado e das estruturas de classe de uma sociedade." Deve-se perguntar se a Revolução Chinesa de 1911 cabe nessa definição, dado que a transformação foi completada apenas em 1949. A própria Skocpol se refere ao período de 1911 a 1949 como um interregno revolucionário (1979: 80, 148). O quão rápido é "rápido"?

11 Aqui, novamente, o próprio Mill (1888: 612) adverte contra o método da concordância: "A partir do mero fato, portanto, da nossa capacidade de eliminar alguma circunstância, nós não podemos, de jeito nenhum, inferir que essa circunstância não foi instrumental ao efeito em alguns dos próprios casos a partir do qual nós a eliminamos. Nós podemos concluir que o efeito é, às vezes, produzido sem ela; mas não que, quando presente, ele não contribui com sua parte." Até na discussão das ciências naturais, Mill (livro 3, capítulo 10) nos sensibiliza para o problema da pluralidade das causas, que o método da concordância assume "que há apenas um conjunto de condições a partir do qual o efeito dado poderia resultar" (1888: 311).

possa inaugurar novas condições para revoluções subsequentes. Aqui, também, o método de Mill prevalece sobre o próprio julgamento de Skocpol. Antes de chegar à análise propriamente dita das revoluções, ela escreve na introdução: "[A]tenção deveria ser dada aos efeitos de ordenamentos históricos e da mudança histórica mundial... Uma possibilidade é que atores em revoluções posteriores podem ser influenciados pelos progressos em revoluções anteriores; por exemplo, os Comunistas Chineses tornaram-se emuladores conscientes dos Bolcheviques e receberam, por um tempo, conselhos e ajuda diretamente do regime revolucionário Russo. Outra possibilidade é que 'rupturas' histórico-mundiais cruciais – tais como a Revolução Industrial ou a inovação do modo leninista de organização partidária – podem intervir entre a ocorrência de uma revolução amplamente similar e outra."

Pode-se acrescentar, seguindo Sewell (1985), que a Revolução Francesa ampliou o discurso político pela introdução das ideias de revolução e nacionalismo. Mas o método da concordância levou Skocpol a esfumaçar qualquer emulação histórica, empréstimos ou rupturas como essas. As revoluções devem ser constituídas como eventos isolados e desconexos no espaço e no tempo. Elas são, a partir daí, arrancadas da história mundial organicamente em evolução da qual são partes.

Sem processos causais

Tenho argumentado que a aplicação dos princípios de indução de Mill na explicação de revoltas camponesas solapa seu emprego na explicação de crises políticas. Por outro lado, ao aplicar o método da diferença às causas da revolta camponesa, Skocpol permitiu que as crises políticas evoluíssem de contextos causais muito diversos. Por outro lado, a aplicação do método da concordância às revoluções vitoriosas toma como dado, sem justificação empírica ou teórica, que durantes três séculos as causas das crises políticas são sempre as mesmas. Irei agora defender que esse mesmo procedimento indutivo também predispõe em direção ao aspecto central da teoria de Skocpol, a saber, que as revoluções não são "feitas" mas "acontecem".

De acordo com Mill, "a Lei da Causalidade, cujo reconhecimento é o pilar central da ciência indutiva, não é mais que a verdade familiar, que a invariabilidade da sucessão é encontrada pela observação para obter entre cada fato por natureza e algum outro fato o qual o tenha precedido; independentemente de quaisquer considerações a respeito do definitivo modo de produção de fenômenos e de qualquer outra questão sobre a natureza das 'Coisas em Si'" (1888: 236). Na busca de uma lógica causal das revoluções sociais procura-se, portanto, regularidades empíricas, ou aquilo que Skocpol chama de "associações causais" (1979: 39). Quer dizer, Skocpol procura condições antecedentes em comum a todas as revoluções vitoriosas e ausentes das revoluções fracassadas. Esse uso da causalidade Humeana deixa duas questões sem explicação: a existência das condições antecedentes e a maneira como elas causam suas consequências.[12] São exatamente esses silêncios explicativos que predispõem à visão de que revoluções "acontecem".[13]

---

12 O modelo nomológico-dedutivo de Carl Hempel recodifica a causalidade humeana de "conjunção constante" ao insistir que a conexão entre condições antecedentes e consequências deve ser explicada por "leis de validade" universal. Hempel argumentou que Skocpol não diferenciou condições antecedentes e "leis": "Um erro relacionado ocorre quando se isola um de vários grupos importantes de fatores que teria que ter sido estabelecido nas condições iniciais, e então afirmar que o fenômeno em questão é 'determinado' por aquele grupo de fatores e assim pode ser explicado nos termos dele" (Hempel, 1965: 239). Que esse modelo seja de fato raramente usado em análise histórica Hempel atribui à complexidade das leis históricas, enquanto Popper (1957), ao contrário, argumenta que é frequentemente sua trivialidade que leva a sua omissão. Seja como for, Skocpol parece compartilhar a desconfiança de Hempel em invocar mecanismos causais como um aspecto de explicação definidor. Para uma crítica geral dos defeitos de tal empirismo, ver, por exemplo, Richard Miller (1987, primeira parte).

13 Em sua réplica à resenha de Sewell, Skocpol (1985a: 86-87) escreve: "Poucos aspectos de Estado e Revoluções Sociais foram tão mal-entendidos quanto sua demanda por uma abordagem 'não-voluntarista', 'estruturalista' para explicar as revoluções sociais... Pois o fato é simplesmente que nenhum grupo de ação isolado, seja uma classe ou uma vanguarda ideológica, deliberadamente molda os múltiplos e

O método de Skocpol leva a um relato dos fatores das revoluções sociais, mas não aos processos sociais que fazem desses fatores causas.[14] Colocando em termos ligeiramente diferentes, os cânones da indução têm como objetivo descobrir as condições necessárias, mas não os processos, que tornam essas condições suficientes para a revolução. Um exame desses processos envolveria examinar como as revoluções são feitas. Resumindo, Skocpol chega à conclusão de que as revoluções "acontecem" porque seu método suprime como elas são "feitas", porque esse método colide condições suficientes e necessárias.

Isso não significa negar que Skocpol gastou uma grande quantidade de energia descrevendo os processos da revolução – na análise das causas de revoltas camponesas ou na percepção das classes agrícolas francesas ou as lutas entre as classes agrárias na explicação da Revolução Chinesa. De fato, não fosse por esses ricos e urgentes tratamentos dos processos revolucionários, seu livro nunca teria recebido sua merecida aclamação. Essa virtude existe apesar de, não por causa de, seu declarado método. Os processos sociais ficam do lado de fora desse método, incidentais ao objetivo metodológico, e, portanto, permanecem não teorizados. Ela não tem nenhuma teoria sobre como as condições antecedentes levam aos processos revolucionários.

Se o método de Mill, longe de ser um instrumento neutro para extrair a teoria dos fatos, introduz clandestinamente suas próprias suposições teóricas não justificadas, uma mudança no método deveria originar

---

complexos conflitos determinados que fazem surgir as crises revolucionárias e os resultados". Mas qual pesquisador sério argumentou que a ação intencional de um único ator é causa suficiente para uma revolução? Aqui, Skocpol critica teorias que ninguém sustenta e sustenta teorias que ninguém critica. A verdadeira alegação que ela persegue em seu livro é mais interessante. Lá, ela nega que a intenção de um ator coletivo de fazer a revolução é necessária para sua eclosão. No entanto, isso não é empiricamente examinado, sequer justificado, e está vinculado, eu afirmo, ao caráter de sua análise causal.

14   Stinchcombe (1983: 12-15, 247-50) faz a mesma crítica à Skocpol por deixar de fora as microfundações do processo revolucionário, mas não atribui essa falha ao método que ela desenvolve.

resultados diferentes. Examinando os resultados das revoluções, Skocpol deixa a aplicação estrita do método da concordância e da diferença em favor de uma estratégia mais aberta na qual os modos do antigo regime colapsaram, e na qual o momento e a natureza da revolta camponesa, legados socioeconômicos do antigo regime e eventos históricos mundiais põem em movimento lutas sociais entre líderes políticos que tentam "afirmar e tornar convincentes suas reivindicações de soberania do Estado" (Skocpol, 1979:164). As explicações de Skocpol são *"identificadas em excesso ou superidentificas" [overidentified]*, com mais variáveis independentes que casos. Com tantos fatores explicativos para manipular ela não pode falhar em descrever qualquer variação na construção do estado, particularmente quando isso é definido tão vagamente quanto "a consolidação de novas organizações de Estado" (163). Se a análise de Skocpol das consequências não tem as virtudes da ousadia e da precisão, pelo menos ela evitou as armadilhas de sua teoria das causas revolucionárias, a saber, a ausência de mecanismos causais e a separação artificial de causa e consequência?

Em teoria, sim; na prática, não. Mesmo tal abertura no uso do método da concordância e da diferença a obriga a situar as diferenças e semelhanças dos resultados revolucionários nas exigências da crise revolucionária. Assim, ela é forçada a apresentar um quadro no qual o resultado já estava presente na crise. A vitória de Stalin era inevitável porque, nas circunstâncias do socialismo em um só país, sua estratégia política e econômica [tinha grande apelo junto às] ou [contava com a simpatia das] elites políticas. Não ouvimos nada sobre a disputa entre Stalin e a Oposição de Esquerda, enquanto a disputa entre Stalin e a Oposição de Direita é reduzida à falta de realismo na estratégia econômica de Bukharin. Mas por que, então, Trotsky não saiu vitorioso em 1924, quando ele já advogava coletivização e planejamento centralizado? Por que temos que esperar até que Stalin faça isso em 1929? Ainda que Skocpol reconheça a importância dessas disputas, seu método comparativo não encoraja uma análise das disputas nem dentro nem fora do

Estado. Na sua concepção, portanto, os resultados revolucionários são imanentes às crises revolucionárias, enquanto revoluções acontecem como resultado de uma constelação de fatores estruturais. Assim, a história é reduzida a leis condicionantes ou a acidentes. Em ambos os casos, o método não deixa espaço para a ação humana.

Não falseabilidade

Vimos como o método da indução leva, em alguns casos, a sua própria rejeição (seção 1) e, em outros casos, a suas próprias explicações arbitrárias (seções 2 e 3). Tendo dito o suficiente sobre o contexto de descoberta, passemos ao contexto de justificação. Skocpol imuniza sua teoria metodologicamente induzida contra a falsificação por meio de dois estratagemas metodológicos diferentes: aceitando que apenas uma teoria pode se ajustar aos fatos e recusando-se a cogitar prognósticos. Lidarei com o primeiro estratagema nesta seção e com o segundo na próxima.

Como Skocpol reivindicou a superioridade de sua teoria sobre as outras? Somente em sua introdução ela lida com outras teorias de modo substancial. Lá, ela argumenta por asserções. A "imagem propositiva" ["purpositive image"] das revoluções assume falsamente a necessidade de consenso de valor para a ordem societal (Skocpol, 1979: 16). Ou a relativa teoria da privação é muito genérica para desmentir, apesar de que, na verdade, ela mesma invoca uma variante dessa teoria quando descreve as rebeliões camponesas (34, 121-23). Não há, de fato, nenhum processo de adjunção entre diferentes teorias. Ela assume que, se sua teoria estiver correta, então as outras devem estar erradas, isto é, ela assume um conjunto de "fatos preexistentes" inequívocos que, seguindo o método correto, exclusivamente determinam as teorias. A suposição de que um conjunto de fatos incontestáveis é capaz de garantir a base do conhecimento é falaciosa por duas razões: primeiro, os fatos em si não são "dados". Fatos históricos, em particular, são criados a partir de um vasto conjunto de eventos passados; segundo, diferentes teorias podem de ajustar ao mesmo fato com igual sucesso.[15] Lidarei com cada uma das falácias por vez.

Os fatos são selecionados. Por exemplo, para demonstrar que sua própria teoria estrutural é adequada aos fatos, Skocpol dá pouca atenção a fatos históricos que poderiam dizer respeito à importância da legitimidade dos Estados ou ao papel dos partidos políticos. Ela ignora os próprios fatos que diriam respeito à validade de teorias adversárias. Porém, mais importante, fatos já são interpretações. Aqui, o trabalho de Skocpol é notável por ignorar as controvérsias que são o feijão com o arroz dos debates entre os historiadores. O tratamento revisionista de François Furet (1981) às diferentes interpretações da Revolução Francesa mostra claramente como debates sobre "fatos" têm sido orquestrados em torno de interesses políticos do presente. De acordo com o próprio Furet, a Revolução Francesa não foi de forma alguma uma revolução na concepção de Skocpol, isto é, de uma "coincidência da transformação social com a política". Ele argumentaria que a interpretação de Skocpol confunde a mitologia da revolução com sua realidade e que a revolução é marcada não por uma transformação na estrutura social, mas pela "cristalização coletiva" de um discurso político novo. A questão aqui não é saber quem está certo – Soboul, Lefebvre, Mazauric ou Furet –, mas simplesmente que para Skocpol os fatos possuem certa obviedade que não possuem para os historiadores. Isso se torna particularmente

---

15 Apesar de Mill não considerar fatos como problemáticos, ele reconhece sua sobredeterminação de explicação: "Portanto, a maioria dos pensadores de qualquer grau de sobriedade concedem que uma hipótese como essa não é para ser recebida como provavelmente verdadeira porque ela responde por todos os fenômenos conhecidos, considerando-se que essa é uma condição às vezes preenchida toleravelmente bem por duas hipóteses conflitantes; enquanto há, provavelmente, muitas outras que são igualmente possíveis, mas que, por falta de algo análogo em nossa experiência, nossas mentes estão inadequadas para conceber. Mas parece que se pensa que uma hipótese do tipo em questão está destinada a uma recepção mais favorável se, além de responder por todos os fatos previamente conhecidos, ela tenha levado à antecipação e à predição de outras que a experiência posteriormente verificou" (Mill, 1888: 356).

problemático quando ela assume a existência ou a não existência de um crise política societal ou faz afirmações sobre a "pressão internacional". A ironia é que, enquanto Skocpol segue o método da indução e insiste que paradigmas históricos têm sua própria voz, ela presta pouca atenção às controvérsias que vociferam em torno do "fato" histórico. Ela é forçada a essa cegueira a fim de fazer sua máquina de indução decolar.[16]

Ao confiar no método indutivo, Skocpol não apenas aceita que os fatos não são problemáticos, mas também que, uma vez constituídos, eles dão origem a uma teoria única. Teorias alternativas são compatíveis com os mesmo "fatos". Por exemplo, a reconstrução de Stinchcombe (1978, Capítulo 2) dos relatos de Tocqueville e Trotsky sobre as revoluções Francesa e Russa é uma variação da teoria do Estado fraco. As revoluções acontecem quando os regimes tornam-se ineficientes e centros de poder alternativos emergem. Skocpol apresenta alguma evidência de que essa teoria está incorreta?

Se isso explica tanto os casos bem sucedidos quanto os fracassados, como ela pode então reivindicar a superioridade da sua teoria? Os cânones de indução de Mill podem gerar um número ilimitado de explicações causais a partir dos mesmos fatos, mas não pode discriminá-los com base em seu conteúdo de verdade. Dessa forma, Morris, Cohen e Ernest Nagel (1934, Capítulo 13) concluem que o método é inútil como meio de descoberta ou de comprovação. Em substituição, eles sugerem que o método seja adaptado para eliminar, em vez de confirmar, teorias concorrentes. Em outras palavras, Skocpol poderia ter-se dado melhor usando o método de Mill para eliminar as teorias marxistas ou

---

16 Como Karl Popper (1963: 50) apontou, há uma afinidade latente entre indução e dogmatismo: "Pois a atitude dogmática está claramente relacionada à tendência de verificar nossas leis e esquemas procurando aplicá-las e confirmá-las, até mesmo ao ponto de negligenciar refutações, enquanto a atitude crítica é marcada pela disposição em alterá-las – para testá-las; para refutá-las; para falsificá-las, se possível. Isso sugere que podemos identificar a atitude crítica com a atitude científica, e a atitude dogmática com aquela que descrevemos como pseudo-científica."

funcionalistas estruturais da revolução como violadoras dos fatos aceitos enquanto apresentaria sua teoria como uma conjectura ousada. Em vez disso, ela faz o oposto: dispensa por arbítrio teorias alternativas e interpreta equivocadamente a indução como capaz de confirmar a superioridade de sua própria teoria.

Sem previsões

O comprometimento com os princípios da indução permite a Skocpol proteger sua teoria da competição com outras teorias, mas ela também protege sua teoria dos fatos? Ela faz previsões que podem ser falsas? Já me referi à passagem no começo do seu livro na qual ela explicita seu objetivo: "[E]sse livro se ocupa [...] primordialmente de entender e explicar a lógica generalizante em funcionamento no conjunto todo de revoluções sob discussão" (Skocpol, 1979: 6). Ao final, ela escreve: "Tais vastas semelhanças levantam a questão da generalizabilidade [ou potencial de generalização] dos argumentos presentes neste livro. Eles podem ser utilizados além dos casos francês, russo e chinês?". De certo modo, a resposta é inequivocamente "não". Não se pode ampliar mecanicamente os argumentos causais específicos desenvolvidos para a França, Rússia e China para uma "'teoria geral das revoluções' aplicável a todas as outras revoluções sociais modernas" (288). Em vez de confrontar previsões derivadas de sua explicação das revoluções clássicas, Skocpol desenvolve os rudimentos de uma teoria alternativa das revoluções sociais modernas, ajustada às condições políticas e econômicas de 1949-79.

Dividir a história em dois períodos – um de três séculos de duração (a era das revoluções clássicas), no qual um conjunto de fatores causais opera; outro que dura 30 anos (a era das revoluções modernas) no qual um conjunto diferente de fatores causais opera – é, certamente, uma estratégia conveniente para resguardar sua teoria. Mas isso também ameaça enfraquecer sua teoria, pois como é possível justificar a divisão de todo o período da Revolução Inglesa ao presente em duas, em vez de, digamos, quatro partes? Por que não há aí uma lógica causal diferente para cada uma de suas revoluções clássicas? Afinal, a semelhança de lógica causal era uma restrição metodológica em vez de teórica.

Parece que há apenas dois modos de justificar esse congelamento da história em dois blocos. Ela poderia alegar que revoluções modernas não são revoluções sociais. Ou poderia derivar um conjunto de uniformidades gerais que abarque a lógica tanto do período moderno quanto do período clássico. Skocpol repudiou explicitamente a primeira alternativa em sua análise subsequente da Revolução Iraniana. Ela identificou essa revolução como uma revolução social, reconhecendo que sua teoria anterior não funciona: o xá islâmico teria sido um ingrediente essencial em uma revolta fundamentalmente urbana. "Felizmente [sic], em *Estado e revoluções sociais* eu rejeitei explicitamente a possibilidade da fecundidade de uma teoria causal geral das revoluções que pudesse ser utilizada em todos os tempos e lugares" (Skocpol, 1979: 268).

E quanto à segunda justificativa para distinguir entre revoluções sociais clássicas e modernas? Há aí alguma uniformidade encoberta que suas lógicas causais compartilham? Ela identifica essa estratégia e retira a seguinte conclusão de sua análise: "Isso sugere que, em revoluções futuras, como naquelas do passado, o papel do Estado provavelmente será central" (1979: 293). Era necessário realizar uma análise histórica tão elaborada para chegar a essa conclusão? A centralidade do Estado não é, de fato, intrínseca à própria definição de revolução social?

Como ela poderia ter procedido estando ela interessada em desenvolver uma lógica causal que abrangesse ambas as revoluções, a clássica e a moderna? De acordo com Skocpol, um dos aspectos críticos que separam os períodos moderno e clássico é a capacidade do Estado de responder às revoluções com modernas tecnologia militar e organização (1979: 289). Isso sugeriria fazer da capacidade do Estado uma variável crítica em sua teoria das revoluções clássicas. Ao longo do texto, Skocpol de fato faz referência à habilidade do Estado de provocar tempestades internacionais, resistência da classe agrária e rebeliões camponesas. Ela observa, por exemplo, que, depois de 1750, a capacidade inglesa de fazer guerras era maior que a francesa, e que a Prússia era financeira e militarmente mais forte na crise de 1848 que a França em 1789 ou a Rússia em 1917. Ela chama a atenção para a força do estado Tsarista vis-à-vis sua própria classe agrária e, antes da Guerra de Crimeia, vis-à-vis outras grandes potencias. No entanto, ela não teoriza o conceito de "capacidade do Estado" de maneira a bancar a ligação que estabelece entre as revoluções clássica e moderna. Tal abordagem poderia, por exemplo, lançar alguma luz em seu interesse inicial nas perspectivas de sucesso para a revolução na África do Sul.[17]

Teorias podem sempre ser recuperadas quando elas falham em corresponder a determinado conjunto de fatos, novo ou antigo. De fato, de acordo com Lakatos (1976), essa é a essência do crescimento do conhecimento científico. O que importa, no entanto, é a maneira como lidamos com tais contra-exemplos. As estratégias "antimonstro" (redefinir o significado da revolução social, o que Skocpol repudia) ou "anti-exceção" (limitar o escopo da teoria original às revoluções clássicas) reduzem o conteúdo empírico da teoria, enquanto "incorporação de lemas" (construir uma teoria auxiliar da capacidade do Estado) enriqueceria a teoria

---

[17] Posteriormente, Skocpol (1985b) de fato examinou a capacidade dos Estados e com isso sua hostilidade às tradições de pesquisa toma um novo rumo. Por um lado, teorias neomarxistas do Estado são separadas de suas raízes marxistas, situando-as nos debates acadêmicos dos anos 1960 e 1970 nos Estados Unidos. Como sugere Paul Cammack (s.d), esse é um movimento curioso para alguém tão compromissada com a análise histórica. Por outro lado, no próprio ato de rejeitar programas de pesquisa *tout court* ela apresenta o seu próprio, invocando Weber e Hintze como antepassados da perspectiva "Estadocentrada". Mas, mesmo aqui, ela oscila entre uma tese forte, na qual a dinâmica dos Estados é a força central na história, e uma tese fraca que argumenta simplesmente que o Estado não pode ser deixado de fora das considerações. Continua a haver um forte compromisso indutivista com a confirmação para purgar suas teorias de contra-exemplos, mesmo ao custo de seus poderes de explicação. Assim, quando confrontada com anomalias, em vez de especificar e reconstruir sua tese forte, ela a abandona em favor de sua tese fraca, que é trivialmente verdadeira. Ver Erik Olin Wright (1986).

original. A divisão de Skocpol da história mundial em duas – uma na qual sua teoria funciona e outra na qual isso não acontece – não é um estratagema que amplia nosso entendimento sobre os processos revolucionários. Mas isso vem da suspeita da indução sobre previsões e, mais fundamentalmente ainda, de seu interesse em aprimorar conjecturas por meio de um aumento em termos de verdade em vez da redução da falsidade. A indução busca aprimorar conjecturas evitando refutações. Ela expurga "o crescimento do conhecimento do horror do contraexemplo" (Lakatos, 1976: 37).

História do passado

Vimos que utilizar o método da concordância e o método da diferença não discrimina entre um número de teorias e introduz suas próprias pressuposições teóricas, arbitrárias e não justificadas, enquanto cria um ar de incerteza, isolando a teoria tanto da falsificação quanto da competição com outras teorias. Esses problemas derivam da suposição de que a história é um "corpus de fatos averiguados", uma base de "fatos intransigentes e irredutíveis" (Carr, 1961: 6; Whitehead, 1925: 15). Essa escola inducionista da história vê o presente como um lugar privilegiado da objetividade a partir do qual podemos inferir generalizações sobre o passado. Quanto mais remota for a região do passado que investigamos, maior será o potencial de objetividade histórica. À medida que ela está comprometida com a indução, Skocpol assume que o passado fala conosco como uma única mensagem, ou como uma série de mensagens, que convergem em alguma verdade, que podemos, de fato, ter uma história do passado independente do presente em mudança. A barreira que ela levanta entre revoluções clássicas e modernas é somente o mais alarmante testemunho de sua separação do passado e do presente. Sua recusa em extrair alguma lição tangível de sua análise das revoluções sociais aparta, da mesma forma, o passado do futuro. Mas a história é, inescapavelmente, a conexão entre o passado e um futuro que emerge do presente. "Isso requer que juntemos o estudo dos mortos e dos vivos" (Bloch, 1953: 47). O presente constitui a lente por meio da qual podemos enxergar o passado; ele gera os problemas para cujas soluções o passado pode ajudar a solucionar. Ele fornece o vocabulário, os conceitos e as teorias por meio das quais traduzimos o passado em história. Como coloca Croce, "toda história é 'história contemporânea'".

Ainda que o método de Mill peça isso, a própria Skocpol tem consciência da separação entre passado e presente. Na página inicial de seu capítulo introdutório, ela justifica seu interesse em revoluções: "[Elas] deram origem a modelos e ideais de enorme impacto e apelo internacionais – especialmente onde as sociedades transformadas são extensas e geopoliticamente importantes, presente ou potencialmente grandes potências" (1979: 3). Como sempre, a força de Skocpol repousa em sua repúdia dos cânones de indução de Mill.

Do lado de fora da História

Separar a análise do passado da análise do presente é necessário para se colocar do lado de fora da história como um observador objetivo. Skocpol, no entanto, não faz tal alegação para se pôr fora da história. No prefácio de *Estados e revoluções sociais*, ela descreve as experiências de formação que a levaram a estudar revoluções sociais: o engajamento político no início dos anos 1970, o enigma da África do Sul e sua exploração das origens históricas da Revolução Chinesa. Em suas fascinantes reflexões sobre sua carreira, Skocpol (1988) novamente enfatiza os contextos histórico e biográfico para explicar como foi que ela decidiu se ocupar de um projeto tão ambicioso para sua tese.

Mas essas reflexões apenas destacam o argumento que estou tentado construir. Enquanto Skocpol reconhece que tanto ela quanto sua teoria unem o passado ao futuro, esse reconhecimento é apresentado como informação acidental de segundo plano, relegada ao prefácio, às observações introdutórias ou a uma declaração autobiográfica, mas abandonado à medida que ela prossegue para o método da concordância e da diferença.[18] A interação do passado com o presente, da cientista social com o mundo que ela habita, é incluída apenas para ser descartada. Isso é irrelevante ao processo científico, isto é, o trabalho sério de extrair teoria dos dados. E, mesmo assim, vimos na seção I que seu método, longe de explicar como ela alcançou sua teoria das revoluções, na verdade refuta essa teoria. Em outras palavras, os cânones de Mill escondem, em vez de revelar, a fonte da teoria de Skocpol.

Então, de onde vem a sua teoria? Podemos agora conjecturar que correntes sociais e políticas mais amplas do movimento por direitos civis e depois da era pós-Vietnam também insinuam-se em sua teoria. Não é exagerado argumentar que a ênfase nos fatores internacionais reflete não apenas uma apropriação crítica de Barrington Moore e do marxismo, mas a crescente consciência da ascensão e depois queda súbita do domínio estadunidense na arena internacional, assim como a autonomia do Estado reflete um poder Executivo aparentemente fora do controle público. O estruturalismo de Skocpol poderia ser atribuído à reação aos movimentos sociais dos anos 1960 dos quais ela participou, movimentos que carregavam inúmeras ilusões de mudanças dramáticas. Finalmente,

---

18 Argumentos semelhantes têm sido levantados contra estudos antropológicos clássicos por Clifford e Marcus (1986). Comentários introdutórios ou reflexões sobre o trabalho de campo são separados da ciência "real" da antropologia. Em um exame mais detido, aqueles comentários e reflexões provam ser constitutivos do texto principal, não separados dele. Desse modo, Renado Rosaldo mostra como os resultados do estudo de Evans-Pritchard sobre os Nuer foram influenciados pelo contexto de dominação colonial e guerra civil, tal como o relato de Le Roy Ladurie sobre Montaillou reprimiu o efeito de ter confiado em dados reunidos em uma inquirição (Clifford e Marcus, 1986: 77-97). Ambos colocam entre parênteses a dominação que torna o conhecimento possível. Clifford argumenta que textos antropológicos possuem múltiplos "registros" – uma voz manifesta da ciência ao lado de uma voz latente em busca de um mundo essencial, não contaminado, natural, o que ele chama de modo pastoral (98-121). A etnografia é uma alegoria com mensagens éticas ou políticas para sociedades industriais avançadas. Por exemplo, a crítica de Derek Freeman dos experimentos controlados no campo de Margaret Mead faz o relato que ela realizou dos Samoas parecer menos ciência e mais uma lição moral e prática para os americanos (ver capítulo 2).

a própria adoção de um modo científico convencional para apresentar tal desafio às ortodoxias reinantes pode ser vista como um movimento estratégico para uma pós-graduanda "metida" ganhar credibilidade dentro da profissão da sociologia. A ironia é que Skocpol é sensível às correntes a sua volta, mas nega a contribuição dessas correntes apresentando erroneamente sua presença refletida em sua teoria como o produto de seu método.

O paradoxo da indução

Estados e revoluções sociais é um trabalho rico e complexo. Ele não é unívoco, mas multívoco. De certa forma, ele é uma aplicação cuidadosa e resoluta dos cânones de indução de Mill. É assim, certamente, que Skocpol anuncia seu método e organiza sua análise. Esse é seu registro científico. Uma inspeção mais próxima revela dois outros registros não anunciados. Quando o método genérico, na qual cada caso é um exemplar de uma lei ou de um padrão geral, falha, ela substitui esse método no qual a lógica causal é particular a cada caso. No segundo registro, teorias previamente postuladas insinuam-se sem justificativa, como se tivessem emergido da aplicação dos cânones de Mill ou como imaginação macrossociológica. Ironicamente, esses desvios do método de Mill são a origem da "simples, nova e poderosa ideia integradora" de Skocpol. Seu trabalho sofre à proporção que ela adere rigidamente ao método da indução. Mas, para meus objetivos aqui, sua teimosia tem a vantagem de deixar claras as limitações da indução. Agora, resumo essas limitações:

Contexto de descoberta. Supondo que a teoria emerge dos fatos, a indução esconde outras fontes de teoria, a saber, percepções sociológicas e regras metodológicas. Em vez de elaborar a teoria como uma estrutura lógica com implicações empíricas, a indução apresenta a teoria como um sumário de fatos.

Contexto de justificação. Aparecendo fatos novos para refutar a teoria, a teoria não é reconstruída, mas simplesmente limitada em seu escopo. Há pouca tentativa de submeter as teorias ao teste mais severo de elaborar suas implicações para a antecipação de fatos novos.

Contexto de cientista. Porque os fatos são dados e relativamente não problemáticos, eles são mais bem apreendidos por meio dos métodos que despojam o pesquisador de "vendas", "lentes", "parcialidade" e assim por diante, que nascem da identificação com tradições históricas e de engajamentos no presente.

Restam-nos dois paradoxos. A indução se inicia a partir de fatos preexistentes, mas termina com teorias preexistentes não explicadas. A indução despoja o cientista de preconceitos e vendas, mas negligencia os preconceitos e vendas do próprio método. Se os fatos preexistentes são uma base ilusória para a ciências sociais, poderia ser melhor uma ciência social baseada numa teoria preexistente?

Trotsky: o marxismo é um método de análise

O método da dedução

Skocpol situa ela mesma em uma tradição positivista e induz sua teoria estrutural dos "fatos". Trotsky situa ele mesmo em um programa de pesquisa científica marxista e deduz a direção da história.[19]

---

19 Peter Beilharz (1987) argumenta que Trotsky, longe de deduzir a direção da história, impõe um telos a ela – a inevitabilidade do socialismo e a visão de que, em última análise, a história deve estar ao lado da classe operária. Beilharz procura descobrir nos primeiros escritos de Trotsky as sementes de sua posterior defesa sem imaginação do marxismo. Tudo o que ele encontra lá é o uso de Trotsky das metáforas generativas de nascimento e morte, doença e saúde, semente e fruto, e a ideia da história como um teatro no qual os atores só podem interpretar roteiros entregues a eles. Mas os escritos de Trotsky não podem ser reduzidos a metáforas ou a sua escatologia. Como se chega ao socialismo, com quais meios e quando, não é dado, mas é o tema de suas investigações, de suas inovações, de suas profecias, bem como de suas lutas. Ao projetar nos escritos iniciais de Trotsky algumas das formulações mais inflexíveis de seus escritos posteriores, Beilharz cometeu o mesmo pecado generativo que ele atribui a Trotsky. Ao fazer isso, ele marginalizou as fundamentais contribuições de Trotsky ao marxismo.

Todos os programas de pesquisa científica podem ser caracterizados por seu "núcleo duro". A heurística negativa do programa nos proíbe de direcionar o *modus tollens* a esse "núcleo duro". Em vez disso, devemos usar nossa engenhosidade para articular, ou até para inventar, "hipóteses auxiliares", que formem um círculo protetor em torno desse núcleo, e devemos redirecionar o *modus tollens* a elas. É esse círculo protetor de hipóteses auxiliares que deve suportar o impacto de testes e sofrer ajustes e reajustes, ou até mesmo ser completamente substituído, para defender o dessa forma endurecido núcleo. Um programa de pesquisa é bem sucedido se levar a uma transição progressiva de problemas; mal sucedido se levar a uma transição degenerativa de problemas.[20]

Trotsky toma como seu núcleo duro irrefutável o famoso resumo de Marx de seus estudos no prefácio de *Contribuição à crítica da economia política*. Lá, Marx descreve como a história progride de um modo de produção a outro. Podemos dividi-lo em três postulados do materialismo histórico: "Em determinada etapa do seu desenvolvimento, as forças produtivas materiais da sociedade entram em contradição com as relações de produção existentes (...). De formas de desenvolvimento das forças produtivas, estas relações transformam-se em seus grilhões (...). Então, tem início uma época de revolução social (...). Quando consideradas tais transformações, uma distinção deve ser sempre feita entre a transformação material das condições econômicas de produção, que pode ser determinada com a precisão das ciências naturais, e a legal, política, religiosa, estética ou filosófica – em resumo, formas ideológicas nas quais os homens se tornam conscientes desse conflito e lutam contra ele.

Nenhuma ordem social jamais perece antes que todas as forças produtivas que ela comporta tenham se desenvolvido; e novas, mais elevadas relações de produção jamais surgem antes que as condições materiais

---

20 Lakatos (1978: 48). O próprio Lakatos considerava o marxismo como um programa de pesquisas degenerado, uma afirmação que ele fez a partir de dentro do contexto do marxismo soviético. Na verdade, esse se tornaria um ramo degenerado da tradição marxista, mas o ramo não deve ser confundido com o tronco. Ver Burawoy (1990b).

para sua existência tenham amadurecido no ventre da própria sociedade ultrapassada." (Marx [1859], 1970: 19-23)

Essa não é, obviamente, a única maneira de construir o núcleo duro de um programa de pesquisa marxista. Ela é, no entanto, a que Trotsky defende contra a refutação por meio do desenvolvimento de sua teoria da "revolução permanente" e a que o leva a prever que a revolução socialista irá irromper primeiro em um país de segundo escalão em vez de acontecer nos mais avançados países capitalistas, como Marx havia antecipado.

Em *Balanço e perspectivas*, livro escrito em 1906, Trotsky defende os três postulados da seguinte forma: primeiro, "o marxismo há tempos antecipou a inevitabilidade da Revolução Russa que foi prevista para irromper como resultado do conflito entre o desenvolvimento capitalista e as forças do absolutismo enrijecido" (1969: 36). Trotsky descreveu como o absolutismo russo plantou as sementes e então suprimiu o crescimento do capitalismo na tentativa de defender-se contra os Estados europeus que haviam amadurecido bases econômicas mais avançadas. À medida que a rivalidade internacional intensificava-se, o Estado russo consumia mais produto excedente e, ao mesmo tempo, mostrava-se incapaz de desenvolver as formas parlamentares necessárias ao desenvolvimento do capitalismo. "Desse modo, os poderes administrativo, militar e financeiro do absolutismo, graças ao qual ele podia existir apesar do desenvolvimento social, não apenas não excluíram a possibilidade de revolução, segundo a opinião dos liberais, mas, ao contrário, fizeram da revolução a única saída" (44).

Segundo, qual seria o caráter dessa revolução? Seguindo Marx, a erupção revolucionária "depende, diretamente, não do nível atingido pelas forças produtivas, mas das relações na luta de classes, da situação internacional e, finalmente, de um conjunto de fatores subjetivos". (Trotsky, 1969: 63). Na Rússia, a classe operária é a única classe com capacidade e vontade necessárias para conduzir uma revolução burguesa contra uma monarquia absolutista, mas, uma vez que isso seja alcançado, deve-se avançar em direção ao socialismo, e o sucesso disso é previsto no apoio da revolução socialista no Ocidente. Portanto, terceiro, os pré-requisitos objetivos para o socialismo estão dados nos países capitalistas avançados, enquanto os pré-requisitos subjetivos podem ser encontrados na Rússia. A teoria da revolução permanente – revolução ininterrupta do absolutismo ao socialismo na Rússia e sua disparada revolucionária em outros países – coordena os dois conjuntos de pré-requisitos.

Vemos que a teoria da revolução permanente de Trotsky busca proteger o núcleo duro do marxismo da refutação baseada no fracasso da revolução nos países capitalistas mais avançados. Essa teoria foca os fatores que Skocpol também destacou, a saber, as relações internacionais e a autonomia do Estado. Ambos também reconhecem o papel crítico da revolta camponesa enquanto concordam que os camponeses, nas palavras de Trotsky, "são absolutamente incapazes de assumirem um papel político independente" (1979: 114) ou, nas palavras de Skocpol, que os camponeses "lutam por objetivos concretos (...) sem se tornarem uma classe-por-eles-mesmos nacionalmente organizada" (1979: 114). Eles divergem precisamente sobre o papel da classe operária. "Para concretizar o Estado Soviético", escreve Trotsky, "era necessário a união e a mútua penetração de dois fatores pertencentes a espécies históricas completamente diferentes: uma guerra camponesa – isto é, um movimento característico do alvorecer do desenvolvimento burguês – e uma insurreição proletária, o movimento que sinaliza o seu declínio. Esta é a essência de 1917" ([1933] 1977: 72). De onde vem a diferença entre os dois no tocante à avaliação da importância da classe operária?

A história nunca se repete

Skocpol retira a classe operária de qualquer papel crítico nas causas da revolução por meio de um arbítrio metodológico, assumindo que todas as três revoluções são causadas pelos mesmos fatores. Assim, se a classe operária não é central a uma dessas revoluções, a Chinesa, por exemplo, então ela não pode ser necessária a outras. Onde o método de Skocpol a leva a ver as revoluções Francesa, Russa e Chinesa como espécies do mesmo fenômeno, compartilhando as mesmas condições antecedentes, Trotsky vê forças diferentes em ação para produzir resultados diferentes. Onde Skocpol congela a história, para Trotsky "a história não se repete. No entanto, por mais que se queira comparar a Revolução Russa à Grande Revolução, a primeira nunca poderá ser transformada na segunda. O século XIX não passou em vão".[21]

O que há por trás das afirmações de Trotsky? Qual é a heurística positiva, "o conjunto de sugestões parcialmente articulado ou de dicas sobre como mudar, como desenvolver as 'variantes refutáveis' do programa de pesquisa, como modificar, sofisticar, o círculo protetor 'refutável'" (Lakatos, 1978: 50)? Para Trotsky, o princípio central que inspira a maquinaria resolvedora de problemas marxista é a visão de que a história é a história da luta de classes. Trotsky adota como "exemplar", ou como um "modelo", a análise de Marx, em *A luta de classes na França* e no *Dezoito Brumário*, da revolução malograda de 1848 na França. Mas Trotsky vai além desses exemplos na tentativa de mostrar como o desenvolvimento do capitalismo em escala mundial cria um balanço de forças diferente em diferentes nações.

Na Revolução Francesa, a população – a pequena burguesia, os trabalhadores e os camponeses – estava unida, sob a liderança jacobina, para derrubar a ordem feudal. A Revolução Francesa foi, de fato, uma revolução nacional na qual a sociedade burguesa acertou suas contas com os

---

21 Trotsky (1969: 52). Depois da Revolução de 1917, e particularmente depois da morte de Lenin, em 1924, Trotsky, como os outros bolcheviques, buscou paralelos na Revolução Francesa. Relutantemente, Trotsky chegou a conclusão de que a burocratização da revolução poderia ser vista como um Termidor soviético e que Stalin havia se tornado o Bonaparte vermelho. Mas, enquanto Trotsky via semelhança no processo de burocratização, ele considerava diferentes tanto as consequências como as causas das revoluções francesa e russa. Ver Trotsky ([1936] 1972, capítulo 5), Knei-Paz (1978: 392-94), Deutscher (1959: 311-14, 342-47 e 457-64) e Deutscher (1963: 313-18).

senhores feudais dominantes do passado. Mas o capitalismo ainda era embrionário e o proletariado fraco e insignificante. A revolução alemã fracassada de 1848 já refletiu o desenvolvimento do capitalismo dentro de uma estrutura social distintiva. "Em 1848, a burguesia era ainda incapaz de assumir um papel comparável. Ela não desejava e não era capaz de realizar a aniquilação do sistema social que estava no caminho ao poder. Nós sabemos agora porque foi desse jeito. Seu objetivo era – e disso a burguesia estava perfeitamente consciente – introduzir no sistema antigo as garantias necessárias, não para estabelecer sua própria forma de dominação política, mas somente para compartilhar poderes com as forças do passado. Ela foi torpemente ensinada pela experiência da burguesia francesa, corrompida por sua traição e assustada por suas falhas. Ela não só fracassou em guiar as massas na destruição da antiga ordem, mas se colocou ao lado dessa ordem a fim de repelir as massas que a estavam pressionando... A revolução só poderia ser executada não pela, mas contra, a burguesia (1969: 55-56)".

Todos as outras classes – pequena burguesia urbana, camponeses, intelectuais e trabalhadores – eram muito fracas e divididas para levar a efeito uma revolução contra o absolutismo feudal. Em particular, "O antagonismo entre a burguesia e o proletariado, mesmo dentro do quadro nacional da Alemanha, havia ido muito longe para permitir que a burguesia assumisse destemidamente o papel de liderança nacional, mas não o suficiente para permitir que a classe operária assumisse esse papel" (57).

Se o desenvolvimento do capitalismo na Alemanha produziu um impasse de forças de classe, na Rússia ele mudou o balanço de poder na direção da classe operária. Como uma criança de lento desenvolvimento, a indústria russa havia sido infundida com capital estrangeiro e nutrida pelo Estado. O próprio Estado, enfrentando a competição política internacional com outros Estados técnica e militarmente mais avançados, espremeu a economia rural e sufocou o capitalismo nascente.

O resultado foi uma burguesia fraca e dependente tanto do Estado autocrático quanto dos bancos estrangeiros. Ao mesmo tempo, ao pular etapas de desenvolvimento e transplantar as formas mais avançadas de indústria diretamente para o solo russo, o capitalismo concentrou trabalhadores em grandes fábricas. Recentemente liberta de suas amarras feudais e com apenas tradições de trabalho artesanal fracas para conter a depredação vinda do Estado, a nova classe operária só poderia resistir com sucesso por meio de uma insurreição revolucionária. Tanto a necessidade objetiva da revolução contra o absolutismo quanto suas possibilidades subjetivas foram derrubadas pelo desenvolvimento do capitalismo internacional e sua inserção na atrasada estrutura social da Rússia.[22]

Ao explicar os diferentes resultados das revoluções francesa, russa e da revolução fracassada na Alemanha, Trotsky desenvolveu sua segunda teoria: a do desenvolvimento desigual e combinado do capitalismo em escala mundial e como isto estabeleceu os parâmetros para as formas das lutas de classes. O capitalismo expande-se continuamente, transplantando-se para territórios estrangeiros e misturando-se com estruturas sociais arcaicas a fim de produzir diferentes constelações de forças de classe, de forma que as mudanças revolucionárias assumem características nacionais distintas. "Seria um estúpido engano simplesmente identificar nossa revolução com os eventos de 1879-93 ou 1848... A Revolução Russa tem um caráter bem peculiar, que é resultado da direção peculiar de todo nosso desenvolvimento social e histórico, e que, por sua vez, abriu a nossa frente perspectivas históricas relativamente novas" (Trotsky, 1969: 36). As teorias da revolução permanente, por um lado, e a do desenvolvimento desigual e combinado, por outro, sustentam-se reciprocamente na defesa das teses do materialismo histórico – o núcleo duro do programa de pesquisas marxista.

---

22 Esse é um breve resumo dos capítulos 1 e 2 de *Balanço e perspectivas* e do mesmo argumento apresentado com mais detalhes no capítulo 1 e no apêndice 1 do volume 1 de *História da Revolução Russa*.

Processos causais

Anteriormente, mostrei como o método da indução de Skocpol reduzia os processos causais a associações causais; as forças causais a condições antecedentes. Seu método a levou a decapitar o segundo elemento da heurística negativa marxiana, que se ocupa do papel das forças objetivas e subjetivas na história: "Os homens fazem a sua própria história, mas não a fazem como querem; não a fazem sob circunstâncias de sua escolha, mas sob aquelas com que se defrontam diretamente, legadas e transmitidas pelo passado" (Marx, ([1852]: 1963: 15). Este é o *leitmotif* para a análise da história de Trotsky, exceto pelo fato de que ele busca desenvolver ainda mais as ideias de Marx sobre o desenvolvimento das condições herdadas do passado, o jeito em que eles dão forma às lutas de classes e como elas, por sua vez, reformulam essas condições. Enquanto em Marx a análise da história como um processo construído pelos subalternos era frequentemente separada da análise da história como algo se desenrolando por trás das costas dos subalternos, Trotsky aproximou as duas análises.

Em *História da Revolução Russa*, Trotsky soube retratar vivamente o desmoronamento da estrutura de classes russa e a crescente sorte da revolução como o entrelaçamento de processos sociais micro e macro. Não temos espaço aqui para fazer justiça à magnificamente grandiosa análise de Trotsky. A fascinante interpretação de Arthur Stinchcombe da teoria de Trotsky destaca o seguinte: o governo provisório perdeu sua autoridade em razão do declínio da eficácia e do desenvolvimento de centros de poder alternativos nos quais camponeses e trabalhadores podiam participar. A erosão da autoridade do governo afetou a classe operária, os soldados e os camponeses de maneiras diferentes e em temporalidades discordantes, discordâncias que podem ser explicadas em termos de sua posição social, política ou geográfica. À medida que as instituições perdiam seu propósito original, transformavam-se em campos sociais de luta aberta. Finalmente, Stinchcombe chama a atenção para o diagnóstico de Trotsky a respeito da acumulação de microprocessos que mudou o *momentum* da revolução em conjunturas críticas, bem como abriu novas possibilidades históricas para as forças em disputa.[23]

Em vez da separação artificial entre causa e consequência de Skocpol – a revolução, seus antecedentes e seus resultados –, Trotsky concentrou-se no processo social da revolução. "O pulso ou concepção de eventos da causa, popularizados por Hume, e pelos experimentos psicológicos, ajusta-se bem confortavelmente ao modo analítico de Trotsky. Não há nenhum evento que faça o exército estar menos pronto que os trabalhadores a entrar em uma rebelião do que os 'processos moleculares' de velocidades conflitantes" (Stinchcombe, 1978: 68). Ele leva adiante o projeto de Marx de estabelecer as microfundações da macrossociologia, de entender como os indivíduos fazem a história, mas não necessariamente da maneira como escolhem.[24]

---

23 Stinchcombe (1978, capítulo 2). Eu não endosso a afirmação de Stinchcombe (1978) de que as percepções de Trotsky não têm nada a ver com seu marxismo, de que a boa teoria origina-se do questionamento inspirado dos fatos. "Analogias profundas" não surgem tabula rasa, sob a influência do gênio, a partir dos "fatos". O compromisso de Trotsky com o marxismo e sua necessidade de revisá-lo levaram o revolucionário russo a perscrutar os processos moleculares da revolução. Felizmente, o senso teórico de Stinchcombe (1978: 65-66) sobrepõe-se a sua polêmica empirista quando ele reconhece que a interpretação de Trotsky da Revolução Russa só pode ser entendida à luz de sua teoria inicial do desenvolvimento desigual e combinado. De fato, sua polêmica empirista está confinada aos capítulos de abertura e conclusão e não obscurece suas fascinantes reconstruções entre esses capítulos. A comparação que Stinchcombe estabeleceu entre Tocqueville e Trotsky de fato ilumina a construção de processos causais a partir de eventos históricos, mas não demonstra a irrelevância das tradições teóricas nas quais cada um está inserido. Como bem sublinha Charles Tilly (1981, capítulo 1), a análise histórica como um concepção imaculada é um mito.

24 É assim também que John Roemer (1986: 192) vê o projeto do marxismo analítico: "O que os marxista devem oferecer são explicações de mecanismos; ao nível micro, pois os fenômenos que eles reivindicam surgem por razões teleológicas." De forma semelhante, o que Jon Elster (1985: 5) considera de importância duradoura em Marx é o uso de individualismo metodológico: "A doutrina de que todos os fenômenos sociais – suas estruturas e suas mudanças – são, em princípio, explicáveis de maneiras que só envolvem indivíduos – suas propriedades, seus objetivos, suas crenças e suas ações." Valendo-se dos modelos de escolha racionais dos economistas

Os processos moleculares que põem a revolução em movimento também a impulsionam em direção ao futuro. Como antecipou Trotsky já em 1906, na Rússia, uma vez que o proletariado chegou ao poder com o apoio do campesinato, ele não pôde se deter em uma revolução democrática, mas precisou seguir adiante em direção ao coletivismo e neutralizar a oposição do campesinato (1969, capítulo 6). "O próprio fato de os representantes do proletariado entrarem no governo, não como reféns indefesos, mas como a força condutora, destrói a fronteira entre programa mínimo e máximo, ou seja, isso coloca o coletivismo na ordem do dia. O ponto no qual o proletariado é obstruído em seu avanço nesta direção depende da relação de forças, mas de modo algum das intenções originais do partido proletário" (80). A dualidade do processo revolucionário, a saber, a concentração das revoluções proletária e burguesa em um único processo, definiria os problemas específicos de um novo regime socialista. A casta dominante, a ditadura sobre o proletariado, emergiria porque as forças produtivas estão subdesenvolvidas, porque setores do campesinato, junto a elementos das classes agrárias, da burguesia e da pequena burguesia, combinariam forças para derrubar a ordem socialista, e porque a classe operária seria dizimada e esgotada pela subsequente guerra civil, assim permitindo a separação da liderança comunista e sua base operária. Este é o cenário que Trotsky antecipa em 1906 e pinta mais vivamente trinta anos depois em *A revolução traída*.

Assim, onde Skocpol vê a ascensão do stalinismo como imanente às circunstâncias históricas peculiares nas quais a revolução foi forjada, Trotsky vê estas circunstâncias como um contexto de lutas reconstruído em cada conjuntura crítica subsequente. De fato, seguindo Deustscher (1963: 110), pode-se ver o fim da Nova Política Econômica (NPE) e a subsequente imposição da industrialização e coletivização forçadas em

---

neoclássicos, eles se movem em direção a um individualismo mitológico em vez de metodológico (Burawoy, 1986, 1995). Se eles fossem realmente sérios a respeito do problema das microfundações, eles se sairiam bem melhor estudando *A história da Revolução Russa*, de Trotsky, em vez de Walras.

1929 e 1930 como a continuação da revolução permanente que Trotsky havia antecipado em 1906. Já no exílio, o próprio Trotsky não considerou a direção para a esquerda de Stalin à luz desses fatos. Ele estava muito fortemente imbuído da visão de Lenin de que, uma vez que a revolução socialista tenha se tornado realidade, ela evoluiria rumo ao comunismo. Ele viu a continuidade da revolução permanente em sua dimensão internacional. Seu fracasso aí, no entanto, havia conduzido a revolução permanente para dentro, onde ela assumiu a forma da "revolução pelo alto" de Stalin.

Trotsky permitiu que tanto fatores subjetivos quanto objetivos abrissem caminho para o futuro. O Termidor soviético, sob a bandeira do socialismo em um só país foi apenas uma de muitas respostas que surgiram na década após a revolução. Sua própria posição de fomentar a revolução internacional foi uma alternativa e a defesa de Bukharin da continuação da NEP foi outra. Escrevendo em 1936, Trotsky interpretou os "zigue-zagues" do período pós-revolucionário como um processo social, permitindo a ele antecipar o futuro. "A tarefa científica, assim como a política, não é dar uma definição acabada para um processo em andamento, mas seguir todas suas etapas, separar suas tendências progressivas das reacionárias, expor a relação mútua dessas duas tendências, prever possíveis variantes de desenvolvimento e encontrar nessa antecipação uma fundamento para a ação" (Trotsky [1936], 1972: 255-56).

Falseabilidade

Ao tomar os fatos como dados e assumir que somente uma teoria pode se ajustar aos fatos, Skocpol justificou desprezar qualquer julgamento de validade entre sua teoria e outras teorias, fechando-se à refutação.

Trotsky, por outro lado, firmou-se no marxismo, atribuindo-se como tarefa a resolução das anomalias geradas pelo núcleo duro do marxismo. Empenhou-se então em transformar contraexemplos em corroborações das premissas deste núcleo por meio da criação de novas teorias. A heurística positiva salvou o revolucionário de se afogar em um "oceano de anomalias", que todos os programas de pesquisam enfrentam (Lakatos 1978:50). O objetivo é selecionar entre as anomalias aquelas com cuja solução espera-se avançar o programa de pesquisa de maneira mais bem sucedida. O desenvolvimento de um programa de pesquisa depende, portanto, da articulação e do esclarecimento de suas aparentes refutações, além de um mecanismo capaz de estimulá-las e digeri-las.

Círculos diferentes do marxismo são definidos pelas anomalias que eles buscam resolver. O marxismo alemão teve que confrontar o apoio em expansão da classe operária a um partido socialdemocrata que, simplesmente, não desafiava o modelo capitalista. Disso, emergiram três grandes constelações de teoria – aquelas de Kautsky, Luxemburgo e Bernstein. O marxismo russo confrontou a anomalia oposta: uma classe operária forte e radical em uma nação que era econômica e politicamente atrasada. "Apesar do fato de que as forças produtivas dos Estados Unidos são dez vezes maiores que as da Rússia, o papel do proletariado russo e sua influência na política mundial no futuro próximo são incomparavelmente maiores que no caso do proletariado estadunidense" (Trotsky, 1969:65).

Como tenho mostrado, Trotsky procurou reconstruir a visão de Marx, explicitada nos três volumes de *O capital*, de que as sociedades mais avançadas mostram o futuro das mais atrasadas, *De Te Fabula Narratur*, e de que a revolução socialista ocorrerá, portanto, primeiro nos países capitalistas cujas forças de produção estão mais desenvolvidas.

Trotsky substituiu a visão linear da história de Marx pela teoria do desenvolvimento desigual e combinado do capitalismo:

"As leis da história não tem nada em comum com um esquematismo pedante. A desigualdade, a lei mais geral do processo histórico, revela-se mais aguda e complexamente no destino dos países atrasados. Sob o chicote da necessidade externa, a cultura atrasada desses países é compelida a avançar por meio de saltos. Da lei universal da desigualdade deriva, assim, outra lei que, por falta de um nome melhor, podemos chamar de lei do desenvolvimento combinado – com a qual queremos indicar a união das diferentes etapas da jornada, uma combinação de espaços separados, um amálgama de formas arcaicas com formas mais contemporâneas. Sem esta lei – sendo vista, evidentemente, em todo o seu conteúdo material – é impossível compreender a história da Rússia, e, certamente, de qualquer país da segunda, terceira ou décima classe cultural." ([1933] 1977:27)

A contraparte política da teoria do desenvolvimento desigual e combinado do capitalismo é sua teoria da revolução permanente.

Se for possível dizer que as duas teorias de Trotsky contêm "ideias unificadoras simples, novas e poderosas" e que elas pacificam certas anomalias do programa de pesquisa marxista, devemos perguntar se elas o fazem por meio de tréguas arbitrárias ou se elas antecipam fatos novos? E, caso elas prevejam fatos novos, estes são, mais tarde, corroborados? Estes são os segundo e terceiro critérios para o avanço do conhecimento científico, de Popper. Eles também demarcam os limites entre a ciência "madura" e a "imatura", entre os programas progressivos e os programas regressivos de pesquisa (Lakatos, 1978: 86-90).

Previsões

Trotsky não compartilha as hesitações de Skocpol em fazer previsões. Escrevendo em 1906, Trotsky não apenas antecipou a Revolução Russa, isto é, o processo por meio do qual ela aconteceria, como também anteviu suas consequências. Já vimos como Trotsky previu o desenrolar da Revolução Russa como uma revolução permanente na qual "o proletariado, assumindo o poder, é, pela própria lógica de sua posição, inevitavelmente forçado rumo à introdução do controle estatal da indústria" (1969:67). Mas a Revolução Russa havia de ser uma revolução permanente não apenas na passagem da burguesia democrática para objetivos socialistas, mas também na passagem do solo russo para os países capitalistas avançadas da Europa. "*Sem o apoio estatal direto do proletariado europeu, a classe operária russa não pode se manter no poder e converter sua dominação temporária em uma ditadura socialista duradoura.* A respeito disso não pode haver, nem por um segundo, qualquer dúvida" (105; grifo no original). O destino da Revolução Russa sempre esteve ligado ao destino da revolução europeia.

Trotsky preencheu o segundo e o terceiro critérios de Popper para o avanço do conhecimento e os requisitos de Lakatos os quais dizem que um programa de pesquisa progressivo é aquele que vai além dos fatos existentes para prever novos fatos. Se Trotsky é bem sucedido em antecipar a Revolução Russa, ele atira longe do alvo em sua antecipação da revolução na Europa ocidental. Onde Trotsky errou? Ele argumentou que a Revolução Russa poderia se espalhar pela Europa de várias maneiras. "A Revolução Russa daria, certamente, um forte impulso ao movimento proletário no resto da Europa e, em consequência da luta que iria pegar fogo, o proletariado poderia chegar ao poder da Alemanha". (1969: 105). A Revolução Russa iria provavelmente espalhar-se para a Polônia, forçando os Estados alemão e austríaco a declarar guerra contra as novas fortalezas operárias. "Mas uma guerra europeia inevitavelmente significa uma revolução europeia", diz Trotsky (1969: 112). Finalmente, o envolvimento da França na economia russa significaria que a declaração de falência do Estado na Rússia poderia gerar uma tal crise econômica na França que levaria a uma revolução naquele país.

Por trás deste "otimismo" está a suposição de que a classe operária na Europa estava preparada para agarrar a primeira oportunidade de uma revolução socialista. Qual evidência Trotsky oferecia em 1906? Ele fez referência à força crescente da social-democracia. Aqui, distinguiu o conservadorismo dos partidos socialistas europeus e o radicalismo dos trabalhadores que, consequentemente, teriam eventualmente que tomar a história em suas próprias mãos. Deutscher (1954: 293) refere-se a essa visão como uma espécie de "ilusão necessária" sem a qual Lenin e Trotsky nunca teriam tido a coragem de liderar a revolução na Rússia. Mesmo com retrocessos atrás de retrocessos, Trotsky manteve-se firme naquilo que Nadežda Krupskaya chamou de subestimação da apatia da classe operária.

Tal otimismo revolucionário também pode ser encontrado nos tratados de Trotsky sobre o fascismo, escritos no exílio turco na Ilha de Prinkipo. Entre 1930 e 1933, os escritos de Trotsky previram a ascensão do fascismo alemão e a ameaça que isto representava para a paz internacional e para o movimento socialista. Enquanto quase todos subestimavam as mudanças que ocorriam na Alemanha, Trotsky apreendeu seu verdadeiro significado em detalhes assustadoramente proféticos. De maneira implacável, mas sem sucesso, lutou contra a identificação, promovida pela Internacional Comunista, do fascismo com a social-democracia, uma estratégia que dividiu os 4,5 milhões de comunistas contra os socialistas quando apenas a união dos dois grupos poderia ter salvo a civilização germânica da barbárie. Até o fim, Trotsky manteve intacta sua fé de que a classe operária alemã iria se levantar contra Hitler, evitando a tragédia tão dolorosa e brilhantemente antecipada por ele.

Infelizmente, a história desenvolveu-se de outra forma. A fé no proletariado europeu centro-ocidental obnubilou a afamada lucidez de suas análises.[25] Seria outro marxista, Antônio Gramsci, quem levaria o marxismo adiante, incorporando os conhecimentos de Trotsky em uma interpretação mais ampla que buscou ajustar contas com o fracasso da revolução no ocidente. Em seus *Cadernos do Cárcere*, Gramsci revisitou Trotsky a fim de atualizar e estender a teoria da revolução permanente

---

25 O mesmo pode ser dito do "trotskismo", ele mesmo muito dividido por aquilo que herdou de Trotsky. Por um lado, C.L.R. James e Raya Dunayevskaya retornaram à hostilidade inicial de Trotsky ao bolchevismo e a sua fé espontaneísta no espírito revolucionário da classe operária enquanto caracterizava a União Soviética como uma variante do capitalismo de Estado. Por outro lado, Ernest Mandel e Isaac Deutscher adotaram uma visão mais realista da União Soviética como um Estado operário com uma deformação burocrática a meio caminho entre o socialismo e a restauração do capitalismo. Ver Beilharz (1987, parte 2).

para as sociedades europeias modernas. Assim, a Comuna de Paris passou a representar o fim de um período em que o assalto frontal ao Estado era possível. Após 1870, na Europa, em geral, a expansão da educação, a elaboração de instituições jurídicas e, sobretudo, o surgimento de partidos políticos e de sindicatos – em resumo, o desenvolvimento da sociedade civil – passaram a requerer o fortalecimento de forças ideológicas e organizacionais em uma "guerra de trincheiras" antes da conquista do Estado. Seguindo as metáforas militares de Gramsci, a guerra de posicionamento prevaleceria sobre a guerra de movimento. A teoria da revolução permanente de Trotsky teria refletido "as condições econômico-cultural-sociais gerais em um país no qual as estruturas da vida nacional são embrionárias, abertas e incapazes de se tornarem 'trincheiras ou fortalezas' (...). Na Rússia, o Estado era tudo, a sociedade civil era primordial e gelatinosa: no Ocidente, havia uma relação apropriada entre Estado e sociedade civil e, quando o Estado estremecia, a sociedade civil revelava, imediatamente, sua sólida estrutura" (Gramsci, 1971: 238).

Obviamente, aqui não é o lugar apropriado para entrarmos em uma discussão a respeito da teoria gramsciana da ideologia e da política. Mas dois pontos são dignos de nota. Também a teoria de Gramsci evidencia a falha de Skocpol em teorizar as diferenças entre revoluções clássicas e modernas. Em vez de separar o passado do presente, Gramsci utilizou o passado para evidenciar o que é característico do fluxo presente em direção ao futuro. A teoria de Gramsci também representou o desenvolvimento progressivo de um programa de pesquisa científica. Gramsci construiu um novo cinturão teórico para proteger o núcleo marxista contra as anomalias criadas pelo marxismo da Segunda Internacional e pelo marxismo russo. Estas anomalias – a maior das quais era o fracasso da revolução no ocidente – não são refutações do marxismo, mas enigmas que requeriam a reelaboração do programa marxista de pesquisa científica.

Minha introdução a Gramsci para ilustrar a elaboração de uma tradição de pesquisa não deve ser mal entendida. Não estou usando Gramsci para favorecer Trotsky contra Skocpol. Trotsky simplesmente sustenta-se sozinho. Sua superioridade não pode ser reduzida a uma especial sensibilidade para processos moleculares, mas envolve um comprometimento autoconsciente com uma tradição de pesquisa, forçando-o a se debater com anomalias bem definidas e, a partir daí, a criar novas teorias com novas previsões.

História do futuro

Na procura de uma história do passado separada do futuro, Skocpol recorreu aos "fatos". Ela buscou aquelas associações causais capazes de, cabalmente, explicar as revoluções clássicas. Trotsky dialogou com o passado em busca de um futuro cujas possibilidades existem no presente. A reconstrução da história tornou-se um meio para o discernimento de saídas para um presente em constante mudança. Por ser ele relativo ao futuro, sua história não tem permanência. "O absoluto em história não é algo do passado a partir do qual começamos; não é algo no presente, uma vez que todo pensamento do presente é necessariamente relativo. É algo ainda incompleto e em processo de transformação – algo no futuro, em direção ao qual seguimos, que começa a tomar forma somente enquanto nos movemos em sua direção, e a luz do qual, à medida que nos movemos para frente, nós gradualmente damos forma a nossa interpretação do passado" (Carr, 1961: 161). "Bons historiadores," escreve Carr, "quer pensem nisso ou não, têm o futuro em seus ossos" (143). Trotsky pensa sim nisso. Ele examina a Revolução Francesa e a fracassada revolução alemã a fim de antecipar a Revolução Russa.

À medida que o marxismo tentou acertar em um alvo em constante mudança – a possibilidade do socialismo – ele também precisou se transformar continuamente: "O marxismo é, acima de tudo, um método de análise – não análise de textos, mas análise de relações sociais. É verdade que, na Rússia, a fraqueza do liberalismo capitalista inevitavelmente significa a fraqueza do movimento trabalhista? É verdade para a Rússia que não pode haver um movimento trabalhista independente até que a burguesia tenha conquistado o poder? Basta meramente colocar estas questões para ver que *formalismo sem futuro esconde-se por trás da tentativa de converter um comentário historicamente relativo de Marx em um axioma supra-histórico*" (Trotsky, 1969: 64). O marxismo deve se manter em dia com a história ao mesmo tempo em que mantém um comprometimento com suas premissas centrais.

A história desmentiu o otimismo marxista inicial que antecipou a revolução socialista na Europa. Isso levou Trotsky a se concentrar naquilo que Marx havia negligenciado, ou seja, o aspecto combinado e desigual do desenvolvimento capitalista e, a partir daí, foi um passo para estudar as relações econômicas e políticas entre Estados, bem como as diferentes maneiras de se fundir estruturas de classe. Trotsky foi capaz de antecipar a Revolução Russa, mas não foi capaz de dar conta do fracasso da revolução no ocidente. Focando a natureza diversa do Estado e da sociedade civil no ocidente e no oriente, Gramsci antecipou a trajetória dos movimentos socialistas europeus. Ele ajudou a firmar os alicerces daquilo que é conhecido hoje como marxismo ocidental, com sua ênfase em fatores ideológicos. Como resultado, os marxistas desenvolveram uma nova valorização de formas culturais históricas.

O estrangulamento de movimentos socialistas em países subdesenvolvidos após a Segunda Guerra Mundial exigiu novas teorias do subdesenvolvimento. Armado com tais teorias e destacando a natureza internacional da economia capitalista, Immanuel Wallerstein reconstruiu toda a história do capitalismo. Ao final do século XX, o colapso da União Soviética e de seus satélites, bem como a virada capitalista na China, longe de significar o fim do marxismo, criaram um novo conjunto de enigmas. Essa "grande transformação" exige uma reavaliação do que foi o socialismo burocrático de Estado e, mais urgentemente, nos força a tratar dos dilemas de fazer uma transição socialista para o capitalismo, algo que Trotksy desde sempre considerava uma real possibilidade. Discutirei tudo isso no capítulo 4.

À medida que a história desenvolve-se, ela produz anomalias, normalmente cristalizadas em eventos memoráveis, compelindo o marxismo, sob pena de degeneração, a reconstruir-se sobre os alicerces de uma tradição sólida. Da reconstrução do marxismo segue a reconstrução da história, visto que agora vemos o passado com um olhar diferente, a partir do ponto de vista de múltiplas possibilidades futuras.

Situado no centro da história

Buscando uma história "objetiva" do passado, Skocpol lançou-se para fora da história. As influências auto-reconhecidas do presente são confinadas à seleção do problema. A participação em seu mundo social deteve-se exatamente onde o processo científico se iniciou. A história "objetiva" de Trotsky é de um tipo completamente diferente:

"Quando chamamos um historiador de 'objetivo' queremos dizer duas coisas: 1) que ele tem a capacidade de se levantar acima da visão limitada de sua própria situação na sociedade e na história – uma capacidade que (...) é, em parte, dependente de sua capacidade de reconhecer a extensão de seu envolvimento naquela situação, ou seja, de reconhecer a impossibilidade da objetividade total; e 2) que ele tem a capacidade de projetar sua visão para o futuro de tal maneira que lhe dê uma compreensão do passado mais profunda e mais duradoura que a que pode ser obtida por aqueles historiadores cuja perspectiva é totalmente constrangida por sua própria situação imediata" (Carr, 1961: 163).

Aqui, o historiador reconhece se localizar na linha de falha que conecta o passado ao futuro e que o engajamento com e no mundo não é separado dos processos científicos, mas é sua própria essência. Desse modo, Trotsky viu sua participação na história russa como integrada à reconstrução do marxismo, para melhor entender as possibilidades do socialismo.

Mas tal participação relevou-se uma faca de dois gumes. Eu foquei a teoria da revolução de Trotsky em *Balanço e perspectivas* por causa de suas semelhanças com o trabalho de Skocpol. Eu poderia da mesma forma ter focado sua famosa obra de 1904 – *Nossas tarefas políticas*. Esta obra representou um vituperioso, mas profético, ataque ao bolchevismo como uma forma de jacobinismo: "Os métodos de Lenin levam a isto: no início, a organização do partido [o cáucus] substitui o partido como um todo; depois, o Comitê Central substitui a organização do partido; e, finalmente, um único 'ditador' substitui o Comitê Central" (citado em Deutscher, 1954: 90).

A ironia da história escalou Trotsky no papel de executor e depois de vítima das previsões mais medonhas que ele mesmo fez em 1904 e 1906. Para o jovem Trotsky, marxismo e jacobinismo eram diametralmente opostos, mas, como líder pós-revolucionário, ele seria um dos mais ardentes defensores do bolchevismo como uma espécie de jacobinismo. Ele organizou a militarização do trabalho, defendeu a subordinação dos sindicatos e enfrentou o levante de Kronstadt – tudo em nome da revolução. Ele foi presa das mesmas forças que antecipou que seriam liberadas caso a Revolução Russa não fosse seguida pela revolução no Ocidente. Sua própria ação transgrediu o marxismo de sua juventude. Não surpreendentemente, sua compreensão do mundo à sua volta foi prejudicada. Para ele, este não era um período de grande profecia. Somente mais tarde, no exílio, como a mais celebrada vítima do processo revolucionário que ele havia previsto e, depois, do qual havia participado, Trotsky recuperou algo da chama de sua juventude pela reconstrução marxista. Em sua luta contra o stalinismo, ele pode se reconectar aos seus princípios marxistas originais. Sua interpretação do significado histórico da Revolução Russa, que culminou em *A revolução traída* – cujo título original era *O que é a União Soviética e para onde ela está indo?* –, foi outra ruptura na história do marxismo. Ainda aqui, a análise de Trotsky foi assombrada por seu envolvimento no processo revolucionário – o endosso das credenciais socialistas originais da União Soviética e um futuro premido entre o advento do socialismo ou a restauração do capitalismo.

As contribuições de Trotsky à história da União Soviética sugerem que não é qualquer engajamento com o mundo que fomenta a reconstrução progressiva do marxismo, mas aquele que é congruente com seus princípios. Suas contribuições ao estudo do capitalismo ocidental apontaram para a importância do engajamento *per se*. Ainda que ele tivesse uma compreensão impressionante das estruturas estatais características das sociedades capitalistas, ele nunca, como ilustrações, construiu afirmações gerais em torno dos contextos de descoberta (indução versus dedução), de justificação (verificação versus falsificação e previsão) e de validação (externa versus imanente). Desde que os filósofos da ciência estivessem preocupados em descobrir o método científico, eles poderiam compartimentalizar esses contextos com sucesso. No entanto, tão logo eles se voltaram para a explicação do desenvolvimento do conhecimento científico, eles rapidamente descobriram, como mostrei, que esses contextos são irreversivelmente interligados. Assim, precisamos de categorias alternativas para comparar metodologias:

Bases da objetividade científica. Tenho demonstrado que o método da indução se sustenta em uma falsa objetividade. Enquanto afirma produzir explicações que mapeiam o mundo empírico, esse método na verdade apenas levanta barreiras à compreensão desse mundo. Premissas metodológicas e intuições explicativas arbitrárias, e não "fatos", tornam-se a âncora oculta de suas conclusões teóricas. O método é estranho a seus fins. Paradoxalmente, a metodologia do programa de pesquisa, precisamente por estar autoconscientemente ancorada em um complexo de valores morais, em um sistema conceitual, em modelos (analogias e metáforas) e em procedimentos exemplares – que Skocpol chama de "vendas ou lentes densamente coloridas" e que Lakatos chama de heurísticas positiva e negativa –, é capaz de criar um diálogo mais eficiente com aqueles "paradigmas históricos". A cegueira não vem das teorias preexistentes, mas da falha em reconhecer sua necessidade e, desse modo, falhar em articular e defender seu conteúdo.

Ciência orientada por problemas versus ciência orientada por enigmas. O método da indução afirma estar fora e além das tradições teóricas. Dessa forma, Skocpol reduz os clássicos de Marx, Weber e Durkheim a inspirações, a fontes de hipóteses e até a variáveis a partir das quais uma macrossociologia verdadeira pode ser forjada. "Desejos irresistíveis de dar respostas a questões historicamente fundadas, não paradigmas teóricos clássicos, são a força motriz [da sociologia histórica]" (Skocpol, 1984: 4-5). Selecionamos um problema que nos atrai e induzimos suas soluções a partir dos fatos. Desde que, em última análise, apenas uma teoria é compatível com os fatos, não temos a menor necessidade de passar pela falsificação de teorias alternativas ou de testar seriamente nossas próprias teorias. Por outro lado, a metodologia dos programas de pesquisa ocupa-se de desvendar enigmas, isto é, anomalias lançadas por seu círculo de teorias expandido, discrepâncias entre expectativas e "fatos".[26] A saúde e a vitalidade de um programa de pesquisa dependem não do encobrimento, ofuscação e negação de anomalias, mas de sua articulação clara e proliferação disciplinada. O diálogo contínuo entre teoria e dados por meio da falsificação de hipóteses antigas e do desenvolvimento de novas com a previsão de fatos inéditos é a essência de um programa de pesquisa progressivo. Todos os poderes proféticos de Trotsky originaram-se de, mesmo não sendo determinados por, seu comprometimento com o marxismo – do reconhecimento de suas anomalias e da necessidade de resolvê-las de maneira original.

História interna versus história externa. O método da indução considera os fatos como irredutíveis e dados; o problema é chegar a uma avaliação imparcial dos fatos. A ciência desenvolve-se pela acumulação de proposições factuais e generalizações indutivas. Esta é sua história

---

26 Apesar de "fatos" serem eles mesmos constructos teóricos de dados apreensíveis, o que Feyerabend (1975) chamou de interpretações naturais, eles têm uma estabilidade maior que as teorias criadas para explicá-los. Quer dizer, eles têm uma obduração – se por nenhuma outra razão que por convenção, como nas assunções básicas de Popper – que lhes permite agir como falsificações de teorias explicativas.

interna. "Mas o indutivista não pode oferecer uma explicação 'interna' racional dos motivos pelas quais certos fatos foram selecionados em vez de outros" (Lakatos, 1978: 104). A escolha do problema, como disse anteriormente, é parte da história "externa" relegada às notas de rodapé, aos prefácios ou à "sociologia do conhecimento". A metodologia dos programas de pesquisa, ao contrário, incorpora à sua história interna aquilo que os indutivistas rotulam de metafísico e externo, a saber, seus postulados fundamentais e sua escolha de enigmas. O que é reconstruído como cientificamente racional em um método aparece como cientificamente irracional no outro.

Ainda que o que é constituído como racional em programas de pesquisa englobe muito mais do que a racionalidade da indução, as forças externas, mesmo aqui, necessariamente influenciam o processo científico. Isso ocorre particularmente nas ciências sociais em que o objetivo do conhecimento autônomo gera novas anomalias que a heurística positiva tem que absorver. As forças externas podem ser tomadas como oportunidades para o desenvolvimento racional do conhecimento, mas podem também ser fonte de irracionalidade. Dessa forma, os programas de pesquisa degeneram quando se fecham para o mundo que estudam ou quando este mundo arranca o processo de pesquisa de seu núcleo duro. O marxismo é particularmente sensível à história externa. Ele é mais inclinado a ser sensível às anomalias onde ele busca mudar o mundo do que onde ele é uma ideologia dominante e, dessa forma, mais vulnerável à repressão de anomalias.

Obviamente, a metodologia dos programas de pesquisa possui seus próprios problemas característicos, que energizam seu desenvolvimento. É possível identificar um único núcleo de um programa de pesquisa ou existe uma família de núcleos, e como o núcleo muda ao longo do tempo? Qual é a relação entre as heurísticas positiva e negativa? Quão fácil é distinguir programas de pesquisa progressivos de programas degenerativos? Como sabemos se um programa aparentemente em degeneração vai recuperar seu antigo dinamismo? Como podemos avaliar a importância relativa de ramos progressivos e degenerativos do mesmo programa? É possível estipular as condições sobre as quais é racional abandonar um programa de pesquisa em favor de outro? Não obstante tais problemas, espero ter demonstrado a superioridade da metodologia dos programas de pesquisa sobre a metodologia indutiva como forma de fazer progredir a ciência social.

Capítulo 4

A etnografia multicaso: esboço do declínio do socialismo de Estado

---

1   Agradecimentos: Esse capítulo beneficiou-se dos comentários surgidos em vários seminários, incluindo aqueles dos Departamentos de Sociologia da Lancaster University, da Newcastle University e do Workshop "A Antropologia da Europa", na Universidade de Chicago.

Um dos mais insistentes lamentos do meu professor, o antropólogo Jaap van Velsen, era dirigido aos marxistas, que condenavam o capitalismo com base no socialismo utópico. Isso, asseverava ele, era uma falsa comparação, comparando a realidade de uma sociedade com a idealização de outra. Ele exigia a comparação do semelhante com o semelhante – o capitalismo realmente existente devia ser comparado ao socialismo realmente existente. A comparação da realidade de uma sociedade com a versão utópica de outra era um erro metodológico. Foi irresponsabilidade dos marxistas darem as costas para a União Soviética e para o Leste Europeu. Sua voz ecoou mais e mais forte quando o marxismo se tornou moda nos anos 1970. Quando eu completei minha própria pesquisa sobre o processo de trabalho capitalista, baseado em um trabalho de onze meses como operador de máquinas numa firma ao sul de Chicago [Burawoy, 1979], ele dirigiu sua ira a mim. E ele estava certo: esgueirando-se por trás do meu texto estava um socialismo utópico inespecífico, o fundamento oculto da minha crítica ao capitalismo.

Suas reclamações eram endossadas por Robert Merton, que me repreendeu por imputar falsamente ao capitalismo os erros do industrialismo. Ele estava criticando um ensaio que eu havia escrito em 1982 sobre a sociologia industrial feita por seu aluno, o então recém-falecido Alvin Gouldner. Eu afirmava que o clássico de Gouldner, *Padrões da burocracia industrial* [*Patterns of industrial bureaucracy*] (1954) ignorara o caráter especificamente capitalista da burocracia industrial [Burawoy, 1982]. Sua burocracia de simulação e sua burocracia centrada na punição eram ambas conformadas pelas exigências do trabalho assalariado e pela sanha competitiva por lucros, ao passo que a burocracia representativa era simplesmente irrealizável sob o capitalismo. Merton respondeu-me dizendo que eu não havia demonstrado minhas afirmações, as quais requeririam comparações da burocracia industrial, tanto dentro como entre sociedades capitalistas e não capitalistas.

Para expiar meus pecados das falsas comparação e imputação, resolvi levar mais a sério o chamado socialismo realmente existente. Eu me voltei contra a rota fácil do marxismo ocidental, que desprezava a União Soviética e seus satélites como uma forma de estatismo ou de capitalismo de Estado, sem relação com o projeto socialista. Em vez disso, iniciei uma jornada de vinte anos rumo à morada oculta do socialismo realmente existente, dentre os quais, os últimos dez anos foram inesperadamente devotados a seguir a dolorosa transição soviética de volta ao capitalismo. Ironicamente, ao avaliar esse salto soviético ao capitalismo – as experiências da terapia de choque e do *big bang* – eu agora virava a mesa sobre os avatares das liberdades do mercado. Eu os acusava de fazerem falsas comparações, pois eles condenaram as realidades do socialismo com uma idealização do capitalismo; e de fazerem falsas imputações, pois eles afirmaram que as patologias das sociedades soviéticas evaporariam assim que seu caráter socialista fosse destruído. Eles omitiram os custos da transição, os mais altos possíveis em uma ordem global dominada pelo capitalismo, bem como ignoraram as mesmíssimas patologias do capitalismo. Os economistas imaginaram-se fazendo compras em um supermercado onde poderiam simplesmente agarrar as combinações de instituições que bem quisessem, saindo sem sequer pagar. Com efeito, a transição russa provou ser uma pilhagem em grande escala. Após ter jazido sob o coturno do socialismo burocrático de Estado, a população foi levada a se tornar cúmplice de sua própria exploração. Para ser exato, os russos nunca viram a si mesmos como se estivessem em um supermercado, mas sim em uma penitenciária. Eles estiveram lá durante toda sua vida, então, acabaram acreditando que a vida do lado de fora seria um pouco melhor. Para a maioria, no entanto, isso acabou se tornando uma outra forma de prisão.

Os custos de vida-e-morte da transição capitalista, guiados e justificados por falsas comparações e imputações, não foram menos horríveis que aqueles sustentados pelos erros similares durante o período de coletivização da agricultura e de planificação econômica. Assim como o stalinismo camuflou suas atrocidades ao proclamar a nova ordem como a realização do "comunismo" e ao imputar as perversões às heranças perniciosas do capitalismo, os economistas liberais esconderam os erros da transição capitalista sob os rótulos de "novo mercado", enquanto imputavam suas perversões às heranças duradouras do comunismo ou do totalitarismo. Por trás dos erros das falsas comparação e imputação da ciência social, jaz uma montanha de culpas e de (ir)responsabilidades políticas.

Neste ensaio, reflito sobre minhas próprias tentativas de resolver os desafios da comparação e da imputação, em uma jornada que, nos anos 1980, levaram-me a ir de um chão-de-fábrica a outro na Hungria e, nos anos 1990, das fábricas às comunidades na transição da Rússia ao mercado. Afinal, perguntava-me, qual era a peculiaridade da organização do trabalho e da consciência da classe operária nos "Estados operários", isto é, sob o socialismo realmente existente, e quais seriam as consequências dessas particularidades para a derrocada da velha ordem e a gênese da nova? E agora, eu também precisava perguntar, quais seriam as últimas lições que nós deveríamos aprender do socialismo-tal-como-foi?

O método multicaso

Como poderia um etnógrafo comparar o capitalismo e o socialismo sem cair na cilada das falsas comparações e das falsas imputações? Os antropólogos à moda antiga, sozinhos em suas aldeias, centravam o foco sobre o aqui e o agora e, apartados do mundo exterior, tinham realmente muito pouco a me oferecer. Em situação não menos pior estavam o interacionismo simbólico à moda antiga ou a etnometodologia, trabalhando com as minúcias ou a interação social face-a-face, procurando por um teoria formal em meio aos processos sociais, suspendendo tanto o tempo como o espaço, suprimindo os contextos históricos tanto do capitalismo como do socialismo.

Romper com esses gêneros tradicionais de etnografia e procurar compreender o significado social na era da globalização são as ideias mais atraentes da etnografia multissituada – a etnografia que conecta diferentes lugares que atravessam as fronteiras nacionais. A etnografia multissituada empreende uma rejeição ao encarceramento espacial do nativo, típico da antropologia clássica, que o imobilizava e o confinava num só lugar [Appadurai, 1988]. Ela rejeita a coincidência forçada do espaço, do lugar e da cultura [Gupta & Ferguson, 1992]. Hoje, as linhas de fronteira, as migrações, as diferenças culturais no interior das comunidades e a condição pós-colonial, tudo isso, aponta para os laços e as identidades que devem ser exploradas através e entre múltiplos locais. Numa de suas primeiras declarações programáticas, George Marcus [1995] considerou a etnografia multissituada como uma forma de se adentrar no processo da globalização, em vez de vê-la como um sistema externo impondo-se ao mundo-da-vida. Ele catalogou as técnicas da etnografia multissituada: traçar o movimento das populações, como no estudo da imigração; seguir o fluxo das coisas como nas cadeias produtivas ou como na difusão dos artefatos culturais; descobrir as manifestações mutantes da metáfora, como na noção de flexibilidade de Emily Martin; ou destrinchar uma história, como na procura pela memória social ou pela trajetória das histórias de vida através das fronteiras.

A etnografia multissituada funciona bem para seguir fluxos, associações e ligações que ultrapassam fronteiras nacionais, mais ela ainda é caracterizada por uma reação à antropologia convencional. Assim como a aldeia ou a tribo costuma ser uma entidade "natural", aqui, o "local", a despeito de estar conectado com outros locais, fala de si mesmo como uma essência natural que se revela através da investigação.

Abandonando a ideia de locais preexistentes, voltei-me para os casos, isto é, fui dos objetos empíricos naturais aos objetos construídos teoricamente. Necessitava estar consciente a respeito da teoria que eu estava levando aos locais de pesquisa e que os transformariam em casos disso ou daquilo – neste capítulo, uma indústria capitalista e uma indústria socialista. O que é uma indústria? O que é uma indústria capitalista? O que é uma indústria socialista? Não há perguntas inocentes emergindo espontaneamente dos dados. Elas sempre chegam a nós empacotadas em esquemas teóricos.

Constituir distintos lugares como "casos" leva-nos a tematizar mais sobre suas diferenças que sobre suas conexões. Por sua vez, isto levanta a questão de como tais diferenças são produzidas e reproduzidas, ou, em outras palavras, em que as indústrias capitalista e socialista são diferentes, e como essas diferenças são produzidas e reproduzidas. Em vez de uma conexão de lugares para examinar redes ou fluxos, temos uma comparação de casos constituídos com uma perspectiva destinada a entender e explicar suas diferenças. Em vez de uma etnografia multissituada, nós temos uma etnografia multicaso. Em poucas palavras, o "caso" em questão é duplamente construído: realisticamente, pelas forças sociais dentro das quais ele está inserido e pelos processos sociais que ele expressa; e imaginariamente, pela posição que nós mesmos ocupamos no campo de pesquisa e pelo esquema teórico que mobilizamos. Apenas então, após termos construído o caso, poderemos passar a refletir sobre as conexões.

Seguindo os princípios do estudo de caso ampliado que delineei nos capítulos anteriores, parti de indústrias em lugares específicos, uma nos Estados Unidos e outra na Hungria, mas depois disso, as indústrias deveriam ser constituídas como casos capazes de refletir os mundos dentro dos quais elas estavam situadas – os mundos capitalista e socialista. As indústrias deveriam ser enraizadas em seus contextos políticos e econômicos mais amplos, nos campos de forças sociais das quais elas eram o produto. Este é o primeiro passo: conceber os microprocessos como uma expressão das macroestruturas. O segundo passo é reconhecer as dinâmicas de mudança no interior de cada ordem. Capitalismo e socialismo não são ordens estáticas, mas sociedades dinâmicas, e ao comparar as duas, eu deveria prestar atenção em como eles mudaram no decorrer dos tempos. Mas não somente através do tempo – através do espaço, também. Eu deveria reconhecer igualmente as mudanças que ocorreram no interior das indústrias e a variedade de indústrias que poderiam ser encontradas dentro de cada sistema – se não existia uma indústria capitalista única e típica, também não haveria de existir uma indústria socialista única e típica. Então, cada caso dissolve-se em múltiplos subcasos, a partir dos quais nós reconstruímos o que eles têm em comum, o que os torna parte de uma ordem capitalista ou socialista.

Eis o bastante sobre a dimensão realista da comparação – as forças reais e os processos sociais em operação e que abrangem o caso. Mas há também a dimensão construtivista da comparação. Qualquer âmbito de pesquisa complexo apresenta-se diferente, acomodando diferentes lugares em seu interior. Uma indústria, seja capitalista ou socialista, apresenta-se bem diferente conforme tomamos o ponto de vista do gerente ou o ponto de vista do operário, assim como uma tribo parece diferente através dos olhos de um pária ou de um brâmane. Na condição de etnógrafos, não temos acesso a algo como um ponto de apoio arquimediano; na realidade, estamos sempre inseridos em algum lugar no âmbito de pesquisa, o que traz consequências sobre o que vemos. Mesmo o "forasteiro inserido" é uma posição definida com propriedades também definidas – é tanto cegueira como ofuscação. Além disso, uma vez inserido em uma posição específica, as competências do etnógrafo desempenham um papel crucial em como ele ou ela serão vistos e verão os outros. Alguns atributos são aprendidos, ao passo que outros são atribuídos. Dependendo do contexto específico, a raça, o gênero, a idade, tudo isso afeta a forma como os outros veem a pessoa e interagem com ela. Eu chamo essa primeira dimensão construtivista de *posicionalidade*. Ao se fazer comparações entre indústrias, é importante conhecer o tipo e a biografia do etnólogo, assim como a localização dele ou dela. A posicionalidade, como ainda argumentarei, é importante para a construção do caso.

O segundo momento construtivista refere-se às suposições e esquemas teóricos necessários para dar sentido aos nossos âmbitos de pesquisa. Todos os três momentos – contexto, processo e posicionalidade – são fortemente saturados de teorias. As próprias categorias de contexto, o capitalismo e o socialismo, pressupõem esquemas teóricos de algum tipo. As dinâmicas de tais sistemas, ou seja, os processos sociais, não podem ser examinados empiricamente sem a compreensão da variação interna potencial, e isso requer uma conceituação prévia. Até mesmo compreender a importância da posição não é simplesmente um problema empírico, uma vez que a importância também está saturada de alguma teoria – afinal, importância para quê? Com efeito, nós podemos dizer que a teoria é necessária para mantermo-nos seguros dentro do campo de pesquisa, dando-nos as coordenadas sobre nossa posicionalidade. Dizendo de maneira mais geral e simplória, o mundo é complexo: nós não podemos enxergar nada sem as lentes que tornam possível focalizá-lo. Nós portamos lentes que se tornaram de tal modo parte de nós, que nós não percebemos que a possuímos, mas como cientistas sociais, nosso dever é trazer essas lentes à nossa consciência, comparar umas com as outras e, a partir delas, desenvolver outras lentes mais removíveis que chamamos de teoria social para que possamos persistir na tarefa de estudar o mundo social. A teoria é um momento inescapável na descoberta e na constituição da diferença entre o capitalismo e o socialismo.

Tabela 6: Os quatro momentos do
método multicaso

	Exógeno	**Endógeno**
Realista	Contexto	Processo
Construtivista	Teoria	Posicionalidade

É impossível concentrar-se em todos os quatro momentos da etnografia comparativa ao mesmo tempo, então é necessário proceder momento por momento, de estudo de caso em estudo de caso, mas de tal maneira que cada passo responda às anomalias criadas pelo passo anteior. Os casos não brotam já prontos, como uma fênix renascida das cinzas, mas desenvolvem-se através de sucessivas aproximações. Os estudos de caso húngaros, tentando lidar com as peculiaridades da organização do trabalho e da consciência da classe operária socialista, foram baseados em comparações sincrônicas com o capitalismo. Eu me desloquei do contexto ao processo, do processo à posicionalidade e, finalmente, da posicionalidade à teoria. Os estudos de caso russos são uma análise diacrônica da transição ao capitalismo. Eles procederam na direção oposta: do processo ao contexto, deste para a teoria, e desta para a posicionalidade. Em ambos os conjuntos de estudos, a análise realista precede a análise construtivista, mas cada momento sempre pressupõe a necessária existência dos outros três momentos. Os dois conjuntos de estudos divergem na ordem pela qual os momentos foram problematizados, mas cada qual entra de maneira seriada em um diálogo com os outros, como, de fato, procedem as duas séries consigo mesmas.

Tabela 7: A trajetória de sucessivos
estudos de caso

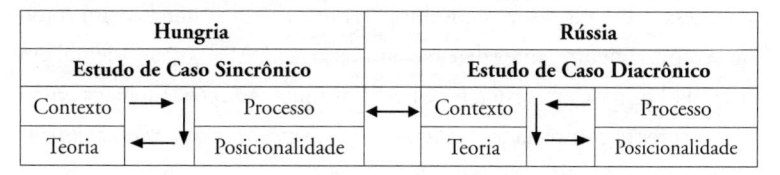

Hungria			Rússia	
Estudo de Caso Sincrônico			Estudo de Caso Diacrônico	
Contexto → ↓	Processo	←→	Contexto ↓ ←	Processo
Teoria ← ↓	Posicionalidade		Teoria ↓ →	Posicionalidade

O etnógrafo não é um personagem solitário, observando os nativos em isolamento, registrando cada movimento deles em seu caderno de anotações privativo. O etnógrafo está num diálogo, não apenas com esses participantes, mas com vários informantes e colaboradores, partícipes ativos do processo de construção e reconstrução. Aqui, estou me baseando no enredo de Paul Rabinow em *Reflexões sobre o trabalho de campo no Marrocos* [*Reflections on fieldwork on Morocco*] [1977], que traça o diálogo do antropólogo com uma sucessão de informantes, conforme ele se deslocava da periferia para o centro, indo de verdades superficiais a verdades profundas. Em contraste com Rabinow, entretanto, eu não pressupus a existência de uma profundidade crescente, conforme o etnógrafo relaciona-se com colaboradores ou adversários, nem a existência de uma separação entre o processo dialógico, do informante com o observador, e o processo científico, que é um diálogo entre a teoria e dos dados, um diálogo no interior da comunidade acadêmica. Eles trabalham juntos – os dois diálogos estão, eles próprios, em diálogo. Do início ao fim, o diálogo é a essência dessa abordagem reflexiva da etnografia.

Em busca do socialismo na Hungria

Eu já havia dirigido minhas atenções à União Soviética e seus satélites do Leste Europeu quando a Polônia foi surpreendida pelo Movimento Solidariedade (12 de agosto de 1980 a 13 de dezembro de 1981). Por que esse autêntico movimento revolucionário da classe operária com grande repercussão social teve lugar em uma sociedade "comunista" e não em uma sociedade capitalista? Eu observava com entusiasmo a forma como o movimento evoluía, revolvendo mais e mais os alicerces da sociedade polonesa, recusando-se a sucumbir perante o partido estatal, assim como outros movimentos antes dele haviam feito – na Alemanha Oriental em 1953, na Hungria em 1956 e na Checoslováquia em 1968. Eu havia então recentemente completado *A fabricação do consentimento* [*Manufacturing consent*], que havia procurado demonstrar que a previsão marxiana da revolução da classe operária sob o capitalismo havia sido inibida não no nível das superestruturas – educação, ideologia, Estado e coisas assim –, mas no local de trabalho, ou seja, no próprio espaço onde se supunha que isso tudo estivesse congelado.

Minha etnografia do sul de Chicago, baseada em onze meses de trabalho na Allied, entre 1974 e 1975, traçou um modelo de capitalismo avançado no qual "a hegemonia nasceu na fábrica", e onde o consentimento era produzido pela própria maneira como o trabalho era organizado e regulado. O trabalho era constituído como um jogo absorvente que ocultava suas condições de existência: o mercado de trabalho interno e os aparatos de reivindicação que transformaram os trabalhadores em indivíduos prontos para jogarem esses jogos, enquanto o Estado interno coordenava os interesses desses indivíduos com os da gerência na busca por lucros. Na medida em que o dissenso muito mais do que o consenso era o resultado da reprodução das relações industriais no Leste Europeu, não seria o trabalho organizado e regulado de maneira diferente lá? Essa era a principal questão que motivou a sucessão de estudos comparativos entre indústrias. Eles começaram como uma comparação das próprias experiências que tive nos Estados Unidos com as que Miklós Haraszti teve na Hungria, e continuaram como um exame do que havia de específico nas experiências de Haraszti enquanto operário fabril, baseado em estudos conduzidos primeiro por outros e depois por mim mesmo.

Contexto: capitalismo avançado versus socialismo de Estado[1]

Foi com satisfação que em 1979 eu li *Um trabalhador em um Estado dos trabalhadores* [*A worker in a worker's State*] [1977] de Miklós Haraszti. Enquanto dissidente, que havia sido punido pelo Estado em 1971-72 com anos de trabalho em fábricas, Haraszti tirou proveito de sua pena, escrevendo um comovente e detalhado relatório sobre suas experiências na fábrica de tratores Estrela Vermelha. Mas foi um feliz acaso que nos achássemos em diferentes partes do mundo e, além disso, em oficinas de motores parecidas, de empresas que produziam veículos similares, usando tecnologias semelhantes. Eu imediatamente reconheci o arranjo de máquinas, furadeiras e tornos que me cercava, mas enquanto eu era um operador de máquinas genérico, o que significava que eu me movia de uma máquina para outra, Haraszti tinha a atenção fixada em duas máquinas, que ele operava simultaneamente. Ambos trabalhamos sob um sistema de índice de peças que remunerava os trabalhadores conforme a quantidade que eles produziam. Com efeito, a versão húngara original de *Um trabalhador em um Estado dos trabalhadores* era entitulada *Índice de peças* [*Piece rates*]. Em ambas as fábricas, os trabalhadores estavam divididos entre operativos, como nós, e os trabalhadores auxiliares, que facilitavam a produção – atendentes, inspetores, motoristas, preparadores de máquinas, dentre outros –, que poderiam ser o carma de nossas vidas.

O que era extraordinário para os meus olhos capitalistas era a intensidade do trabalho sob o socialismo húngaro. Eu julgava que Haraszti estava realmente trabalhando, e é possível que ele estivesse trabalhando duas vezes mais duro que meus colegas de trabalho da Allied. Ele tinha que pôr em movimento duas máquinas de uma só vez, o que seria inusual e sem precedentes na Allied. Aí estava o enigma: se havia um direito que os trabalhadores do socialismo burocrático de Estado haviam conquistado era

---

1 Essa seção vale-se da análise de Burawoy (1980).

justamente o de não trabalharem tão duro. Isto era puro bom senso. Para ser exato, houve uma competição socialista e o processo stakhanovista nos anos 1930, mas naquele momento, a competição retornava com trabalhadores plenamente empregados, nunca temendo perderem seus empregos e, por isso, brandindo considerável poder no chão de fábrica. Então, como explicar que Haraszti tivesse trabalhado tão mais que eu?

Minha primeira resposta a esta questão jazia nas economias políticas do capitalismo avançado e do socialismo de Estado. Eu dissequei a representação de Haraszti sobre sua experiência de vida a fim de compará-la com minha própria experiência. Ele viveu sob o domínio opressivo do capataz, do partido e do sindicato, bem como sob funcionários de escritório mesquinhos. Ele esteve sujeito ao que eu chamei de despotismo burocrático. Tudo isso era bastante diferente do regime hegemônico da Allied, onde o sindicato era um guardião do império da lei, reforçando os contratos e administrando os mecanismos de reivindicação que protegiam os direitos dos indivíduos. Na Allied havia um Estado interno, mas isso não era aquele exercício arbitrário do poder que Haraszti enfrentou. Em vez disso, era uma forma regulada de poder que possuía uma certa legitimidade, angariando consentimento para a ordem fabril. Além disso, o mercado interno de trabalho oferecia aos trabalhadores com mais tempo de casa a oportunidade de se afastarem de chefes detestáveis, simplesmente candidatando-se a outros postos. Haraszti não tinha à disposição tal escapatória.

Mas o que Haraszti temia? Por que ele trabalhava tão duro, forçado a operar duas máquinas ao mesmo tempo? Responder a esta questão requer que olhemos para além da regulação do despotismo burocrático, rumo a sua base material: o sistema de índice de peças. O regime hegemônico sob o qual eu trabalhei garantia um salário mínimo, de modo que, se o índice de peças para dado trabalho fosse impossível, ainda assim, já teríamos assegurado um salário razoável. Essa segurança econômica dava origem a dois tipos de restrição da produção: o "corpo mole", quando não nos dedicávamos intensamente a uma tarefa difícil pois já tínhamos garantido um salário mínimo independente do índice de peças; e a restrição das quotas, pela qual nós concordávamos coletivamente em atingir um máximo de 140%, para que a gerência não se sentisse estimulada a elevar as metas. Na Estrela Vermelha, por outro lado, não havia salário mínimo nem seguridade econômica contra a aceleração da produção. Não havia, portanto, a estratégia do corpo mole nem da restrição das quotas, porque a fixação dos índices de peças não tinha ritmo nem razão e os trabalhadores não estavam engajados em nenhum esforço coletivo para alcançar um teto máximo de produção. Haraszti estava sem defesas contra a ditadura burocrática; ele não poderia estabelecer contranormas para se proteger contra a intensificação das atividades. O despotismo burocrático pulverizou a força de trabalho fazendo com que os salários dependessem de um embate com a norma e, por isso, os trabalhadores não poderiam desenvolver nenhum contrapoder equivalente. Na Allied, por outro lado, a segurança do salário mínimo, os direitos recisórios, o seguro desemprego e um elaborado sistema de contrapartidas que protegia o trabalhador de demissões imotivadas fizeram surgir uma ordem hegemônica na qual a gerência deveria persuadir e chantagear em vez de coagir e forçar os operários a dispender mais--trabalho. Os trabalhadores estavam autorizados a organizar o trabalho como um jogo de bater a meta e esse jogo transformou a árdua e tediosa vida no chão de fábrica num desafio excitante para a ingenuidade dos operadores, medindo seu *status* pelo sucesso com que alcançavam, sem exceder as metas de produção estabelecidas pela gerência.

Ao descrever estes regimes de produção, eu estava também explicando suas políticas divergentes. No caso da hegemonia, os trabalhadores eram constituídos como cidadãos individuais com direitos e obrigações e devido às recompensas por tempo de casa e à negociação coletiva, seus interesses econômicos estavam articulados aos interesses da empresa. Em vez de galvanizar a oposição, o capitalismo avançado promoveu o consentimento entre seus explorados "peões". No caso do despotismo burocrático, os trabalhadores enfrentaram a arbitrariedade do poder do Estado sob a forma de um conluio entre a gerência, o sindicato e o partido; e os trabalhadores reagiram a essa exploração e repressão palpáveis revelando o mundo secreto da autonomia e da criatividade – o grande tento de Haraszti —que acabou por explodir em uma rebelião contra o sistema político inteiro, como em 1953, 1956 e 1968. Concluí que o socialismo de Estado era mais vulnerável que o capitalismo avançado à rebelião da classe operária. No ano seguinte (1980), o Movimento Solidariedade iria demonstrar precisamente meu ponto de vista – ou assim parecia...

Processo social: variações no despotismo e na hegemonia[2]

Este foi o primeiro passo para desenvolver a comparação do socialismo realmente existente com o capitalismo avançado, a saber, a comparação das minhas esperiências na Allied com as experiências de Haraszti na Estrela Veremelha, pela qual cada empresa estava situava em seu respectivo tipo de política econômica. O projeto supunha que cada sociedade era internamente homogênea e imutável. O próximo passo seria explorar as variações dentro e entre o capitalismo avançado e o socialismo burocrático de Estado, para verificar se existiria alguma base para as afirmações que eu fizera. Talvez aquelas fossem simplesmente duas fábricas anômalas.

A tarefa mais difícil era determinar se o despotismo burocrático encontrado na Estrela Vermelha era algo típico da Hungria socialista e, então, por que o Movimento Solidariedade floresceu na Polônia e não na Hungria (isso sem falar da União Soviética). Uma segunda e mais fácil tarefa era examinar se o regime hegemônico era representativo dos Estados Unidos e se a política de produção americana era algo peculiar aos países de capitalismo avançado. Uma terceira tarefa era colocar a

---

[2] Essa seção vale-se de análises previamente relatadas em Burawoy (1985).

questão do despotismo – como comparar o despotismo burocrático da Estrela Vermelha com o despotismo de mercado do capitalismo primitivo? Eis por onde eu começo.

Formar um conceito dos regimes hegemônicos sob o capitalismo avançado e do despotismo burocrático sob o socialismo de Estado implicava em estabelecer um contraste com o despotismo de mercado do capitalismo primitivo.[3] O conceito de regime hegemônico foi construído sobre uma dupla suposição: primeiro, que a reprodução dos poderes do trabalho (salários, assistência social etc.) era independente do dispêndio de trabalho e, segundo, que o Estado-nação havia imposto limites sobre a forma como a gerência podia brandir seu poder, regulando um "Estado interno" relativamente autônomo. Comparações entre empresas metalúrgicas ou processos de trabalho semelhantes no Japão, na Suécia, na Inglaterra e nos Estados Unidos endoçavam a ideia da associação do regime hegemônico com o capitalismo avançado, muito embora a regulação das relações industriais trabalhistas e a extensão do Estado de bem-estar social originassem diferentes subtipos de regimes hegemônicos. Mas as características que eles compartilhavam enquanto regimes hegemônicos os separavam do regime despótico do capitalismo primitivo. Aqui, meu ponto de partida foi a caracterização de manufatura feita por Marx como forma de despotismo de mercado na Inglaterra do século XIX, no qual o sustento do trabalhador dependia diretamente do seu dispêndio de trabalho na fábrica e estava sujeito aos caprichos arbitrários dos capatazes. Se o fundamento do despotismo na Inglaterra do século XIX eram as chicotadas econômicas do mercado, então, o recurso do despotismo na Hungria socialista era o poder burocrático do partido estatal.

Marx ofereceu-me o modelo do despotismo de mercado, mas a realidade daquela indústria do século XIX era bem diferente, gerida por um

---

[3] Eu também arriscaria o "despotismo colonial" do sul da África na discussão, mas isso não é essencial para a história que conto aqui.

patriarcado familiar responsável pela organização e pelo recrutamento ou recorrendo à subsunção da comunidade ao local de trabalho, além de dependente da habilidade do operário-artesão que, consequentemente, não podia ser demitido à vontade. Examinando vários relatos secundários sobre o trabalho fabril, eu pude comparar os regimes patriarcal e paternalista da indústria de algodão inglesa com o paternalismo das fábricas da Nova Inglaterra e com os regimes artesanais da indústria têxtil russa. O que distinguia o caso do despotismo russo pré-revolucionário dos seus congêneres na Inglaterra e nos Estados Unidos era a maior presença do Estado no ambiente produtivo, que claramente criava uma motivação para as lutas. Assim como os trabalhadores puderam identificar o Estado como o explorador no caso da Estrela Vermelha, o mesmo se dava nas indústrias de São Petersburgo e de Moscou no período pré-revolucionário. Ambas as ordens repressivas eram, por conseguinte, vulneráveis às lutas insurrecionais dos trabalhadores. Por meio dessas comparações históricas sucessivas, eu estava apto a determinar as características específicas do despotismo burocrático que o distinguiam do despotismo de mercado.

O despotismo burocrático podia ser vulnerável à insatisfação disseminada dos trabalhadores que ele dominava, mas por que a real mobilização teve lugar na Polônia e não na Hungria? Além disso, a Hungria, e não a Polônia, havia sido o palco da mais dramática insurreição de trabalhadores em 1956. Talvez, a Estrela Vermelha – ou o retrato que Haraszti pintou dela – não fosse uma típica fábrica húngara. Mas como encontrá-la? Assim como eu sabia que nos Estados Unidos os regimes hegemônicos do setor monopolista coexistiam com os regimes mais despóticos do setor concorrencial, eu perguntei qual era a variação correspondente dentro da economia do socialismo de Estado. A mais óbvia correspondência dos setores monopolista e concorrencial do capitalismo avançado era a posição das diferentes empresas em relação ao planejamento central – a existência de empresas-chave que recebiam mais atenção e mais recursos que outras. A indústria pesada havia tradicionalmente recebido prioridade, ao passo que o setor de bens de consumo era desprivilegiado. Mas não havia evidências sugerindo se isso afetava a organização do trabalho e sua regulação. Os poucos estudos húngaros que estavam disponíveis, feitos por Héthy e Mako, documentavam um centro e uma periferia *internas* à empresa, com trabalhadores do núcleo gozando de condições mais privilegiadas no chão de fábrica que os trabalhadores mais periféricos submetidos a uma severidade e intensidade de trabalho muito maiores. Isso começaria a esclarecer por que Haraszti, um operário novato e periférico, estava sob uma pressão de produção tão intensa.

Escavações posteriores revelaram que a fábrica de tratores Estrela Vermelha estava na berlinda da reforma econômica quando Haraszti trabalhou por lá. Esta fábrica monstruosa estava sujeita a restrições orçamentárias devido às tentativas que vinham sendo feitas para se introduzir o critério econômico da eficiência. As pressões vindas do Estado para apertar as finanças da empresa foram traduzidas em pressões por mais trabalho duro no chão de fábrica. Eis aqui outro motivo do porquê Haraszti podia estar trabalhando muito mais duro que os trabalhadores em outras fábricas socialistas, bem como nos Estados Unidos. O enigma começava a se revelar.

Posicionalidade: um trabalhador americano em uma fábrica socialista[4]

Um trabalhador em um Estado dos trabalhadores tinha a intenção de ser uma representação de todos os trabalhadores sob o socialismo de Estado. Em nenhum momento Haraszti percebeu que sua experiência poderia ser específica de uma fábrica em particular (em crise), em um

---

4   Essa seção vale-se de pesquisa previamente relatada na parte 1 de Burawoy e Lukács (1992).

período de tempo particular (o início das reformas), em um país particular (a Hungria), ou mesmo que sua posição fosse muito particular dentro da fábrica. Eu havia tentado reconstruir a especificidade histórica e espacial de sua experiência a partir das explorações teóricas e dos dados secundários. Mas porque as evidências eram escassas, eu decidi examinar a questão ingressando eu mesmo como empregado numa fábrica húngara. Claro, isso seria feito uma década depois, mas mesmo assim valeria o esforço.

Eu estava fascinado pela evolução do Movimento Solidariedade, que parecia apoiar as conclusões de meu primeiro ensaio sobre *Um trabalhador em um Estado dos trabalhadores,* e cheguei a planejar ir à Polônia. Àquela época, eu havia obtido uma autorização para férias sabáticas e estava aprendendo polonês, porém o General Wojciech Jaruzelski havia dado seu golpe, e o Movimento Solidariedade foi para a clandestinidade. Em vez da Polônia, aceitei então o convite de Iván Sxelényi para acompanhá-lo a Hungria no verão de 1982 – seu primeiro retorno desde o exílio na Austrália. Coincidentemente, sua expulsão do país deveu-se em parte ao papel que desempenhou na publicação do livro de Haraszti. Durante nossa viagem de duas semanas, aprendi sobre a florescente sociologia do trabalho húngara. Eu retornaria no verão seguinte e permaneceria por seis meses, aprendendo húngaro e trabalhando, primeiro em uma fazenda que produzia champanhe e, depois, em uma pequena indústria têxtil localizada em uma cooperativa agrícola. Durante esse período, iniciei minha colaboração com János Lukács, então um jovem sociólogo industrial no Instituto de Sociologia da Academia de Ciências.

No verão seguinte (1984), aceitei uma empreitada como operador de máquinas em uma manufatura que eles chamavam de Bánki e que era análoga à Allied e à Estrela Vermelha. Não foi fácil garantir o emprego, pelo presságio de que a classe operária fosse talvez o segredo mais fortemente guardado do socialismo de Estado. Embora não estivesse completamente entusiasmado, o diretor da empresa estava disposto a concordar com a ideia do meu trabalho no chão de fábrica, conquanto que todas as "autoridades" endoçassem este projeto. A Academia de Ciências aprovou minha petição e Lukács usou seus contatos pessoais no Comitê Central para assegurar o apoio do partido. Era um processo tortuoso, mas, no final, a permissão foi garantida. Finalmente, eu estava apto a adentrar na morada oculta da produção socialista. Lembro-me da expresão de júbilo na face do superintendente da oficina quando me contou que poderia me dar o emprego. Ele me levou a uma velha furadeira radial que ninguém usava. E eu logo entendi o porquê: ela não era apenas velha, mas perigosa. Eu nunca havia operado uma furadeira radial em minha vida, mas pelos dois meses seguintes, era exatamente isso que eu iria tentar fazer. Com efeito, a furadeira assumiu uma forma sobre-humana, operando-me mais do que sendo operada por mim.

Muito do que eu havia deduzido a partir de Haraszti, e dos poucos sociólogos industriais que haviam estudado o trabalho sob o socialismo de Estado, era real. O partido, o sindicato e a gerência estavam em conluio, embora eles não tivessem necessariamente aquela presença opressiva relatada por Haraszti. Quando eu tentei propor uma petição com o sindicato por conta do não pagamento de horas-extras, todos riram de mim. Sindicatos eram *nulla nulla* (nada). E, sim, o sistema de índice de peças funcionava bem como Haraszti o descrevera, sem nenhuma segurança salarial. Os índices não eram fáceis, pelo menos não para mim, mas eles não eram nem de longe tão rígidos quanto aqueles da Estrela Vermelha, o que reforçava minha suposição de que a Estrela Vermelha era vítima das reformas econômicas do período pós- 1968.

A diferença mais perceptível era nossa concepção das relações sociais no chão de fábrica. Haraszti pintou a imagem de indivíduos atomizados, e aqui eu penso que ele estava projetando sua própria localização (irrefletida) dentro da fábrica. Enquanto dissidente, judeu e intelectual, ele era evitado por seus colegas de trabalho. Ele estava empenhado numa competição com eles, sendo dominado por eles e, no entanto, não era certamente parte deles. Para ser exato, eu também não era parte deles – mas minhas estratégias tinham uma certa simpatia. Eles riam do meu húngaro macarrônico e de minha incompetência como operador de máquinas. Acabei sendo incorporado ao grupo como um foresteiro exótico. Entre horas de cumprimentos e apresentações no chão de fábrica, encontrava-me rodeado de trabalhadores que me faziam perguntas sobre os Estados Unidos. A partir da minha vantajosa perspectiva, pude perceber e experimentar aquela cooperação expontânea que tornava possível a produção em uma fábrica socialista.

Apoio-me aqui no trabalho do grande economista húngaro János Kornai (1971; 1980) e sua teoria da economia socialista como uma economia de carências. Em uma economia de (re)distribuição centralizada, a gerência das empresas deve barganhar permanentemente com o Estado por recursos e, como resultado, a oferta de produtos torna-se escassa. Mas Kornai não era alguém que caísse em falsas comparações. Ele compreendeu que as economias de mercado tinham seus próprios desequilíbrios, não em direção à escassez, mas em direção à saturação. Cada economia tinha sua própria (ir)racionalidade – uma constrangida pelo lado da oferta e outra constrangida pelo lado da demanda. Isso explica tudo. Para ser eficiente, a organização socialista do trabalho devia improvisar para enfrentar, de um lado, as flutuações na quantidade e na qualidade dos insumos e, de outro, a pressão por metas de produção. Eu via essa cooperação flexível em toda parte ao meu redor na Bánki e, curiosamente, sua organização do trabalho era de longe muito mais eficiente do que a da Allied, onde motores inacabados enfileiravam-se pelos corredores e a gerência estava sempre pedindo que os "trabalhos quentes" – um tipo de trabalho acelerado – tivessem precedência sobre qualquer outra coisa. Em outras palavras, não era o caso de o capitalismo ser racional e o socialismo ser irracional, pois cada sistema tinha sua própria (ir)racionalidade.

Eu concluí que a Bánki aproximava-se muito mais do estereótipo de um ambiente de trabalho capitalista, ao passo que a Allied exibia características do estereótipo de um ambiente de trabalho socialista. O motivo disso jazia no caráter da corporação capitalista multinacional que é em si mesma uma economia planificada, gerando suas próprias deficiências internas. Havia um incrustração investida – uma empresa corporativa dentro de uma economia de mercado nos Estados Unidos, e uma empresa flexível dentro de uma economia corporativa na Hungria. Assim como as empresa estadunidenses compensavam as exigências mercadológicas com mercados de trabalho internos burocratizados, as empresas húngaras experimentavam sistemas mercantis flexíveis de orientação e contratos próprios para atender às exigências da planificação centralizada.

A partir da minha perspectiva vantajosa na produção, estava apto a observar mais claramente as diferenças e similaridades entre os sistemas de produção do capitalismo avançado e do socialismo burocratizado de Estado. O relato de Haraszti não tentou comparar a organização do trabalho socialista com a organização do trabalho capitalista, pois, mais que isso, estava visando a abissal lacuna entre a ideologia e a realidade, entre o paraíso dos operários projetado pelo Estado e a realidade experimentada no chão de fábrica. Além disso, essa experiência no chão de fábrica estava temperada, de uma forma que ele não explicitou, por sua própria biografia e por sua existência, antípoda da dos seus colegas de trabalho, uma diferença que o deixou isolado da comunidade trabalhadora. Concentrado no desmascaramento da ideologia estatal, ele não teve interesse na peculiaridade da sua própria experiência, seja como resultado de quem ele era (um novato e um forasteiro), seja como produto de onde ele estava (em uma fábrica sujeita a pressões fiscais). Minha condição, por outro lado, conduziu-me à comunidade e, com isso, eu pude, com o auxílio das minhas experiências na Allied, explorar as especificidades da produção no socialismo de Estado.

Ampliar a teoria: o marxismo do oeste encontra um dissidente do leste[5]

O último estágio da minha odisseia húngara conduziu-me ao coração da classe operária – a Siderúrgica Lênin, situada no distrito industrial de Miskolc. Entre 1985 e 1988, em três ocasiões diferentes, trabalhei como operador de fundição [*furnaceman*], somando um ano de experiência. A importância da autonomia dos empregados em face à economia da deficiência era muito mais aparente ali, na produção de aço de alta qualidade. Eu estava novamente trabalhando com Lukács, que passava o tempo entrevistando os administradores, e nós observávamos o choque de dois princípios – a regulação burocrática da gerência e a colaboração espontânea dos operários. Com frequência, observávamos como a interferência da administração atrapalhava a capacidade dos subordinados adaptarem-se às flutuações na qualidade dos materiais e na pouca confiabilidade dos equipamentos. Quando Lukács e eu demos retorno das nossas descobertas à gerência, uma reunião do partido foi convocada para que nossa pesquisa fosse denunciada e para que fôssemos convidados a refazê-la.

Dado que eu estava firmemente integrado à Brigada Socialista da Revolução de Outubro, eu estava apto a focar a consciência de classe dos operários socialistas. Uma vez mais, essa não era uma questão que integrasse as preocupações de Haraszti, embora sua perspectiva como dissidente não era tão diferente daquela dos meus colegas de trabalho. Obrigado a participar de rituais que proclamavam que o socialismo era justo, eficiente e igualitário, o que eu chamei de "socialismo de paisagem", meus colegas de trabalho eram muito lúcidos e cientes das injustiças, ineficiências e desigualdades que predominavam em suas vidas. Isso os conduziu, como eu afirmei, a abraçar o ideal do socialismo, mas

---

[5] Essa seção vale-se de pesquisa previamente relatada na parte 2 de Burawoy e Lukács (1992).

com um criticismo subjacente ao partido estatal que governava suas vidas. Finalmente, eu estava me aproximando da questão do Movimento Solidariedade polonês – a questão que havia me levado a Hungria. Eu trabalhei com a teoria de Konrád e Szelényi [1979] que considerava o socialismo burocratizado de Estado um sistema de apropriação e redistribuição central dos produtos e serviços, um sistema no qual os intelectuais desempenham um papel central ao definir necessidades sociais a serem sastisfeitas pela planificação. O socialismo de Estado que justifica a dominação e a exploração desabridas e transparentes apresentava um problema de legitimação. Um sistema que requer legitimação é sempre vulnerável a ser obrigado a prestar contas por sua ideologia. O socialismo de Estado é vulnerável à crítica imanente, obrigando que o partido estatal viva para suas promessas. Enquanto isso levou Haraszti à rejeição cínica de todo o ideal, o mesmo fato levou os operários a exigir os proclamados frutos do socialismo. Observando através dessas lentes, o Movimento Solidariedade não estava tentando derrubar o Estado, mas forçá-lo a levar a sério sua própria ideologia. E ele fez isso ao se manter distante do Estado, fazendo oposição a ele por meio de uma florescente e autorregulada sociedade civil.

Mas o enigma persistia: por que a Polônia e não a Hungria? Aqui, a questão não era tanto a da existência de uma classe-em-si tornando-se uma classe-para-si, ou seja, a questão capitalista da emergência da consciência, mas uma questão diferente: como a consciência de classe pôde se tornar uma força material? Na Hungria, o desenvolvimento de uma economia de mercado para compensar as disfunções da planificação burocrática – as cooperativas tanto dentro como fora da produção – conduziu os operários a um individualismo competitivo. Na Polônia, por sua vez, o menor desenvolvimento de uma economia paralela, de um lado, e o guarda-chuva da Igreja Católica, de outro, criaram a propensão e garantiram os recursos para um processo de mobilização coletiva em larga escala.

Como eu estava ocupado analisando as condições para a oposição da classe operária ao socialismo de Estado e para as possibilidades de uma transição ao socialismo democrático, a história fez sua revanche. O socialismo húngaro não capitulou de baixo para cima, mas colapsou de cima para baixo, e a transição não se deu rumo a nenhum socialismo democrático, como era esperado, mas rumo ao capitalismo de mercado. Isso não aconteceu sem resistência. Meu próprio comissário de fábrica na Brigada Socialista da Revolução de Outubro tomou parte em um esforço para ressuscitar o sistema de conselhos que floresceu em 1956, ao transformar a luta contra a privatização em uma luta pelo controle da indústria pelos operários. Meu colaborador, János Lukács, inspirado pelo que ele viu dos PPAFs (Planos de Propriedade de Ações para Funcionários) nos Estados Unidos, procurou introduzir uma legislação parlamentar que permitiria aos trabalhadores assumirem o controle de suas fábricas. Mas, no fim, infelizmente isso tudo foi em vão, pois a alta burocracia gerencial arrebatou a partes mais lucrativas das empresas socialistas, convencendo o Estado a subsidiar o restante.

Eu e os trabalhadores ao meu redor estávamos completamente despreparados para a restauração capitalista precisamente porque estivemos focados demais na produção. O jogo da transição estava sendo jogado no nível político, lenta mas de forma segura, conduzindo à privatização das ferrovias e às devastadoras consequências para a Siderúrgica Lênin, bem como para muitas outras indústrias. Enquanto a Siderúrgica Lênin era lentamente desintegrada no espaço de dez anos para se tornar uma anã-negra, a Bánki foi completamente reestruturada por seus sócios alemães. Quando retornei para uma visita em 1999, descobri que a velha, cinzenta, ruidosa, oleosa e suja fábrica socialista havia se transformado em uma bem-iluminada e atraente empresa *high-tech*, operada por técnicos bem-vestidos, trabalhando como enfermeiros de máquinas-ferramentas de controle numérico computadorizado que emitiam um ruído quase inaudível.

Como eu pude estar tão cego? Como marxista, fui à Hungria em busca das potencialidades de um socialismo democrático, mas me deparei com a inesperada transição ao capitalismo neoliberal. Para me ajudar a descobrir as potencialidades do socialismo, eu havia comparado o socialismo com o capitalismo, jamais havia imaginado aquele transformando-se neste. Para ser exato, eu havia reconstruído o marxismo para acomodar o passado: uma revolta da classe operária sob o socialismo burocratizado de Estado. Eu havia reconhecido que o capitalismo conseguiu organizar o consentimento dos trabalhadores, ao passo que o socialismo de Estado era muito mais frágil e mais propenso a gerar dissensão. No fim das contas, porém, a perda da fé da liderança partidária em sua própria ideologia resultou na implosão do edifício socialista e na capitulação diante das forças restauradoras do capitalismo.

Por um lado, se a teoria foi indispensável à análise comparativa, ela também limitou o que eu poderia observar. Haraszti padeceu de um destino similar. Ele também revisou sua teoria do socialismo de Estado nos anos 1980. Ele então viu o socialismo de Estado não como uma ordem repressiva, mas como u,ando com suavidade, mais absorvendo que punindo as dissidências [Haraszti, 1987]. Os dissidentes não eram mais fuzilados, enjaulados, exilados ou mesmo enviados para trabalhar nas fábricas. O regime garantia-lhes espaço para suas críticas, mantendo-os, em contrapartida, sob constante vigilância. Isto revelou-se um mecanismo de controle muito mais poderoso e eficiente. Como eu, ele não previu o colapso dessa ordem e, como eu, ele estava fortemente obcecado com o socialismo de Estado – sua identidade enquanto dissidente confiava na existência contínua dessa ordem. Ele não ficou menos surpreso que eu com o resultado do processo. Tal como outros intelectuais dissidentes, ele acabou por ingressar no mundo político, mas, como aconteceu em inúmeros casos, isso não durou muito tempo. A dissidência estava em seu sangue, assim como o marxismo esteve sempre circulando no meu.

O trauma da transição capitalista na Rússia

Enquanto todos os olhos voltavam-se para a desintegração do socialismo burocratizado de Estado no Leste Europeu, eu dirigia minha atenção para a União Soviética. Naquele momento, em pleno fluxo da *perestroika* e da *glasnost,* um país até então fechado, estava se abrindo aos olhares sociológicos. Eu já havia visitado a antiga União Soviética em cinco ocasiões durante os anos 1980 – em duas conferências sobre a história do trabalho estadunidense e soviética, e em três viagens extraordinárias com Erik Olin Wright a fim de lançar a versão soviética da sua pesquisa quantitativa sobre a estrutura de classes sociais. Estava muito claro para mim que a União Soviética era um lugar politicamente inóspito aos estudos etnográficos. Além disso, a etnografia não era algo que os sociólogos soviéticos levassem a sério. Simplesmente não havia ciência. Portanto, fiquei bastante descrente quando, ainda em licença sabática na Hungria, em 1990, recebi um convite para passar dez dias sobre o rio Volga, lecionando num navio cheio de sociólogos industriais. Aceitei, mesmo assim, pois nunca havia visitado o Volga e estava sempre em busca de novas aventuras. Sem mencionar a oportunidade de distrair-me um pouco do desastre da restauração capitalista na Hungria. Desde o começo, o evento foi mesmo uma aventura. Sua politicamente corajosa organizadora, Anna Andreenkova, deixou-me (e a outros três cientistas sociais estadunidenses) perdidos entre cerca de 130 sociólogos e autoridades de uma ampla gama de organizações, incluindo indústrias militares, vindos de toda a União Soviética.

No navio, apropriadamente denominado Gogol, encontrei Kathryn Hendley, então aluna de mestrado em Berkeley, e Pavel Krotov, um sociólogo de Syktyvkar, capital da República do Komi, localizada no extremo norte da Rússia europeia. Acabei colaborando com Kathryn em uma pesquisa sobre uma fábrica de borracha soviética chamada de Kauchuk durante o inverno seguinte (1991) e firmei com Pavel uma parceria de dez anos estudando a restauração capitalista em Komi.

O esquema teórico que eu havia desenvolvido na Hungria enfrentou todo tipo de desafios em Kauchuk, onde acidentalmente topamos com uma guerra civil. O estudo dessas lutas internas em uma fábrica de Moscou foi seguido, no fim daquela primavera, por um estudo sobre a indústria moveleira em Komi, iniciando-se com nossa própria observação participante em uma fábrica de móveis. Ali, Krotov e eu observamos mais cuidadosamente o caráter da transformação da economia como um todo, um movimento em direção àquilo que chamamos de capitalismo mercantil.

Na primeira década pós-soviética, juntei forças com outros sociólogos em Komi, em especial com Tatyana Lytkina, para examinar como o processo de regressão econômica e social afetou a vida das famílias trabalhadoras. Isso exigiu reparos em meu esquema teórico e uma incorporação de Karl Polanyi.

Processo social: entre a perestroika e a privatização[6]

Minha apresentação à vida da classe operária no socialismo húngaro veio pelo caminho do relato lírico de Miklos Haraszti; minha introdução ao panorama soviético foi mais dramático e visceral. Kathie Hendley e eu ganhamos a confiança de uma empresa "política" – a Kauchuk, uma fábrica de borracha que iniciara sua produção em 1915. Eu cheguei em janeiro de 1991, quando a Rússia já havia mergulhado no turbilhão político. O partido havia formalmente abandonado seu monopólio do poder político, e as Repúblicas Bálticas, inspiradas pela trajetória tomada pelo Leste Europeu, estavam declarando sua independência nacional. A batalha entre Boris Yeltsin e Mikhail Gorbachev, entre a Federação Russa e a União Soviética, intensificava-se. De um lado, estavam as forças restauracionistas da privatização e da economia de mercado. De outro, ainda sobrevivia uma parte da burocracia interessada na continuidade da economia planificada. A crise que engoliu a União Soviética

---

6 Essa seção é baseada em pesquisa previamente relatada em Burawoy e Hendley (1992).

transformou-se em uma falha tectônica abrindo-se através da própria Kauchuk.

A forma como se entra sempre diz muito sobre o lugar onde se está entrando. Seja devido aos tempos de mudança, seja devido às peculiaridades soviéticas, o acesso à Kauchuk foi muito diferente do acesso às empresas húngaras. Neste último caso, Lukács teve que recrutar o apoio de um grupo de poderosas autoridades nacionais e locais, no Estado e no partido, bem como entre a gerência da empresa. Ali, nós obtivemos a entrada por meio de um acordo que barganhamos com a liderança do sindicato. Se nós providenciássemos computadores para seu jardim-de-infância, obteríamos um salvo-conduto para entrarmos na empresa e conversarmos com seu pessoal. Foi o que fizemos, apesar da oposição dos oficiais da alfândega soviética. E, com a insistência de um advgado corporativo, Kathie garantiu-nos acesso a quase tudo o que desejávamos. Para minha surpresa, presenciamos os encontros de planejamento matutinos, onde todos os gerentes reuniam-se para discutir as condições da empresa, os gargalos de produção e as deficiências. O mau funcionamento da empresa soviética escancarava-se diante de nossos olhos – até que fomos banidos dessas reuniões.

A partir dessa perspectiva privilegiada, Kauchuk apresentou-se amplamente diferente das empresas húngaras que eu havia estudado. Em primeiro lugar, eu havia tropeçado numa verdadeira economia da deficiência. Kornai insistia que, reformadas ou não reformadas, as empresas socialistas sofriam com deficiências, mas havia deficiências e "deficiências". Elas não eram tão palpáveis nas empresas húngaras, mas a Kauchuk estava mergulhada nelas, não apenas devido ao colapso da infraestrutura soviética, mas da dependência da fábrica em termos de materiais oriundos de toda a União Soviética. O gerente de estoques era regularmente vituperado nos encontros de planejamento e continuou sendo um mistério não apenas como ele sobreviveu naquela posição, mas também como ele realmente assegurou o suprimeito de ítens básicos durante o inverno de 1991. Nós finalmente conseguimos entrevistá-lo, mas ele era um sujeito astuto e sabido, que não nos revelou os segredos de seu negócio.

Algumas vezes, o turbilhão exterior intensificava as patologias da empresa soviética e então, paradoxalmente e ao mesmo tempo, isso também intensificava as tendências no sentido oposto, como reminiscências dos momentos empreendedores da empresa húngara. Turbulências na macroeconomia aprofundavam os problemas de ineficiência, mas igualmente criavam a oportunidade para uma complexa rede de cooperativas que vicejavam dentro da concha protetora da empresa formal. A economia paralela húngara – as cooperativas formadas dentro da firma e contratadas por esta – eram serenas, transparentes e restringidas em comparação com o empreendedorismo selvagem que observamos na Kauchuk. Todos os locais de trabalho possuíam suas próprias cooperativas ou mesmo "microempresas" (como eram então chamadas), onde a riqueza real era produzida. Ao selecionar o trabalho, o maquinário, os materiais e os contratos entre suas cooperadas, os gerentes eleitos e os trabalhadores selecionados eram capazes de matar e morrer pela empresa oficial. Eu vi tudo isso na Siderúrgica Lênin, mas apenas após 1989. Na Kauchuk, observei essa privatização espontânea vinda de baixo, dentro de uma economia soviética em rápida erosão, embora ainda não soubéssemos que seu colapso final nos aguardava na próxima esquina.

A transformação econômica interna da Kauchuk refletia-se em cismas que rachavam seu regime político. Os gerentes não puderam nos esconder a verdadeira batalha aberta entre o velho diretor e seus asseclas, de um lado, e os jovens guerreiros e engenheiros, de outro. A velha guarda, conectada aos ministérios, defendia de maneira resoluta a ordem da planificação soviética, enquanto os jovens guerreiros defendiam o recrudescimento do sistema de mercado e, aquilo que era um reflexo político do mesmo projeto, a autonomia da Federação Russa perante a União Soviética. Eu presenciei encontros públicos nos quais os jovens guerreiros atacavam a acumulação patrimonial do diretor (por meio das cooperativas), ao passo que o diretor e seus apoiadores acusavam os jovens de sabotar a empresa em seu próprio benefício. Supunha-se que o aparato partidário no interior da empresa era o guardião da paz, mas este já havia efetivamente se dissolvido. Nada poderia impedir uma batalha aguerrida pelo controle da empresa. Eu havia observado operários húngaros usando táticas de guerrilha nos ambientes de trabalho, mas aquela era a primeira vez em toda minha carreira como etnógrafo do trabalho que eu via dois sistemas políticos e econômicos alternativos competindo pelo poder dentro de uma mesma empresa.

Esta foi minha introdução à economia soviética. Ficamos lá por dois semestres, antes de partirmos para Moscou a fim de começarmos nossa dura jornada rumo ao norte, para a República Komi, onde iniciaríamos uma inesperada pesquisa de dez anos sobre os processos e repercussões do declínio econômico russo.

Explorar o contexto: do capitalismo mercantil à involução econômica[7]

Consegui um emprego na empresa Móveis Polares em 1991, por meio de um caminho bastante tortuoso. Pavel Krotov, que encontrei no navio Gogol, era o primeiro sociólogo soviético com quem eu cruzara que manifestava o instinto etnográfico. Ele teve uma origem pobre, conheceu a vida dos oprimidos e era corajoso ao abordar isso. Dentre seus amigos, havia um empreendedor coreano que deixara recentemente a universidade e, como tantos outros no final da *perestroika*, iniciara um pequeno negócio. Este, por sua vez, era o melhor amigo do jovem líder da Federação dos Trabalhadores da República— parte de uma nova geração de políticos que chegaria ao poder após a queda da União Soviética. Através dos gabinetes do sindicato oficial, Pavel e eu passamos

---

[7] Essa seção vale-se de pesquisa previamente relatada em Burawoy e Krotov (1992, 1993) e Burawoy (1996).

um mês visitando todas as principais empresas da cidade. Fizemos amizade com o gerente de pessoal da Móveis Polares e ele nos mostrou sua nova fábrica de divisórias, a mobília-padrão de todo apartamento soviético. Perguntei-lhe então se por acaso poderia trabalhar lá. O velho que era seu diretor – uma conhecida figura pública – e que os acompanhava sorriu e disse: por quê não? Então, lá estava eu trabalhando: uma vez mais furando buracos, enquanto Krotov entrevistava gerentes durante dois meses críticos – maio e junho de 1991 – e, então, levamos outro mês tentando construir ligações entre as diferentes empresas da indústria moveleira de Komi.

A Kauchuk estava no coração do sistema soviético e dependia do fornecimento de matérias-primas vindas de toda da União Soviética. Era muito mais vulnerável ao turbilhão econômico que a empresa de móveis. A Móveis Polares estava situada na periferia e mostrou-se capaz de, ao menos por um curto período, lucrar durante a desintegração do sistema planificado. A gerência formava um bloco unificado, sabiamente levando vantagem sobre a nova incerteza. Os espaços para manobra abriram-se assim que o poder das agências de planificação centralizada evaporou. A empresa tinha muitas vantagens: era bem situada no consórcio moveleiro que organizava a indústria da região; dependia exclusivamente de suprimeiros locais de madeira e outros materiais; e detinha o monopólio da produção do mais demandado ítem de consumo – divisórias de madeira. Embora a vida no chão de fábrica ainda fosse sujeita a falhas no estoque, e eu mesmo pude experimentar vários momentos de produção estagnada e de trabalho apressado no fim do mês, isso não era tão caótico como na Kauchuk. Com efeito, os operários e os gerentes haviam feito uma barganha. Os vários setores da empresa arcavam com a responsabilidade de cumprir o plano de produção, enquanto a gerência era responsável por assegurar que os materiais chegassem regularmente. Para tanto, ela tinha uma preciosa mercadoria para permutar: as tais divisórias. A gerência também podia usar as divisórias de madeira para trocar por verniz ou quaisquer outros materiais necessários, além de vagas em acampamentos para os filhos dos funcionários ou mesmo por açúcar que, na época, estava racionado.

Como a superestrutura política do socialismo de Estado havia sido depenada e o sistema de distribuição centralizado desintegrou-se, as empresas foram abandonadas à sua própria sorte e aquelas que conseguiram explorar sua posição de monopólio no mercado emergente acabaram se dando um pouco melhor. Os horizontes de tempo foram se encolhendo aos poucos e ninguém estava pensando em investir capital na produção. Em vez disso, o movimento acontecia na direção de um capitalismo primitivo e pré-burguês baseado em pilhagens, aventuras, especulação ou pirataria. No lugar de acumulação capitalista, encontrei liquidações de empresas. Como Max Weber insistia, uma tal modalidade de capitalismo, que nós chamamos de capitalismo mercantil – buscando lucros no comércio e não na produção –, é uma revolução na direção oposta ao moderno capitalismo burguês. Sim, o mercado estava avançando para substituir o mecanismo de planificação, mas com consequências desastrosas para as famílias trabalhadoras.

O colapso da União Soviética no final de 1991 somente consolidou os efeitos perversos da restauração capitalista. No início de 1992, os preços foram liberados e uma inflação astronômica seguiu-se imediatamente, revivificando o escambo e estimulando a criação de novas moedas. A carta branca para a privatização apresentada como uma maneira democrática de se distribuir a riqueza nacional mostrou-se um eficiente sistema de pilhagem em benefício dos poderosos. No verão de 1992, visitamos as históricas minas de carvão da cidade de Vorkuta, palco de greves e de muita militância sindical entre 1989 e 1991, que junto aos mineiros ucranianos e siberianos desempenharam um importantíssimo papel ao trazer abaixo a União Soviética. Em Vorkuta uma febre sindicalista havia contagiado os trabalhadores. Eles imaginaram que a demolição do partido estatal e sua expulsão das minas iria instalar uma nova era de plenitude. Em vez disso, os operários transformaram-se nas principais vítimas do fechamento das minas, assim que os custos de produção do carvão mineral tornaram-se excessivamente altos devido à escalada dos preços do transporte e à queda da demanda pelo produto motivada pelo colapso da indústria metalúrgica. De 1991 a 1998, a economia russa estava em queda livre. Os únicos setores economicamente dinâmicos eram o de energia (gás e óleo), o bancário, o dominado pelos atravessadores e a máfia russa. Não havia nem revolução nem evolução, mas um *involução* econômica, uma gradual canibalização da produção pelo comércio. A restauração capitalista levou a um processo de "desacumulação primitiva".

Para enfatizar quão catastrófica foi essa transição rumo a uma economia de mercado, decidi estender meu estudo para além da fábrica, comparando as transições russa e chinesa. Para ser exato, meu conhecimento sobre a China era limitado, mas o argumento parecia me compelir a isso. A transição russa ao capitalismo foi uma réplica da sua transição anterior ao socialismo – dominada por impulsos revolucionários. As economias ocidentais também estavam predicando a mais rápida transição possível – o *big bang* e a terapia de choque – para intimidar qualquer resistência política contra o mercado. A transição bolchevique ao capitalismo argumentava a favor da mais rápida destruição de tudo o que fosse socialista, em especial de todas as alavancas do controle central, tendo em vista a suposição de que o mercado emergiria espontaneamente. Mas não existe transição rumo a uma economia de mercado sem a criação de instituições de suporte (financeiras, legais e a infraestrutura material). Essa foi a lição da China, onde a economia de mercado foi incubada sob a supervisão do partido estatal. Se na Rússia houve transição política sem transformação econômica, na China houve transformação econômica sem transição política.

Teoria: de Marx a Polanyi[8]

Estudar uma pequena fábrica de móveis na Rússia setentrional e a partir daí tirar conclusões sobre a restauração do capitalismo parecerá pretencioso àqueles que pensam que a ciência social procede por meio da indução dos fatos à teoria. No entanto, se reconhecemos que os fatos estão sempre repletos de teorias, então, concluiremos que a ciência progride por meio da reconstrução da teoria. Devemos estar cientes da teoria que levamos para nossos estudos. Eu comecei com uma teoria sobre como o sistema econômico soviético funcionava – teoria desenvolvida em minha pesquisa na Hungria por meio de diálogos (reais ou imaginários) com autores, como Szelényi e Kornai. Primeiro a Kauchuk e depois a Móveis Polares tornaram-se os veículos para a ampliação dessa teoria para a transição à economia de mercado. Em outras palavras, a teoria construiu meu caso e, por sua vez, o caso ajudou-me a reconstruir a teoria.

Porém, a teoria que eu estava empregando era nomeadamente o marxismo, enfocando a economia política do socialismo de Estado. A partir de Szelényi, eu havia elaborado o caráter de classe do socialismo de Estado, baseado em "redistribuições teleológicas" que apropriavam e depois redistribuíam os dividendos de uma forma transparente. Esses redistribuidores – ou planificadores, se preferirem – precisavam de uma ideologia de justificação que, por sua vez, reforçava um criticismo imanente. O capitalismo era bem diferente. Ele ocultava suas práticas de exploração, assegurando a coordenação dos interesses entre partes conflitantes. Sua dominação transformava-se em uma hegemonia apoiada sobre o consentimento dos trabalhadores e dos intelectuais. O socialismo de Estado, por outro lado, precisava legitimar sua exploração descarada. Ele, portanto, sempre enfrentava uma crise de legitimação que ameaçava trazer abaixo o sistema como um todo. O socialismo de Estado sempre foi uma ordem frágil, eis

---

[8] Essa seção vale-se de pesquisa previamente relatada em Burawoy, Lytkina e Krotov (2000) Burawoy (2001).

o porquê de ter recorrido com tanta frequência à força bruta. O sucesso do sistema húngaro estava no esforço para construir uma hegemonia lado a lado e em apoio à legitimação.

A partir de Kornai, derivei o caráter distintivo do trabalho e de sua legitimação. Uma economia da deficiência requeria uma especialização espontânea e flexível no nível do chão de fábrica que dava origem a solidariedades capazes de alimentar um movimento da classe operária contra o Estado. Eu estava, é claro, errado. O socialismo de Estado dissolveu-se de cima para baixo e não de baixo para cima. Os próprios legitimadores não conseguiam acreditar mais em sua legitimação; eles perderam a confiança na capacidade do partido estatal cumprir suas promessas socialistas. Como os ratos, eles abandonaram seu navio à deriva em troca de outro, imaginário, levando consigo uma população que também caiu vítima de seus próprios delírios.

Essa teoria marxista revisada poderia dar sentido ao colapso da velha ordem – as verdadeiras forças produtivas que colidiram com as relações de produção, uma colisão mais duramente sentida pelo diretório político. Mas a teoria marxista tinha grande dificuldade em dar sentido à gênese da nova ordem capitalista, especialmente porque a produção industrial desaparecera rápida e quase que totalmente. Com o desenlace das forças do mercado, o que nós estávamos observando em Syktyvkar era um retrocesso a uma economia de escambo, de reciprocidade e de produção familiar. A estratégia de pesquisa deveria mudar radicalmente. Em vez de trabalhar no chão de fábrica com Krotov, entrevistando administradores, voltei-me para os trabalhadores desempregados, tentando entender como eles estavam sobrevivendo. Eu colaborei com uma brilhante entrevistadora, Tatyana Lytkina, e juntos nós visitamos as residências daqueles que haviam trabalhado na Móveis Polares e na fábrica de roupas da região. Percebemos a importância das redes sociais de troca, dos recursos políticos que angariavam benefícios do Estado, especialmente aposentadorias, e da importância da economia de produção de subsistência. As mulheres tornaram-se o centro da produção familiar e os homens, seus parasitas. Eles estavam mais propensos ao desemprego e singularmente mal preparados para fazer qualquer outra coisa senão aquilo. Ao contrário, as mulheres mantiveram seus empregos nos setores de comércio e de serviços, mostrando-se estar muito mais bem preparadas na adaptação às exigências de uma economia de escambo – elas herdaram essas habilidades do socialismo de Estado, assumindo a responsabilidade pelos filhos. Essa história familiar é semelhante em diferentes partes do mundo que passaram por reajustes estruturais.

A transição do mercado demandava a reconstrução do corpo teórico e, por isso, voltei-me para o trabalho de Karl Polanyi que se tornou uma figura-chave nos estudos sobre a transição. *A grande transformação* [*The great transformation*] [1944] lidou com os perigos do fundamentalismo de mercado – a perspectiva de que, abandonados à própria sorte, os mercados poderiam resolver todos os problemas da economia. Polanyi afirmou que, quando certas entidades – a terra, o trabalho e o dinheiro, em especial – são completamente mercadorizadas, eles deixam de cumprir com suas funções originais. Os valores de troca destróem os valores de uso e, assim, a terra totalmente mercadorizada não pode mais servir à agricultura, assim como os trabalhadores completamente mercadorizados não podem mais contribuir com sua atividade e o dinheiro totalmente mercadorizado não pode mais servir como meio de troca. Os mercados não podem sobreviver se não estiverem imersos nas relações sociais que regulam e mantêm dentro de certos limites o processo de mercadorização.

Se esse é o princípio geral, o poder de *A grande transformação* está em seu tratamento histórico da sociedade de mercado. Em primeiro lugar, Polanyi demonstra o papel crucial desempenhado pelo Estado ao criar e depois apoiar o capitalismo de mercado na Inglaterra dos séculos XVIII e XIX. Em suma, não existe um caminho mercantil à economia de mercado. Em segundo lugar, se as forças do mercado forem desreguladas, elas geram uma reação social contrária exatamente porque ameaçam a própria existência da sociedade – e esta reação assume diferentes formas em diferentes sociedades. Então, Polanyi afirma que o contramovimento do século XIX foi em grande medida devido à revolta espontânea do trabalho – o desenvolvimento de sindicatos, cooperativas, associações e o movimento operário para limitar a extensão da jornada de trabalho. No século XX, o contramovimento girou em torno do Estado-nação reagindo aos mercados globais: a socialdemocracia na Escandinávia, o *New Deal* nos Estados Unidos, mas também o fascismo na Itália, na Espanha, em Portugal e na Alemanha, e a coletivização e planificação stalinistas na União Soviética. Para Polanyi, as reações ao mercado podem facilmente erodir a democracia liberal e aqui mora o perigo. *A grande transformação* proclamou os perigos do credo liberal que hoje chamamos de neoliberalismo. Então, qual seria a característica definidora dessa terceira grande trasnformação?

Que melhor base senão *A grande transformação* para explorar as consequências da transição de mercado na Rússia? Trabalhando com a teoria de Polanyi, perguntei-me que tipo de movimento contrário ao fundamentalismo de mercado apareceria na Rússia? Toda a minha pesquisa apontava para a ausência de uma reação vinda de baixo – a classe operária havia sido trucidada e completamente desmoralizada. A classe operária soviética fugia do mercado, defendendo-se de sua maré montante. Não havia indícios de que, levada ao extremo, ela teria forças para investir contra o avanço do mercado, atitude que Polanyi imputou à classe operária inglesa. Em vez disso, era mais provável que a reação viesse de cima, pela via de um Estado autoritário. Vladimir Putin personificou a resposta estatal autoritária ao fundamentalismo do mercado.

Posicionalidade: o etnógrafo fora do lugar

Quando estudei o capitalismo nos Estados Unidos, na África, na Hungria e mesmo na Rússia, a produção ainda era o centro do mundo. Ela revelava a fisionomia da formação social dentro da qual eu estava inserido. Assim como a restauração capitalista estimulou deslocamentos de Marx a Polanyi, da produção ao comércio, da exploração à mercadorização, ela também demandou um reposicionamento etnográfico global em três direções: localização, personificação e de ordem biográfica.

Quando as fábricas estavam sendo fechadas e a produção estava em queda livre, tomar o emprego de alguém para pesquisar seu trabalho era algo não apenas imoral, mas também uma maneira inadequada de se estudar a nova ordem. A energia dessa nova ordem vinha da esfera da circulação que substituíra a distribuição planificada. No inverno de 1993, Krotov e eu nos dedicamos à investigação dos bancos de Komi, em Syktyvkar. Na era soviética, os bancos eram, em larga medida, meros centros de contabilidade, um epifenômeno do sistema planificado, mas doravante, eles tornar-se-iam o fulcro da transição. Mas como estudar um banco como etnógrafo? Nós tentamos responder a essa pergunta por cinco meses e, embora essa busca nos desse toda a sorte de ideias sobre os dilemas das novas companhias atendidas pelos bancos, compreendê-los em si era algo muito mais desafiador.

Uma vez que se ingressa numa fábrica, ela nada mais esconde aos nossos olhos; seu funcionamento está lá para todos verem. A produção é tangível. Mas não é assim com um banco. Ele não é uma entidade produtiva, mas uma entidade transacional, e as transações não têm um lugar firme no tempo ou no espaço. Podemos conversar com todo o mundo no banco, mas deixar de fora a pessoa que está tomando todas as decisões importantes e daí perdermos o que era crucial. Precisamente porque suas transações são invisíveis, ele pode ser o veículo para o movimento por atacado de recursos vindos do campo da produção para o campo da circulação e, daí, para toda a sorte de surpreendentes pontos de venda. Depois de muito refletir, percebi que fomos muito afortunados por não termos descobertos muita coisa, porque poderíamos não ter saído dali vivos para contar a história. Naquela época, ser bancário era uma ocupação perigosa, porque suas principais estruturas eram o alvo (ou a origem) da maioria das atividades criminosas. Bancários estavam rotineiramente sendo presos ou baleados – uma indicação de que alguma coisa importante estava acontecendo.

Se a localização no campo de pesquisa foi o problema que nós enfrentamos no banco, era a combinação da localização com a personificação que obstruiu o estudo sobre as estratégias de sobrevivência das famílias dos trabalhadores então desempregados ou semiempregados. Pelo pouco que vivemos com eles, era quase impossível captar como eles sobreviviam e, certamente, mesmo com a melhor das boas intenções do mundo, eles não poderiam articular e expressar seus conhecimentos não discursivos e tácitos. Mesmo tendo vivido entre suas famílias, imaginei que teria sido complicado compreender o que eles faziam e diziam. A complexidade de suas vidas teria sido inacessível. Eu simplesmente não tinha as categorias, os conceitos ou a teoria com a qual interpretar o que eu via e ouvia. Tudo isso se tornou totalmente claro para mim quando trabalhei com Tatyana Lytkina. Eu assistia com admiração e assombro a forma como ela revelava, camada por camada, as estratégias familiares que nossos informantes narravam. Ela sabia quando e como tocar no assunto, sabia o que era justificação e o que era a causa, o que era superficial e o que era profundo. Eu pude ouvir suas muitas e longas entrevistas; e ela sempre conseguia vasculhar e tirar dos nossos informantes coisas que eles próprios não entendiam, porque eram sobretudo partes inconscientes de suas vidas.

Após todas as entrevistas, durante as quais eu geralmente me mantinha em silêncio, ela me sabatinava para ver o que eu havia compreendido. Nas raras vezes em que me arriscava a tentar, invariavelmente falhava no teste. E isso não acontecia somente por conta de minhas parcas habilidades lnguísticas, mas por eu não estar familiarizado com as práticas personificadas naquela linguagem. Nossos informantes sabiam que Tatyana compreendia suas vidas – ela viera da sua classe social, ela crescera em uma comunidade agrícola e migrara para a cidade, tal como tantos que estavam ali. Ela passara pelas mesmas lutas que eles, tentando manter sua própria família unida. Ela compartilhava com eles a mesma linguagem da vida, uma vida muito especial e inacessível para mim. Eu estava fascinado com a autoconfiança e a assertividade com que ela interrogava seus entrevistados e quão confiáveis eram as respostas deles.

É claro que o gênero era algo central neste quadro. Por experiência própria, ela entendia o que significava ser o principal provedor e administrador do lar. Ela entendia o que muitos homens simplesmente não conseguiriam entender. Com efeito, quando tentamos entrevistar os homens a respeito das estratégias de sobrevivência, rapidamente nos vimos em um beco sem saída. Mesmo com a prontidão de Tatyana – e ela era uma entrevistadora experiente e com muito repertório – os homens simplesmente não compreendiam o que estava se passando em suas próprias famílias; eles abstiveram-se de interpretar sua própria decadência, transformando-se em parasitas e em fardos pesados para suas famílias. Em sua depressão, eles haviam se tornado verdadeiros surdos-mudos.

Não era tanto meu gênero, mas minha nacionalidade e, com efeito, minha profissão que impôs problemas sérios à pesquisa de campo. Não apenas em relação às famílias, mas também aos nossos estudos das empresas – sejam elas de carvão mineral, de madeira e de móveis ou de construção –, nossas entrevistas tornaram-se mais e mais difíceis no decorrer do tempo. No começo, os gerentes estavam cheios de esperança no futuro, felizes em acolher os sociólogos vindos dos Estados Unidos, orgulhosos pelas possibilidades de suas empresas na recém-encontrada liberdade de mercado. Mas quando tiveram de batalhar para sobreviver, quando a economia mergulhou no caos, então, o humor dos gerentes também mudou. Ao invés de me cumprimentarem calorosamente como um amigo de longa data, eles queriam saber o que eu estava fazendo ali, retornando ano após ano. Muitas vezes, eu também fazia esta mesma pergunta. Para ser exato, meus colegas de trabalho da Móveis Polares, pelo menos aqueles que haviam conseguido encontrar empregos em outro lugar após o fechamento da marcenaria, mostravam-se felizes por me receberem em suas casas. Mas a classe operária em Syktyvkar estava imersa em uma sociedade decadente, na qual a pesquisa social tornou-se mais difícil dia após dia.

Com efeito, não deixa de ser interessante refletir sobre minha recepção em diferentes ambientes de trabalho, minha biografia de engajamento. Na Allied, onde a força de trabalho era fragmentada em termos de idade e de raça e onde os trabalhadores vinham de todas as partes da zona sul de Chicago, os operários mostravam-se muito pouco tolerantes com minha incompetência. Minhas experiências lá foram, talvez, bastante similares as de Haraszti na Estrela Vermelha. Quando eu desembarquei na Hungria, a situação inverteu-se e minha incompetência tornou-se motivo de brincadeiras, atraindo a simpatia e mesmo a afeição de meus colegas. Lá, eu podia sair para beber com meu grupo e visitar meus colegas em suas casas – o único problema era quando tinha de redigir bêbado minhas anotações de campo. Especialmente na Siderúrgica Lênin, quanto mais eu bebia, mais eu tinha coisas para anotar, menos tempo eu tinha à disposição e mais difícil era me concentrar.

No entanto, a Rússia era como Chicago. Ali, minhas características exóticas voltaram-se contra mim. Syktyvkar havia sido uma cidade "fechada", mais ou menos afastada do mundo externo e, por isso, meus colegas de trabalho nunca haviam visto um cidadão estadunidense antes, muito menos um professor operando suas máquinas. Eu sentia cada movimento meu sendo vigiado e havia sido excluído dos rituais de chão de fábrica. Essa também foi a época da campanha de Gorbachev contra o consumo exagerado de álcool e, por isso, era difícil quebrar o gelo com a bebida. Em vez disso, uns poucos operários compadeceram-se de mim, convidando-me para jogar dominó durante os intervalos. O capataz de meu setor estava explorando minha presença ali, continuamente advertindo aos operários que era melhor eles chegarem ao trabalho a tempo porque havia um maldito ianque observando-os!

Por fim, havia o fator idade. Quando comecei minha odisseia etnográfica em Chicago, eu tinha vinte e sete anos, mais perto do quartil inferior da faixa de idade. Havia ali pessoas da minha idade e eu poderia permanecer trabalhando oito, dez e até doze horas por dia. Dez anos depois, isso já era mais difícil – mas somado a isso, transações estavam sendo conduzidas no chão de fábrica húngaro, e ninguém costumava mudar de serviço. Quando eu ingressei no ambiente de trabalho russo, eu já tinha quarenta e quatro anos de idade – não tão velho para um trabalhador experiente, mas algo penoso para um trabalhador itinerante como eu. Ademais, aprender uma outra língua nessa idade, para alguém que nunca foi bom em idiomas, era uma luta árdua. Quando fui demitido, a indústria russa havia sido mais ou menos destruida e, então, eu não precisava mesmo trabalhar novamente. Para milhões, aquilo era uma verdadeira catástrofe. Bem, para mim, aquilo foi uma benção...

Assim, nós vimos que o mesmo processo regressivo que havia expelido meus colegas de trabalho das fábricas, expelira-me do meu próprio lugar no campo. E exatamente como eles, eu também havia me tornado um parasita do trabalho feminino, das habilidades de Tatyana. Marcado pelo gênero, pela nacionalidade e por qualificações desnecessárias, eu havia me transformado um etnógrafo fora do lugar, pronto para uma desonrosa aposentadoria do campo.

Conclusão: comparações, conexões e colaborações

Ultimamente, tem-se falado muito em uma "globalização contra-hegemônica", a ideia de um movimento incipiente de globalização, vindo de baixo para cima, e que ligaria o movimento operário, o movimento feminista, as diásporas raciais ou as organizações não governamentais que atravessariam as diferentes fronteiras nacionais. Nem sempre é óbvio o que *contra* e *hegemônico* significam em relação a esses movimentos, em que medida eles possuem as sementes de uma hegemonia alternativa ou como eles desafiarão a "globalização vinda de cima para baixo". É mais provável que a contra-hegemonia seja uma criação ilusória que desejamos ser real. A contra-hegemonia é o lado romântico da etnografia multissituada baseada em conexões solidárias fictícias ou fluxos através do globo que imagina ser um projeto político emancipador.

Esse capítulo mostrou, pelo menos para o caso do trabalho, que os padrões existentes de dominação deixam pouco espaço para hegemonias alternativas vindas de baixo. Quando elas surgiram, como no caso do Movimento Solidariedade Polonês, elas estiveram baseadas em lutas nacionais de duração limitada. Se quisermos abordar a "globalização vinda de baixo", sobretudo a contra-hegemônica, precisamos pensar primeiramente nas formas pelas quais o trabalho é enredado em limites mais locais – fábricas, comunidades, nações. Pode-se dizer que os "campos de força" mais relevantes estendem-se verticalmente e a partir do regime de trabalho mais do que horizontalmente e através dos regimes de trabalho. Devemos nos deslocar do empirismo da etnografia multissituada para a teoricamente direcionada etnografia multicaso dos "regimes fabris".

Este capítulo descreveu minhas tentativas de estudar tais regimes fabris, primeiro no socialismo de Estado húngaro e depois na Rússia pós-soviética, à procura das condições e possibilidades dos movimentos do tipo Solidariedade e similares contra o socialismo de Estado. O primeiro estágio da pesquisa (1982-89) começou de uma maneira sincrônica, comparando os regimes despóticos e burocráticos do socialismo de Estado com os regimes hegemônicos do capitalismo avançado e com os regimes despóticos de mercado do capitalismo primitivo. No segundo estágio da pesquisa (1991-2002), conduzido durante a onda da derrocada do socialismo burocratizado de Estado, eu fui da comparação sincrônica à análise diacrônica da transição russa ao capitalismo, um processo de involução econômica.

Metodologicamente, empreendi o que se poderia chamar de amostragem passo a passo pela qual uma comparação levava a outra. Eu não selecionei um conjunto de casos e depois os investiguei em conjunto, mas, em vez disso, obtive-os serialmente numa sucessão de comparações. Assim, na primeira comparação, eu contrastei minhas próprias experiências na Allied com o relato de Haraszti na Estrela Vermelha, localizando cada qual em sua economia política específica. Isso colocou a questão das variações através do tempo e do espaço no interior do socialismo de Estado húngaro – até que ponto as experiências de Haraszti seriam representativas? Aqui, identifiquei os efeitos que as reformas econômicas, a posição da empresa dentro da economia húngara como um todo e o dualismo criado no interior das fábricas socialistas exerceram sobre os regimes de produção.

Esses foram os momentos "realistas" do estudo de caso ampliado, mas o que dizer do retrato de Haraszti sobre a vida na firma, afetado por suas relações com seus colegas de trabalho? Para estabelecer uma comparação apropriada, eu mesmo precisei tomar parte do processo de trabalho do socialismo de Estado. Com János Lukács como meu guia e colaborador, ingressei na Bánki, onde conjecturei que o relato de Haraszti sobre a atomização e a opressão era em parte devido a sua própria condição de forasteiro. Em contraste, meu estatuto de forasteiro colocou-me em íntima conexão com as dinâmicas coletivas do chão de fábrica. A partir da Bánki, Lukács e eu fomos para a Siderúrgica Lênin, onde uma empreitada muito mais longa de trabalho permitiu-me desenvolver um segundo momento do construtivismo – a reconstrução teórica. Como um marxista ocidental, eu buscava uma oposição da classe operária ao socialismo de Estado, focando sua base coletiva dentro da usina de aço, em contraste com Haraszti, o dissidente que via o ambiente de trabalho pelas lentes do totalitarismo.

Os quatro momentos do método de caso ampliado – dois realistas e dois construtivistas – são inseparáveis, porque nós só podemos conhecer o mundo através da nossa relação com ele. Mas nós não podemos nos concentrar nos quatro momentos simultaneamente e, por isso, dirigimos nosso foco sobre um deles, enquanto, por assim dizer, tentamos manter os demais em equilíbrio. Uma vez que eu estava interessado no mundo real e em sua transformação, eis aí por onde sempre comecei. Na Hungria, optei por localizar as diferentes organizações do trabalho na Allied e na Estrela Vermelha dentro de suas respectivas economias políticas como um todo. Isso era possível somente "mantendo constante" o processo social, a posicionalidade e o esquema teórico que seriam problematizados posteriormente.

No caso da Rússia, Kathie Hendley e eu não começamos com uma análise estrutural (micro-macro) da economia política soviética em fluxo, mas com o exame dos processos internos, a guerra civil que encontramos na empresa de Moscou, a Kauchuk. Mas isso só era possível sobre a base de teorias preexistentes acerca da empresa soviética, em particular o quadro teórico que eu havia desenvolvido na Hungria socialista – teorias que também foram desafiadas por nossas experiências e observações. Quando eu fui para o norte rumo a Syktyvkar com Pavel Krotov, as mais amplas transformações da economia soviética tornaram-se mais e mais visíveis à medida que estudávamos as forças internas e externas que arrastavam uma pequena fábrica de móveis. Numa análise final, porém, a transição do socialismo ao capitalismo demandou uma nova abordagem teórica que se detivesse mais nos mercados que na produção; e a lógica dessa teoria levou-nos para fora das fábricas – primeiro para o campo da circulação (bancos) e depois para os lares e, com isso, veio uma nova posicionalidade com a qual eu não estava familiarizado, enquanto orbitava minha colaboradora Tatyana Lytkina. O movimento de caso a caso raramente era ruptural, mas representava uma mudança de foco de um momento a outro do estudo de caso ampliado.

Nós só conhecemos o mundo por meio da nossa relação com ele: às vezes, essa relação obscurece o mundo, mas às vezes, ela o ilumina. Em

A fabricação do consentimento, afirmei que a maneira pela qual os trabalhadores estão inseridos no mundo, isto é, sua relação com o mundo, mistificou o funcionamento desse mesmo mundo – o capitalismo sistematicamente obscurece sua exploração aos olhos dos seus participantes. Como etnógrafo, não elaborei o "bom senso" dos meus colegas de trabalho na Allied, mas, em vez disso, quebrei seu "mau senso". Empreendi poucas tentativas para conectar minha emergente reconstrução do marxismo a suas percepções plebeias acerca do mundo. Bem diferente foi minha experiência na Hungria, onde os trabalhadores estavam inseridos na produção de uma forma que os permitia perceber como aquele sistema funcionava. A exploração e a dominação eram-lhes transparentes. Ali, pude construir minha teoria do socialismo de Estado sobre o "bom senso" deles e, assim, eu me vi colaborando numa produção conjunta de conhecimento. Janos Lukács transformou-se numa figura central nessa colaboração e, com efeito, concluí minha empreitada húngara estudando como ele tentou construir a propriedade dos operários sob a rubrica de privatização.

Na União Soviética, o acesso ao universo dos trabalhadores foi mais difícil, mesmo quando labutei no chão de fábrica da Móveis Polares. Quando o colapso chegou, eu me tornei dependente da colaboração de Krotov e Lytkina. A maior parte da pesquisa, passamos com administradores e empreendedores que manietavam a Rússia por meio do inferno do mercado, desenvolvendo seus próprios esquemas de comércio, seus próprios bancos e mesmo suas próprias moedas. Os trabalhadores eram espectadores passivos, desconfiados das maquinações da gananciosa e especulativa nova burguesia. Como os trabalhadores costumavam brincar, tudo o que os comunistas ensinaram sobre o socialismo estava errado, mas tudo o que eles ensinaram sobre o capitalismo estava certo. Desde o começo, eu me considerava crítico das bem-estabelecidas, mas completamente falsas, comparações desse capitalismo mercantil russo com um capitalismo ideal-típico, como se o primeiro naturalmente desse origem ao segundo. Aqueles que reconheciam o abismo que separava os dois caíram na armadilha de uma falsa imputação – segundo a qual todos os obstáculos à transição russa adviriam da herança comunista. Nutrindo ilusões sobre outro futuro radiante, ninguém queria prestar muita atenção nas bobagens que um estrangeiro amalucado como eu dizia.

Começara minha escapada socialista com uma veia otimista, procurando pelas raízes progressistas do movimento Solidariedade e pelas possibilidades de um socialismo democrático. Terminei com uma veia pessimista, narrando o eclipse da própria noção de socialismo, dissolvido em um primitivo capitalismo de rapina. Estas são as dialéticas da etnografia – você nunca termina tal como começou, inclusive porque essa pesquisa localiza-se em um espaço e tempo reais. Invariavelmente, a história segue seu próprio curso, (re)definindo a própria teoria que a torna inteligível.

Conclusão

Etnografia de grandes transformações

O século XX sepultou os cadáveres dos ideais não realizados – liberdade, igualdade e auto-realização. Ao frustrar sua realização, como Eric Hobsbawn escreveu, nenhum século foi mais brutal ou mais violento – ele foi, com efeito, o século dos extremos [Hobsbawn, 1994]. Como herdeiros do século XX, podemos: A) culpar os ideais específicos e procurar por outros cuja realização possa ser menos recalcitrante; B) culpar o idealismo em si e banir os ideais, fazendo o melhor possível pela ordem de coisas existente, como se ela fosse o único mundo possível; ou C) preservar os velhos ideais, procurando novos caminhos para sua realização, caminhos indicados pelo exame dos processos sociais que levaram a sua derrota inicial. Escolhi trilhar este terceiro caminho.

Essa via assinala que devemos recusar o niilismo que vê o século XX como uma sucessão de eventos que apenas empilhou ruínas sobre ruínas. Em vez disso, ela ingressa na tempestade a fim de observá-la mais de perto, conduzindo uma cadeia de catástrofes a diferentes processos de transformação social. O século XX começou com transições do capitalismo para um socialismo que traiu seus próprios ideais. Ao final do século XX, o socialismo-tal-como-foi tombou sob o peso de sua própria traição, reconduzindo seus exaustos súditos ao capitalismo mais grosseiro. Entre um e outro acontecimento, testemunhamos a transformação do capitalismo em seu centro e uma revolução anticolonial em sua periferia, cada qual com suas próprias variantes assustadoramente destrutivas. Essas quatro grandes transformações definiram a experiência do século XX e lançaram as fundações o século XXI. Juntos, esses processos atraíram minha atenção; e esta conclusão reúne brevemente o que eu aprendi com isso.

Neste livro, minha abordagem destas transformações sociais têm sido principalmente e sobretudo metodológica. Ao tentar mostrar como os horizontes da etnografia não são limitados pelo aqui-e-agora do campo de pesquisa, no Capítulo 2, desenvolvi a ideia de revisita etnográfica para entender a história. Retorno agora às ideias daquele capítulo para mostrar como investiguei cada transformação: a transição pós-colonial por meio da escavação do passado em uma revisita arqueológica, retornando minha pesquisa a seus temas em uma revisita de despedida; a transição do capitalismo ao comparar dois estudos sobre o mesmo local em diferentes épocas, ou seja, em uma revisita focada; a transição do socialismo burocratizado de Estado ao enquadrá-lo nos termos das revoluções anteriores e que chamei de revisita heurística; e finalmente, a transição do socialismo burocratizado ao capitalismo em uma sucessão de etnografias, ou uma revisita seriada. Grandes transformações não são apenas históricas, mas societárias; elas envolvem a transformação das relações entre o Estado e a sociedade civil ou da sociedade civil com a economia. Estudar uma grande transformação significa considerar não apenas amplas faixas de história, mas extender-se para além do âmbito de pesquisa, para instituições nacionais, isto é, ir dos microprocessos às macroforças que lhes dão forma. Se meus pontos de partida têm sido minas e fábricas, meu destino final são universos mais amplos, procurando compreender a economia, o Estado e a sociedade dentro da qual aquelas estão inseridas e através da qual são transformadas.

Há perigos nessa empreitada. Se nos anos recentes muito tem sido dito sobre o perigo de se romantizar temas etnográficos, há também o perigo inverso de se reificar o mundo além do campo, como se este fosse imutável e homogêneo. Como sugerirei, tenho sido com frequência acusado desse segundo erro em meu tratamento do mercado e do Estado, não reconhecendo que eles também são âmbitos da ação humana, espaços marcados por processos contraditórios, lugares com suas dinâmicas próprias.

Erros são sempre artigos de oferta abundante. Eles tornam-se o tempero da ciência quando os interrogamos cuidadosamente. Ao fazermos previsões, estamos sujeitos a cometer enganos; e eis por que fazemos previsões – para colocar e testar nossas teorias a fim de podermos as aperfeiçoar. Melhorar uma teoria requer uma certa obsessão acerca de seus defeitos. A ciência procede mais pela correção da inexatidão que pela captura de verdades definitivas. Em outras palavras, a ciência avança não por estar tediosamente certa, mas por estar brilhantemente errada. Refletir sobre os erros que eu cometi nesses estudos tem-me permitido levar minha teoria adiante.

Ou seja, o trabalho está mais para metodologia que para método. No início, o método está inextricavelmente atado à teoria; ele não pode funcionar sem a teoria. Como Karl Popper advertiu, e como mostrei no caso do relato de Skocpol sobre as dinâmicas revolucionárias [Capítulo 3], colocar a máquina da indução em movimento sem o combustível da teoria acaba deixando-nos onde estávamos, e esperando. Devemos começar com teoria se tivermos que finalizar com teoria. Nesse caso, é melhor escolher os teóricos que achamos serem merecedores de desenvolvimento. Assim, Frantz Fanon foi minha lente para a África; Antonio Gramsci para o capitalismo avançado; Leon Trotsky para a Revolução Russa e sua decadência stalinista; Iván Szelényi para a transformação do socialismo de Estado; e Karl Polanyi para sua falência. Cada um deles foi um obstinado participante nas sociedades que estudaram e, portanto, eles tinham uma considerável vantagem sobre a ciência social feita à distância. Estes teóricos jamais hesitaram em fazer previsões para mapear as estradas rumo ao futuro. Isto os transformou em cientistas brilhantes, mas falíveis.

A transformação pós-colonial

Se a metodologia não é teoricamente inocente, então, isso representa mais uma necessidade que um impedimento para sermos teoricamente autoconscientes desde o início. Levei vários anos para chegar a tal realização, por isso, eu mesmo nem sempre segui esse preceito. Meu primeiro estudo, conduzido entre 1968 e 1972, o estudo sobre a zambianização, foi o mais irrefletido, tanto teoricamente como medodologicamente. Ele expressou o puro trabalho indisciplinado da pesquisa social. Mesmo ali, porém, Frantz Fanon pairava no plano de fundo como um guia no pós-colonialismo. Suas análises de classe sobre a formação racial colonial e pós-colonial modelaram *A cor da classe nas minas de cobre [The colour of class in the copper mines]*. Zâmbia não era Argélia – ela não foi uma colônia estabelecida, e sua base econômica não era agrícola, mas industrial – então, isso demandava uma reconstrução da teoria de Fanon sobre o pós-colonialismo para uma economia de enclave baseada no cobre. Em Zâmbia, a burguesia nacional forçou o pós-colonialismo – o único no qual a cor da classe mudou, mas não a estrutura de classes – mantendo-se em grande medida incontestada por quaisquer visões radicais de libertação que estivessem entre as reações às colônias estabelecidas na África.

Para compreender as forças de classe atuando por trás da reprodução da ordem racial nas minas de cobre, especificamente o princípio de que nenhum negro teria qualquer autoridade sobre nenhum branco, ou seja, o princípio da barreira da cor, conduzi uma revisita arqueológica. Escavei a história colonial do avanço africano, isto é, as formas pelas quais os africanos lentamente avançaram rumo a posições na hierarquia industrial que até então eram monopólio dos brancos – um processo de fragmentação e de compartilhamento de partes do trabalho dos brancos para seus sucessores africanos, mas sempre sob a orientação jurídica da barreira da cor. Cheguei à conclusão de que o fundamento capitalista da economia de Zâmbia estabeleceu os parâmetros para a sucessão racial em ambos os períodos – se é que a independência racionalizou a dominação do capital *e* a ordem racial sobre a qual a indústria mineradora repousava. Como Fanon havia advertido, a transição pós-colonial provou ser bem menos radical do que sua retórica indicava. Se a estrada da libertação nacional rumo ao socialismo democrático estava bloqueada, supusemos, então, que a ordem pós-colonial degeneraria de um pluralismo democrático para uma democracia de partido único; desta, para uma ditadura militar; e da ditadura militar, para o despotismo de um só homem.

Após minha partida em 1972, a trajetória de Zâmbia e de suas minas de cobre foi, com efeito, trágica. Como parte do projeto nacionalista, o governo zambiano nacionalizou as minas de cobre em 1971 e, em troca, as companhias multinacionais receberam um generoso contrato de exploração. Logo após a nacionalização, o preço internacional do cobre começou a desabar, transformando lucros em perdas, mas as minas continuaram abertas porque eram a maior fonte de empregos. Movendo-se velozmente para a bancarrota, o governo zambiano tomou do FMI [Fundo Monetário Internacional] um empréstimo para empreender ajustes estruturais que estava condicionado à reprivatização da indústria mineradora. Durante os anos 1970 e 1980, os zambianos haviam avançado às mais altas posições na indústria, mas, com a privatização, os expatriados retornaram às posições gerenciais, vindos de diferentes partes do mundo, a fim de fazer das minas de cobre uma atraente compra internacional. Podemos chamar esse processo de recolonização. Após algum interesse inicial de uma das antigas muntinacionais, a Anglo American *Mining* Corporation, capitais chineses e indianos assumiram o controle da indústria mineradora no século XXI. A história dos anos 1980 e 1990 foi a da queda do preço do cobre que arrastou a indústria mineradora zambiana e, com isso, todo o país, à falência, com sua população empobrecida e doente. Ironicamente, assim que o governo desfez-se do investimento perdido, o preço do cobre aumentou quatro vezes em relação a 2002, proporcionando uma inesperada lucratividade aos novos donos.

Cometi pelo menos dois erros em minha análise da indústria do cobre e sua ordem racial. Em primeiro lugar, ao assumir que "o Estado" iria optar pela linha da menor resistência e então não tocaria na barreira da cor, homogenizei os interesses do Estado. Eu não havia enxergado o Estado como um conjunto contraditório de instituições onde algumas podem perseguir a justiça racial, mesmo que às custas de certo transtorno econômico de curto prazo. O estudo de caso ampliado estava sob o risco de reificar as forças externas que conformam os processos sociais em observação, não reconhecendo (porque não era capaz de enxergar) aquelas forças como sendo elas mesmas o produto de processos sociais inconclusos. Eu percebi as falhas de meu modo de agir quando empreendi uma revisita de despedida, ou seja, quando apresentei minha etnografia aos poderes dominantes e inesperadamente recebi considerável apoio por parte do mesmo Estado que eu havia tão veementemente criticado.

Meu segundo erro foi limitar a macroextensão à configuração nacional das forças de classe, excluindo, com isso, as forças globais, sendo elas o preço do cobre ou o que seriam os ajustes estruturais do FMI. Esta foi uma reação deliberada contra a ideologia da elite dominante que apontava o "neocolonialismo" como a causa da reprodução do subdesenvolvimento, mascarando seu próprio projeto de classe para o país. Embora a elite dominante promovesse e disfarçasse seus próprios interesses por trás da retórica do neocolonialismo, as forças globais eram, entretanto, reais. Ambos os erros poderiam ter sido sanados por uma leitura mais atenta de *Os condenados da Terra* [*The Wretched of the Earth*] de Fanon. Eu havia reconstruído algumas partes de sua teoria, mas não outras.

A desilusão com o pós-colonialismo tem inpirado novas perspectivas em teoria social. Os chamados estudos subalternos, originalmente desenvolvidos na Índia, estão entre suas melhores expressões. A universalidade da depressão pós-colonial colocou em questão o projeto inicial de independência, um projeto enredado pelas mesmas noções metropolitanas de nacionalismo que desembocaram na dominação colonial. Estudos subalternos começaram a recuperar projetos nativos, sepultados nas lutas anticoloniais das classes camponesas e operárias da Índia. Os debates ferveram em relação à alternativa representada pelo gandhismo. Dentre as duas tarefas – a crítica aos discursos ocidentais e a redescoberta de projetos contra-hegemônicos – o primeiro foi o que crescentemente absorveu os estudos subalternos, mas foi também o único que foi mais facilmente assimilado pelo mundo acadêmico ocidental. Ao denunciar o nacionalismo de Fanon, os estudos subalternos, talvez deliberadamente, tenham perdido de vista as preocupações emancipatórias do autor, assim como sua investigação sobre as alternativas historicamente suprimidas. Como argumentarei adiante, hoje em dia estamos desesperadamente carentes de alternativas radicais ao capitalismo.

A transição ao capitalismo organizado

Mudando o foco da colônia para a metrópole, a segunda grande transformação tratada neste livro foi aquela que trouxe o capitalismo organizado à baila. Se o estudo da zambianização mostrou como processos sociais reproduziam-se a despeito de amplas mudanças almejadas durante seu rompimento, o segundo estudo partiu de pequenas, porém decisivas mudanças em um chão-de-fábrica, para as mudanças sistêmicas no caráter do capitalismo.

Eu ingressei em uma fábrica de máquinas ao sul de Chicago, a divisão de motores da Allied Corporation, uma gigantesca corporação multinacional, apenas para descobrir que aquela havia sido a mesma fábrica estudada por Donald Roy, afamado etnógrafo da Escola de Chicago. Ele trabalhara ali como operador de furadeira de bancada entre 1944 e 1945. Eu trabalhei ali como operador de máquinas variadas entre 1974 e 1975. A princípio, fiquei surpreso de como aquilo pouco havia mudado em trinta anos (eis o motivo que me levou a identificar a empresa como a mesma que Roy havia estudado), mas então, visto que me baseava em sua dissertação, eu encontrei pequenas, porém significativas alterações; não tanto na tecnologia, mas na forma como o trabalho era regulado, o que eu chamei de mercado de trabalho interno e Estado interno. Falando em linhas gerais, durante os trinta anos decorridos, o regime de trabalho havia se deslocado progressivamente, do despotismo à hegemonia, ou seja, o equilíbrio entre violência e consentimento havia se deslocado em direção ao consentimento.

Essa foi a reconstrução do marxismo dos anos 1970 – teorias acerca da economia, do Estado e da política influenciadas, especialmente, pelos trabalho de Antonio Gramsci – que me permitiu em primeiro lugar focar esta mudança no regime de produção e, então, possibilitou-me interpretar e explicar essa mudança. Eu estava especialmente interessado em investigar e elaborar a afirmação de Gramsci segundo a qual, nos Estados Unidos, a hegemonia havia nascido na fábrica. Especificamente, aqueles trinta anos viram a consolidação de uma economia dual – por um lado, um setor corporativo ou monopolista com trabalhadores organizados em sindicatos e um regime de produção crescentemente monitorado e regulado pelo Estado; por outro, um setor competitivo desregulado com trabalhadores desorganizados. A Allied Corporation havia comprado a Geer Company estudada por Roy, levando-a do setor competitivo para o setor monopolista, ao passo que esse setor monopolista adotava um regime de produção mais hegemônico.

Bem diferente da revisita arqueológica do estudo sobre a zambianização, neste eu exumei o passado. O estudo de Chicago foi uma revisita focada – a comparação minuciosa de duas etnografias diferentes do mesmo lugar em diferentes épocas. A reconstrução teórica permitiu-me estender – ou, mais precisamente, projetar na história – as diferenças específicas entre a Geer e a Allied em um relato sobre a transição do capitalismo competitivo ao capitalismo organizado. No primeiro capitalismo, a vida depende do trabalho, ao passo que sob o capitalismo organizado, a dependência da vida em relação ao trabalho é mediada pelo Estado – um Estado que oferece certas garantias àquelas pessoas sem trabalho, seja devido à idade, à enfermidade ou ao desemprego. Uma vez que os trabalhadores estivessem menos temerosos de perderem seus empregos, eles deveriam ser mais persuadidos que coagidos a cooperarem com a gerência. Ao mesmo tempo em que o Estado oferece aos trabalhadores certas garantias de bem-estar social, ele também assegura que a gerência seja responsável por certas normas de procedimento no tratamento dos trabalhadores. O resultado foi um regime hegemônico de produção onde a coerção é aplicada de maneira regulada, sendo ela mesma objeto de consentimento.

A persuasão no capitalismo organizado nem sempre foi gentil. Ela também podia ser autocrática, tal como sob o fascismo, e no final dos anos 1970, um regime mais despótico – o despotismo hegemônico – emergiu dos setores centrais da indústria estadunidense. O regime hegemônico, que eu erroneamente interpretara como sendo bastante estável, representou apenas um breve momento da história. A recessão de 1974 preconizou uma iminente dupla ofensiva contra o trabalho organizado: de um lado, por parte do capitalismo global, que destruiria as indústrias do sul de Chicago; e de outro, por parte do Estado e sua ofensiva iniciada em 1981 pela administração Reagan com a espantosa demissão dos controladores de voo. A competição dos produtos internacionais transformou a área ao sul de Chicago numa terra industrial devastada, em um enorme gueto, um verdadeiro armazém de população supérflua, ejetada dos projetos habitacionais de Chicago, eles próprios demolidos para abrir espaço para o real desenvolvimento do Estado. Como no estudo de caso de Zâmbia, deixei passar a tempestade do capitalismo global que apontava no horizonte e também o caráter contraditório do Estado. O Estado não é um objeto reificado que apresenta sempre o mesmo efeito, mas é ele próprio o produto de processos sociais que se desenvolvem no tempo. O que eu havia presenciado, portanto, desde o final dos anos 1970, foi uma ampla erosão da proteção ao trabalho e um retorno à brutalidade do antigo capitalismo concorrencial. Mas agora operando em uma escala realmente global, auxiliado e encorajado por Estados mais ou menos neoliberais. Assim como em Zâmbia, também em Chicago, foram mercados desregulados que promoveram o avanço da miséria.

As revoluções soviéticas

Chegamos agora ao segundo conjunto de transformações que tem definido o que costumamos chamar de Segundo Mundo: primeiro, a transição ao socialismo de Estado e, depois, a transição ao capitalismo mercantil. Metodologicamente, meu estudo da transição pós-colonial envolveu um projeto de reconstituição pela história baseado em arquivos e notícias, ao passo que a análise da transição ao capitalismo avançado baseou-se em uma revisita à fábrica estudada por outro etnógrafo trinta anos antes. A terceira transição, de caráter obviamente diferenciado, retornou à Revolução Russa. Aqui, eu contei com outro observador participante, Leon Trotsky, cujas análises foram as primeiras que anteciparam e depois refletiram sobre a revolução e seu epílogo, uma análise que foi originalmente baseada em uma revisita heurística, ou uma reconstrução retrospectiva da Revolução Francesa e da malograda Revolução Alemã, uma reconstrução que também envolvia a transformação da teoria marxista.

Muito antes da Revolução de Outubro, Leon Trotsky já havia percebido a necessidade de combater aquela parte da concepção marxiana da história que afirmava que a revolução proletária haveria de ocorrer primeiro nos países de capitalismo mais avançado, pois, ali, tanto as contradições como as lutas de classe estariam mais maduras. Trotsky contrapôs a esse marxismo clássico uma concepção alternativa na qual o sistema capitalista mundial concentrava suas contradições em países semiperiféricos e, dessa forma, lançava primeiro nesses países as sementes da revolução. Enfrentando a concorrência de Estados erguidos sobre fundações econômicas mais desenvolvidas, o Estado absolutista russo tentou extrair sua mais-valia de maneira mais coercitiva e, como resultado disso, mais bloqueou que estimulou as forças produtivas. A difusão da crise econômica coincidiu com a formação de um proletariado militante, pois este havia sido recentemente desenraizado da terra e carregado para modernas empresas de produção em larga escala, construídas com capital estrangeiro. Ao mesmo tempo que a revolução tornava-se uma necessidade econômica, a única classe social capaz de levá-la politicamente adiante era a classe operária – uma vez que a burguesia russa era fraca e dependente das finanças alemãs e francesas. O equilíbrio de forças que favoreceu a classe operária foi o que distinguiu a Revolução Russa da Revolução Francesa, onde a burguesia emergente prevalesceu, e da malograda Revolução Alemã de 1848, onde a burguesia e a classe operária estavam em relativo equilíbrio.

Se a classe operária tornou-se a força política dominante na Rússia em 1917, seus instintos e interesses, afirmou Trotsky, conduziriam o país rumo ao socialismo – promovendo as condições de trabalho, o controle democrático da produção, a redução da jornada de trabalho e assim por diante... Mas tudo isso era impossível, devido ao estado subdesenvolvido das forças produtivas. O sucesso da Revolução Russa dependia então do desencadeamento da Revolução Europeia, que era mais provável que eclodisse na Alemanha. Falhando essa alternativa, a Revolução Russa inevitavelmente degeneraria. Aqui, todo o brilhantismo e perspicácia analítica de Leon Trotsky concentraram-se em sua antecipação do stalinismo, algo simplesmente sem paralelos na história das ciências sociais. No entanto, sua contínua aposta na iminente Revolução Europeia malogrou. Outros marxistas chegariam a um acerto de contas com o fracasso da revolução no Ocidente e a estabilização do capitalismo organizado.

Leon Trotsky foi o observador participante supremo, o que o permitiu desenvolver a teoria e a prática, uma ao lado da outra, levando-o a participar daquilo que iria se transformar em uma revolução traída. Sua participação interessada e posterior afastamento da Revolução Russa não foi um obstáculo, mas sim um recurso para sua análise e um fundamento para sua imaginativa reconstrução do marxismo. Como revolucionário, ele devia empregar uma ciência correta – isso não era um mero exercício acadêmico, mas uma questão de importância histórica mundial. Assim, quando convocado para compreender a Rússia, o marxismo não lhe compareceu como um dogma, mas como um corpo teórico vibrante que deveria ser reformulado de acordo e paralelamente à sua própria participação na trajetória do processo revolucionário. Pela mesma razão, seu distanciamento do teatro das lutas de classe e dos compromissos de classe da Europa levaram-no a uma análise mais deficitária do Ocidente, segundo um marxismo mais convencional.

Um socialismo de Estado enfraquecido?

Em sua análise do período de transição soviético nos anos 1920, assim como em sua análise do stalinismo, Trotsky já se colocara a questão do destino da União Soviética: socialismo ou capitalismo? Com a consolidação do stalinismo, em especial durante a Segunda Guerra Mundial, e no degelo pós-Stálin, a questão do socialismo ou do capitalismo dividiu o mundo, mas não o futuro da União Soviética. O socialismo burocratizado de Estado parecia ter chegado para ficar. Para ser mais exato, o modelo soviético enfrentou desafios em sua periferia: a Alemanha Oriental em 1953, a Hungria em 1956, a Checoslováquia em 1968, mas estas rebeliões foram rapidamente aniquiladas. Mais que isso, elas almejavam a reforma do socialismo, um socialismo autenticamente democrático, e não um retorno ao capitalismo. Em 1980, o Movimento Solidariedade da Polônia e sua revolução autolimitada, no entanto, mergulhou muito mais fundo na sociedade e durou muito mais tempo (dezesseis meses). O movimento continha tendências divergentes. Mas, mesmo ali, o projeto que as articulava era o de uma revolução política antiburocrática capaz de democratizar o socialismo de Estado.

Embora eu não tenha podido rumar para a Polônia antes que o general Jaruzelski tomasse o poder, o Movimento Solidariedade aguçou meu interesse sobre o socialismo de Estado e suas potencialidades democráticas. Estando a Polônia bloqueada, resolvi iniciar uma série de etnografias, uma revisita seriada, que me levou de fábrica em fábrica na Hungria e, depois, ao coração da Rússia. Quando em 1982 embarquei nessa odisseia de vinte anos, eu estava à procura das sementes do socialismo democrático. Eu mal podia imaginar que iria observar a restauração capitalista. Minha jornada húngara começou em uma fábrica de champanhe numa fazenda coletiva, daí para uma indústria têxtil numa cooperativa agrícola, e daí tomei o rumo de uma indústria similar à Allied. Por fim, alcancei o coração da classe operária socialista, encontrando emprego numa siderúrgica. Entre 1985 e 1988, trabalhei ali por mais de um ano.

No exato momento em que eu pensava ter descoberto uma classe operária com uma consciência socialista, a ordem social inteira desmantelou-se e regrediu ao capitalismo. Olhei então atentamente para os estilhaços de um socialismo imaginário – justiça, igualdade e eficiência – que havia sido traído pela hipocrisia e pelas falsas promessas da burocracia stalinista, mas que, no entanto, podia ainda ser encontrado na solidariedade produzida pela classe operária em seu ambiente de trabalho. Eu tomei seriamente o argumento de Konrád e Szelényi (1979) segundo o qual a legitimidade foi o ingrediente principal do socialismo de Estado, mas também, como eu disse, a origem de sua vulnerabilidade. Ele produziu uma classe operária que exigia que o Estado cumprisse bem suas alegações para que fosse realmente um Estado operário. Trabalhando com a teoria de János Kornai sobre a economia da deficiência, cheguei a conclusão de que a solução das patologias do ambiente de trabalho socialista requeriria a auto-organização coletiva dos trabalhadores. Assim, paradoxalmente, foram as vulnerabilidades políticas e econômicas do socialismo de Estado que inspiraram as visões da classe operária acerca de um socialismo democraticamente vigoroso e economicamente eficiente. No entanto, minha imaginação socialista provou-se mais imaginativa que socialista.

Como pude estar tão errado, tão enganado, ao acreditar que o socialismo de Estado poderia conduzir a um socialismo democrático e não a um capitalismo mercantil? Em parte, porque era mais desejável pensar assim, e em parte porque eu simplesmente estava olhando para o lugar errado – a restauração não estava sendo impulsionada desde o interior da produção por meus colegas operários socialistas, mas tramava-se de cima para baixo a partir de superestruturas burocratizadas. A burocracia dominante havia perdido a confiança em sua habilidade de reformar o socialismo. Uma vez mais, o problema com o método do estudo de caso ampliado estava na reificação das forças para além do âmbito de pesquisa etnográfica, como se elas fossem naturais ou eternas. O partido estatal, os ministérios do planejamento, podiam parecer impávidos da perspectiva da produção, mas na realidade, eles eram também o produto de processos sociais e da ação estratégica, embora escondidos da produção. Outra fonte de erro jazia na questão que impulsionara minhas investigações – por que aquela importante revolução operária havia ocorrido no socialismo de Estado; e por que na Polônia e não na Hungria? Eu me perguntava sobre os fundamentos do Solidariedade, com o intuito de compreender as condições para sua repetição, visto que as burocracias dominantes estavam a uma enorme distância à nossa frente. Havendo diagnosticado tais condições, elas estavam determinadas a controlá-las precisamente para que não não se repetissem.

Ao mesmo tempo em que o socialismo de Estado húngaro desintegrava-se de cima para baixo, a União Soviética transformava-se no palco de crescentes movimentos sociais de baixo para cima. Uma decisiva viagem para a União Soviética em 1990 levou-me a uma década de trabalho de campo, começando no início de 1991. O desenvolvimento de rachaduras da sociedade soviética, muito diferentes das que se desenvolveram na Hungria, *era* bastante visível de dentro da fábrica. No primeiro estudo conduzido em uma fábrica de borracha em Moscou, as forças em conflito – planificação *versus* mercado, União Soviética *versus* Rússia – dividiram a gerência em facções belicosas, ao passo que alguns meses mais tarde, no norte da Rússia, presenciei a emergência de uma nova forma de capitalismo – que eu chamei de capitalismo mercantil

– que destruiria a economia existente em um processo de desacumulação primitiva. A transição soviética para uma economia de mercado não foi nem revolucionária como os teóricos do *big-bang* previam, nem evolucionária como os neoinstitucionalistas descreveram, mas, no lugar disso, a transição foi involucionária – um processo no qual o mercado se expande às custas da produção.

Como resultado, a Rússia experimentou um rápido declínio econômico, sem paralelos na história do século XX, e que perdurou até, pelo menos, 1998. Minha teoria do capitalismo mercantil e sua consequência, a involução econômica, ofereceu um retrato fiel da primeira década da transição para o mercado. Junto com Pavel Krotov e Tatyana Lykina, eu tracei as reverberações dessa involução sobre a indústria moveleira, a indústria de carvão vegetal, os ramos ligados à construção e as estratégias de sobrevivência das famílias da antiga classe operária.

Ao contrário dos meus estudos sobre a zambianização e os regimes hegemônicos de produção que demandaram uma reconstituição deliberada do passado, eu havia me tornado um observador participante num processo histórico que se tornara o objeto de análise. Assim como ocorrera com Trotsky, havia aqui duas fases – uma fase mais otimista, a do final do socialismo húngaro, e uma fase mais depressiva, marcada pelo o declínio e pela degradação das massas russas. A segunda fase demandou uma profunda reformulação da teoria marxista, um abandono da produção em benefício do foco sobre os poderes destrutivos do mercado. Aqui, eu tomara as ideias de Karl Polanyi, que havia dedicado a obra de sua vida à análise dos perigos do fundamentalismo do mercado. Muitos haviam tomado de Polanyi a ideia de que os mercados necessitam se enraizar na sociedade e devem ser regulados pelo Estado. Para mim, o mais interessante era sua análise histórica: quando levados longe demais, os mercados desencadeiam contramovimentos. No século XIX, o contramovimento veio da sociedade, envolvendo o movimento das fábricas e a criação de sindicatos operários, cooperativas e associações voluntárias; ao passo que no século XX, a reação veio dos Estados – a socialdemocracia e o *New Deal*, mas também o fascimo e o stalinismo. Dadas as traumáticas reações do século XX, Polanyi chegou a acreditar que o credo neoliberal havia se exaurido e que o socialismo formado por uma coletividade auto-organizada submetendo a si o mercado e o Estado estava na agenda do dia. Mas ele estava enganado. O fundamentalismo do mercado ressurgiu uma terceira vez – um verdadeiro ciclone destruindo tudo e todos em seu caminho.

Com efeito, essa tem sido a herança nefasta da grande transformação que eu estudei por trinta anos. Nós vimos em Zâmbia, mas também na África como um todo, a devastação ocasionada pelos ajustes econômicos estruturais. Mesmo a África do Sul pós-apartheid, com sua longa história de lutas socialistas, tem-se voltado ao mercado, privatizando os serviços públicos, abrindo-se às mercadorias baratas do estrangeiro, permitindo, de um lado, a acumulação de riquezas e, de outro, a degradação da renda social. Nós observamos ao sul de Chicago, e nos núcleos industriais americanos mais genericamente, aquilo que se tornou uma terra devastada onde a população supérflua é depositada. Percebemos o lado político do fundamentalismo de mercado na calamidade que varreu Nova Orleans: um Estado que fracassou totalmente em prevenir a morte e a miséria, muito embora estas fossem previstas com bastante antecedência; um Estado que fracassou em organizar medidas paliativas uma vez que a tempestade desabara e, por fim e mais surpreendente, um Estado que tem fracassado em reabilitar a população das consequências negativas da tragédia. Indo mais além, vimos isso de maneira descarada na adoção da terapia de choque pela alta burocracia russa a fim de destruir todos os vestígios da economia planificada e garantir a consolidação da economia de mercado. O terrorismo stalinista da acumulação primitiva, alcançado às custas da coletivização e da planificação centralizada, assumiu o sentido oposto – o da desacumulação primitiva pela privatização e pelos mercados desenfreados. Nós ainda iremos presenciar a queda da (muito mais) bem-sucedida transição da China rumo ao mercado.

Da terceira onda de mercadorização para as utopias reais

A grande transformação de Karl Polanyi ocupou-se da transição para uma sociedade de mercado – uma transição que foi fatídica para toda a humanidade e da qual nenhum lugar do mundo escapou. Seu relato estendeu-se do final do século XVIII até o fim da Segunda Guerra Mundial. Onde ele viu uma única e longa grande transformação, eu vi duas ondas distintas de mercadorização – a primeira, estendendo-se ao longo do século XIX; e a segunda, compreendendo o período da Primeira Guerra Mundial até meados dos anos 1970. Hoje, nós vivemos a terceira onda de mercadorização que Polanyi jamais antecipara, uma onda que teve início no último quartel do século XX e, desde então, açambarcou todo o planeta.

Uma das contribuições distintivas de Polanyi reside em sua análise dos contramovimentos à mercadorização e que protegeram a sociedade da transformação desenfreada das coisas em mercadorias. Nós podemos discernir um contramovimento diferente para cada onda: a reação à primeira onda tomou a forma de organizações locais que estavam respondendo à transformação do trabalho em mercadoria; a reação à segunda onda tomou a forma de distintivas formações estatais (*New Deal,* socialdemocracia, fascismo e stalinismo), reagindo à transformação do dinheiro em mercadoria; por sua vez, a reação à terceira onda vem assumindo uma característica marcadamente global, reagindo à transformação da natureza em mercadoria, especificamente a terra e os recursos naturais. Podemos olhar para a sucessão de ondas como uma progressão dialética na qual a base institucional dos contramovimentos é, aos menos parcialmente, herdada da onda anterior para a próxima – a sociedade civil (incluindo sindicatos operários e partidos políticos) da primeira e Estados reguladores da segunda. Da mesma forma, trabalho e dinheiro continuam em progressiva mercadorização na terceira onda, mas a natureza assume uma crescente centralidade no debate público e nos movimentos sociais.

A União Soviética foi impactada por todas essas três ondas. A Revolução de Outubro de 1917 foi a última reação à primeira onda de mercadorização, ao passo que a contrarrevolução stalinista da coletivização forçada e da planificação centralizada, iniciada após o malogro da Nova Política Econômica (NEP), foi a reação burocrática à segunda onda de mercadorização. O colapso da União Soviética e seus satélites nas últimas décadas do século XX marcou o fim da resposta estatal à segunda onda de mercadorização, ao passo que igualmente consolidou a terceira onda que chegava. A transição de um capitalismo concorrencial para um capitalismo organizado representou a reação à segunda onda de mercadorização a partir do núcleo do sistema, ao passo que a transição pós-colonial representou sua contraparte na periferia.

O que é impressionante é como todas essas grandes transformações sucumbiram à terceira onda de mercadorização. Seja em Zâmbia, no sul de Chicago, na Hungria ou na Rússia, o advento da terceira onda de mercadorização tem trazido devastações e desigualdades jamais previstas pelos estudos que empreendi, com exceção do caso russo, onde estas devastações estavam ao alcance do olhar de todos. Nos demais estudos, eu esqueci de considerar o contexto global, porque as teorias com as quais trabalhava e, em regra geral, a sociologia clássica eram focadas em formações sociais nacionais. Para ser exato, a terceira onda da mercadorização foi mediada por formações sociais nacionais, mas também tem sido, e com frequência, auxiliada e instigada pelo Estado-nação. Ela golpeou com força tão devastadora, tal como uma arma de destruição em massa, que varreu para longe muitas das muretas de proteção.

Embora eu tivesse me esmerado em trazer o Estado de volta à análise, eu havia falhado em elucidar duas contradições internas aos processos dinâmicos. Ao pôr o foco sobre os vulneráveis e humilhados, entrando na morada oculta da produção e das comunidades da classe trabalhadora, eu havia, do mesmo modo, adotado muito rapidamente sua perspectiva sobre o Estado, ora exagerando e ora subestimando seu poder. Eu fui enganado pelo senso comum espontâneo da produção e dei muito pouca atenção à teoria social. O Estado e as classes dominantes não são objetos mecânicos, mas atores dinâmicos, especialistas em explorar crises, absorver mudanças e, quando necessário, empreender ofensivas contra as classes dominadas. Em cada um dos meus casos de grande transformação, o melhor que eu teria feito seria adotar e adaptar o conceito de Gramsci de revolução passiva – uma transformação molecular orquestrada a partir de cima, para absorver as mudanças que vêm de baixo.

Enquanto eu subestimava o significado estratégico do Estado e das classes dominantes, eu também exagerava o poder dessas macroforças. Com exceção da análise de Trotsky da Revolução Russa e seus resultados negativos, as etnografias que eu descrevi neste livro estavam preocupadas com mudanças no microcontexto, ocorrendo como resultado de mudanças no macrocontexto, quer dizer, as macrofundações dos microprocessos. Há aqui uma pressuposição de que a lógica da história é dada pelo nível macro, de que existe uma racionalidade para essa história e de que a história está do nosso lado. Se nós ao menos entendêssemos aquelas leis da mudança social, seríamos capazes de assegurar para nós mesmos um mundo melhor. Porém tais garantias simplesmente não existem e a história nunca se liberta do seu lado perverso. Sob a terceira onda da mercadorização, as vitórias anteriores do pós-colonialismo, do capitalismo organizado e mesmo do socialismo de Estado pós-Stálin sofreram uma revanche. O melhor que faríamos seria dispensar essas leis da história, sejam elas marxistas ou liberais, e deixar para trás todo o fatalismo sobre a transformação social associado àquelas leis.

Então, quais são as implicações desta análise para a etnografia da transformação social? Dado que as tentativas do século XX em se alcançar a liberdade, a justiça, a igualdade e a democracia foram bloqueadas e mesmo revertidas, como nós deveríamos abordar suas realizações no século XXI? Se não podemos confiar em leis da história pra nos dirigirmos a uma sociedade melhor e se as revoluções ameaçam os valores que nós estimamos, devemos adotar instituições promissoras que acolham valores desejáveis. O etnógrafo, agora, assume o especial papel do arqueólogo social.

Em vez de olhar para o âmbito de pesquisa como uma forma de se descobrir as leis da história, nós olhamos para ele como o fundamento de uma ordem alternativa. Portanto, não buscamos encontrar instituições típico-ideais, mas instituições inusuais e inéditas, tais como cooperativas ou experimentos em governança democrática capazes de albergar mais liberdade e ampliar os direitos sociais. O etnógrafo enquanto arqueólogo concentra-se em desenterrar os subalternos, compreendidos como instituições alternativas, e examinar suas contradições internas, suas dinâmicas e suas condições de existência. Ao buscar por essas experiências concretas – por utopias reais, tais como Erik Olin Wright as chamou –, mantemos vivos os ideais de justiça social e política que sempre estiveram ameaçados pela acumulação capitalista.[1]

Nesse contexto, a etnografia pode se estender movendo-se para duas direções. Por um lado, podemos extrapolar as inovações institucionais em pequena escala para um nível nacional e mesmo mundial. Se o orçamento participativo pode ocorrer em uma cidade, leia-se, Porto Alegre, a questão é como poderíamos projetar isso para os níveis nacionais e mesmo global? Por outro lado, podemos pensar a extensão como algo que vá entrelaçando diferentes microexperimentos em um movimento transnacional emergente. Por exemplo, poderiam as cooperativas ser

---

[1] O Projeto *Utopias Reais* é o empreendimento de Wright no Centro Havens na Universidade de Wisconsin. Até agora quatro livros foram publicados, mas Fong e Wright (2003) talvez seja o melhor representante do projeto, examinando a lógica, os limites e as possibilidades dos experimentos no aprofundamento da democracia em diferentes partes do mundo. Wright (2006) elaborou uma ampla teoria que engloba a visão ampliada do projeto utopias reais.

interconectadas em forma de movimento cooperativo internacional e, em caso positivo, que entidade poderia cumprir com esse trabalho de conexão? Em ambas as tarefas de extensão – a extrapolação e a construção de utopias reais – os intelectuais têm um papel analítico a cumprir, diagnosticando o que é possível. No entanto, eles também terão uma função político-ideológica, eletrizando a imaginação crítica, diagnosticando os limites do capitalismo e sustentando a ideia de que um outro mundo é possível e necessário.

Epílogo

Sobre a etnografia pública

Na condição de cientistas sociais, somos parte do mundo que estudamos. Geralmente, nós nos isolamos dos dilemas que isso produz. Erguemos as barricadas da torre de marfim pra nos proteger, relegando a outros a tarefa de coletar dados, acessando o mundo empírico à distância, sepultando-nos em arquivos ou mesmo encurralando nossos objetos de pesquisa em laboratórios. Como observadores participantes, deixamos pra trás essas proteções e mergulhamos mundo afora, o que nos força a refletir mais profundamente sobre nossas relações com esse mundo – relações que são tanto inerentes à imediatez das comunidades que estudamos, como se estendem também para nossas responsabilidades e obrigações como cientistas sociais de uma forma geral, independente das técnicas que empregamos. Como um caso extremo de pesquisa, a observação participante ajuda-nos a refletir sobre as tensões existentes entre nossa prestação de contas perante o mundo que estudamos e nossas obrigações frente à comunidade acadêmica.

Preso entre o mundo do observador e o mundo do participante, o etnógrafo enfrenta um conjunto de problemas práticos. Ao garantir o ingresso em um campo de pesquisa, os etnógrafos têm que justificar sua vigilância ostensiva e sua intromissão nas vidas dos outros. Não é surpresa que as comunidades frequentemente ergam barreiras aos forasteiros, obrigando-nos a criar elaboradas justificativas para nossa presença. Assessores protegem com eficiência seus espaços contra a entrada de intrusos e, para isso, às vezes o ingresso pode ser efetuado somente através de medidas de conversão, como no caso do meu estudo em Zâmbia; ou por meio de uma elaborada negociação com as "autoridades", como em meus estudos na Hungria. Os mais ricos e poderosos têm mais a esconder, e não consentem prontamente com o nosso escrutínio. É mais fácil estudar os pobres e fracos que são inermes contra nosso assédio em seu tempo e espaço. Há um profundo viés nos protocolos de pesquisa com seres humanos.

Não apenas durante o ingresso, mas também no envolvimento do dia-a-dia, nossa presença é continuamente questionada, tanto por aqueles com os quais interagimos como por nós mesmos, porque estamos conscientes de que o nosso negócio é a violência simbólica, explorando a boa vontade dos outros para nossos próprios fins. Podemos dirimir nossa culpa ao desenvolver com eles uma economia da dádiva, subornando nossos objetos de pesquisa, oferecendo-lhes vantagens, mas também representando a comunidade no mundo lá fora. Mas, aqui, ingressamos num território perigoso, uma vez que as comunidades raramente são entidades unificadas e, por isso, que facção representaremos – a dos trabalhadores ou a dos administradores? Brâmanes ou párias? Professores ou estudantes? No final das contas, para quem prestaremos contas? Podemos facilmente perder nossa régua moral e, tal como o antropólogo militar que promove a estabilidade de uma ocupação estrangeira, tornamo-nos especialistas comissionados para objetivos para lá de duvidosos.

Essas questões não se tornam menos espinhosas quando deixamos o âmbito de pesquisa, com frequência levando conosco provas tão problemáticas como quando da nossa entrada. Tendo estabelecido relações pessoais por lá, é difícil rompê-las apenas porque a pesquisa foi considerada tecnicamente concluída. Nós podemos dizer que há dois tipos de etnógrafos, aqueles que retornam a suas comunidades e aqueles que não o fazem; aqueles que estabelecem uma duradoura conexão humana e aqueles que negociam uma relação mais instrumental. Existem também, é claro, aqueles que provocam tal rebuliço com seus estudos que são sumariamente expulsos e para sempre impedidos de retornar.

Não há respostas simples para tais dilemas éticos e existenciais que o observador participante enfrenta no âmbito de pesquisa. O observador participante não poderá escapar dos polos contraditórios da participação e da observação. Os textos sobre a observação participante concebem esses dilemas em termos limitados ao indivíduo, como sendo problemas enfrentados e resolvidos pelo etnógrafo individual, ao passo que eu desejo inserir esses dilemas em duas questões mais amplas – questões conectadas com o quarto elemento do método de caso ampliado, isto é, na extensão, elaboração e reconstrução da teoria. Pelo lado do observador, devemos perguntar quais teorias refutamos e reconstruímos; e pelo lado do participante, necessitamos questionar para quais audiências estamos nos dirigindo com nossa teoria reconstruída.

A primeira questão é, então, que teoria devemos reconstruir? Eu defendo a perspectiva de que todos somos teóricos, no sentido de que algum relato coerente sobre o mundo é necessário para se viver em comunidade com os outros. Todos nós temos teorias tácitas de como o mundo opera, levando-nos a antecipar o comportamento dos outros. Nós paramos diante do farol vermelho porque a vigilância de um oficial de polícia pode nos aplicar uma multa, ou porque não desejamos ser abalroados por um automóvel vindo na outra direção, ou porque fomos ensinados a assim proceder desde que começamos a caminhar. Contida nos próprios atos, há uma teoria ou um conjunto de teoremas de como o mundo funciona, teorias que permanecem tácitas ou sem exame. Tal como os etnometodólogos haviam nos ensinado, essas teorias não discursivas e tomadas como dadas vêm à tona quando nossas antecipações são violadas ou se frustram, quando, por exemplo, um motorista ultrapassa o farol vermelho. Tais teorias tácitas podem ser limitadas em mecanismos, podem com efeito ser insuficientes para compreender os processos inacessíveis, exatamente aqueles processos que interessam às teorias explicativas da ciência social.

Por isso, podemos distinguir dois tipos de teoria. De um lado, temos a teoria das pessoas que estudamos, a saber, a teoria popular, enraizada no senso comum e às vezes elaborada dentro dos quadros da ideologia. De outro, temos as teorias elaboradas pelos filósofos e cientistas sociais, isto é, os intelectuais, o que eu prefiro chamar de teoria analítica e que também podemos chamar de ciência. Eu assumo que a teoria popular, embora contenha alguma verdade, uma verdade prática, não é tão adequada como a teoria analítica, a verdade científica. Talvez este seja um artigo de fé, mas também é a *raison d'être* de nossa existência acadêmica. Como sociólogos, podemos nos imaginar combatendo ou elaborando a teoria popular, mas, quer num caso quer no outro, estamos nos movendo da teoria popular para a teoria analítica.

Uma vez que os acadêmicos frequentemente tomam como dado que o objeto da transformação social é nossa própria teoria analítica, e não a teoria popular dos nossos objetos de pesquisa, então, não podemos admitir que as pessoas às quais nos dirigimos também sejam cientistas sociais. A segunda questão é, portanto, a quem nossa teoria é dirigida? Estamos nos dirigindo a audiências acadêmicas – nossa comunidade de acadêmicos, especialistas em produzir teorias – ou estamos nos dirigindo a audiências leigas? A princípio, pode-se fazer as duas coisas simultaneamente, mas essas comunidades discursivas tendem a ser distintas, demandando diferentes estratégias de engajamento. Dentro de cada categoria, existem audiências mais amplas e mais estreitas. Dentro do mundo acadêmico, podemos nos dirigir à comunidade limitada dos especialistas ou à comunidade ampliada dos cientistas, assim como, para além da academia, nós podemos nos dedicar àqueles que estudamos ou a públicos mais amplos.

Tabela 8: Etnografia pública e etnografia acadêmica

	Audiência acadêmica	**Audiência extra-acadêmica**
Teoria analítica (ciência)	Profissional	Profeta
Teoria popular (ideologia)	Crítico	Intérprete

As respostas para essas duas questões – *teoria para quem?* e *teoria para quê?* – são independentes uma da outra, o que significa que podem ser colocadas numa tabela dois-por-dois [Tabela 8]. O verdadeiro etnógrafo público, que tenho chamado de intérprete, emprega sua ciência a fim de elaborar e depois transformar a teoria popular dos participantes, mas torna esse resultado acessível e relevante aos dois públicos. Aqui encontramos o relato de Nancy Scheper-Hughes (1992) sobre o desespero de mães faveladas no Brasil; a interpretação de Margaret Mead (1928) sobre as práticas sexuais dos adolescentes em Samoa; ou as revelações feitas por Diane Vaughan (2006) sobre os viéses organizacionais da NASA. O etnógrafo profissional faz o oposto. Aqui, o objetivo de nossa ciência social é transformar, construir e aperfeiçoar a teoria acadêmica. Os exemplos são abundantes, mas eles incluiriam os clássicos antropólogos das relações de parentesco, tais como Radcliffe-Brown ou Evans-Pritchard. Dentro do universo da sociologia profissional, os etnógrafos com frequência também se tornam intérpretes – falo aqui do trabalho de Kathryn Edin e Laura Lein (1997) sobre as mães que dependem da assistência social; do trabalho de Mitchell Duneier (1999) sobre os vendedores ambulantes; do trabalho de Elliot Leibow (1967) sobre homens desempregados; o trabalho de Arlie Hochschild (1989) sobre a divisão doméstica do trabalho; ou o trabalho de William Foot Whyte (1943) sobre as gangues.

Os etnógrafos profissionais tornam-se profetas quando procuram transmitir sua teoria analítica a audiências mais amplas, convertendo o discernimento da ciência social no destino da humanidade. Refiro-me aqui aos antropólogos Clifford Geertz, Max Gluckman ou Edmund Leach ou ao sociólogo Robert Bellah, quando estes assumiram para si o papel de educadores públicos. Por fim, temos os críticos, que tomam a teoria popular como objeto de elaboração, mas a mobilizam contra as teorias analíticas existentes, sustentadas pelos acadêmicos. Os críticos tentam demonstrar que não apenas o conhecimento leigo, mas também a própria ciência social está nas garras da teoria popular. Vem à mente aqui a análise de Karl Marx sobre o fetiche da mercadoria, uma experiência vivenciada de modo geral no mercado e que controla as mentes tanto de trabalhadores como de acadêmicos. Da mesma forma, Pierre Bourdieu mostrou como a mistificação da dominação através da distinção afeta tanto a ciência social como a vida diária.

Dentre os quatro estudos que examinei neste livro, o estudo da zambianização é a única etnografia realmente pública, onde desempenhei o papel de intérprete. O estudo foi construído com um certo compromisso com o relatório do governo de Zâmbia que declarava que tudo ia muito bem nas minas de cobre: os africanos estavam substituindo os expatriados. Mas aqueles gráficos e tabelas ocultavam da visão as manipulações organizacionais que mantinham a barreira da cor. Eu aproveitei e reconstruí as teorias de Alvin Gouldner e de Frantz Fanon para compreender as forças sociais que operavam na manutenção da ordem racial, mas *A cor da classe nas minas de cobre* [*The Colour and Class in the Copper Mines*] (1972a) foi um livro escrito para uma audiência pública. Além de ser acessível, ele mexeu com diferentes interesses, como demonstrado pela oposição inicial dos executivos da mineradora e pelo entusiasmo das lideranças governamentais à frente do processo de zambianização. Com efeito, quando o livro apareceu, ele atraiu considerável atenção da mídia.

Mas no final, os executivos da mineradora utilizaram a pesquisa para disciplinar seus próprios gerentes, instruindo-os a pôr em ordem a casa da zambianização. O efeito do relatório foi então neutralizado. Aqui jaz o problema da etnografia pública "tradicional", na qual o cientista ou a cientista difunde suas descobertas ou interpretações, mas não controla seu uso pelos poderosos. Se eu tivesse trabalhado mais intimamente com as organizações populares e seguido a etnografia institucional ou a pesquisa-ação participativa de Dorothy Smith (2007), minhas maiores críticas ao desenvolvimento econômico zambiano poderiam ter sido sustentadas. Ainda assim, apesar de todas essas falhas, este foi um caso de etnografia pública, tomando a ideologia do governo como seu ponto de partida, descobrindo os processos sociais por trás dela e levando essas descobertas para o campo público.

A fabricação do consentimento [*Manufacturing consent*] (Burawoy, 1979) empreendeu uma abordagem diametralmente oposta. Eu adotei uma abordagem instrumental do campo de pesquisa. Como um estudante de pós-graduação, estava preocupado principalmente com o trabalho acadêmico, determinado a criticar a sociologia e a desenvolver o marxismo baseando-me em minhas próprias experiências no chão de fábrica. À época, eu era um dedicado discípulo do marxismo estruturalista e via a ciência, simultaneamente, como uma ruptura com o senso comum e uma explicação desse senso comum. Eu estava intrigado com meus colegas de trabalho, que trabalhavam tão duro e ao mesmo tempo negavam que assim procedessem. Se a sociologia industrial havia comumente se concentrado na restrição da produção, uma vez que os trabalhadores não trabalhavam duro o bastante, eu inverti a questão – por que trabalhar tão duro como eles faziam? Se a sociologia industrial tradicional não respondia à pergunta, o marxismo assumia que a resposta residia na coerção e nos incentivos materiais. Os marxistas ignoravam a organização do consentimento no chão de fábrica, imaginando que este tinha lugar apenas no mundo político e na sociedade civil.

Eu nunca tentei convencer meus colegas de que eles estivessem trabalhando demais ou que o marxismo tivesse qualquer relação com suas vidas. O estruturalismo marxista, produto das grandes *Écoles* francesas e uma espécie de reação à esterilidade intelectual do Partido Comunista Francês, tornou-se uma desculpa para que eu me dedicasse exclusivamente à transformação da ciência social. Eu não estava sozinho nesse esforço, mas parte da geração dos anos 1960, nos Estados Unidos e em outros lugares, considerava que a tarefa imediata era resgatar a sociologia da idade das trevas ou simplesmente substituí-la pelo marxismo.

Seguindo *A crise emergente da sociologia ocidental* [*The coming crisis of the western sociology*] (1970), afirmávamos que a sociologia que havíamos herdado dos anos 1950 e 1960 estava fora de sincronia com a mobilização da sociedade, especialmente saliente nos movimentos terceiro-mundistas, dentro e fora dos Estados Unidos. O marxismo acadêmico tornou-se uma espécie de proteção para aqueles intelectuais que pouco esforço empreenderam para dialogar diretamente com a classe operária. De alguma maneira, a verdade científica beneficiaria a todos. A esse respeito, ele havia sido diferente da segunda leva do feminismo e dos novos programas interdisciplinares (estudos afroamericanos, estudos de Chicago, estudos sobre os indígenas americanos), cuja *raison d'être* estava em tornar públicas e dirigir-se às agruras daquelas comunidades marginalizadas.

Nem sempre o marxismo esteve apartado dos objetos de sua análise. Evidentemente, o marxismo de Leon Trotsky é o principal exemplo. Ele consideraria o marxismo acadêmico um paradoxo, ou, mais provavelmente, um desvio pequeno-burguês. Imerso nos debates marxistas de sua época, Trotsky sempre esteve, ao mesmo tempo, determinado a dirigir-se às audiências mais amplas possíveis. Ele foi um orador espetacular e, é claro, um organizador virtuosíssimo, mais notavelmente quando liderou o Exército Vermelho durante o período da guerra civil. A exigência marxista de se entrelaçar a teoria e a prática no mesmo nó, para a transformação social, tornou-a uma filosofia atraente. Trotsky era incomum entre os marxistas clássicos, na medida em que seus escritos eram realmente acessíveis a todos. Mas isso de modo algum significava que eles fossem menos teóricos. Lutando com a especificidade da experiência russa, imerso em um projeto de mudança revolucionária, ele produziu uma guinada completamente original no marxismo ao reconhecer o ritmo do desenvolvimento capitalista internacional e suas implicações para a transformação nacional.

Tal como Isaac Deutscher observou em sua majestosa biografia em três volumes (1954; 1959; 1963), Trotsky foi, com efeito, um raro profeta.

Sua obra magna – *História da Revolução Russa* [*The history of Russian Revolution*] ([1933] 1977) – foi modelada por sua participação teoricamente inspirada naqueles eventos, permitindo-o observar as transformações em nível macro daqueles microprocessos. Ele estava comprometido com um socialismo emancipador e reconheceu que isso só poderia ser conquistado na União Soviética com a irrupção de revoluções em outros lugares. Não haveria de existir um socialismo num país só. Sua perspectiva não era uma conclusão acadêmica inocente, mas a essência da sua diferença ideológica e política em relação a Stálin. Para Trotsky, o destino da revolução estava na adoção de estratégias políticas orientadas por teorias, pode-se dizer, uma crença ingênua na superioridade do marxismo vivo. Seus argumentos apoiavam-se ainda na crença de que a classe operária ocidental estava madura para a revolução – um pressuposto que ele jamais abandonou, mas que outros marxistas – Gramsci em especial – colocaria em dúvida.

Isto me levou à última instância – os críticos que começam com a teoria popular, mas apontam sua interrogação e desmistificação para os outros acadêmicos. Muitos motivos combinaram-se para me levar ao Leste Europeu, mas o impulso teórico veio de minhas própria intuição de que uma classe operária capitalista não chegaria a uma autoconsciência revolucionária. Isso estaria correto para todas as classes operárias ou apenas para a classe operária capitalista? O movimento Solidariedade sugeria que a classe operária socialista poderia possuir uma tal potencialidade revolucionária. Além disso, fosse a classe operária ocidental revolucionária ou não, era certamente uma incumbência dos marxistas ocidentais compreender o caráter do socialismo realmente existente e não simplesmente rejeitá-lo como sendo um estatismo irrelevante para o projeto marxista. Seria simplesmente fácil demais repetir a ladainha das patologias do capitalismo e assumir que elas seriam corrigidas num futuro paraíso socialista, deixando o socialismo mundano na espera. Então, eu me aventurei até o Leste Europeu na esperança de encontrar uma classe operária com aspirações socialistas. Correto o bastante, eu encontrei vestígios de socialismo nutridos pelo útero da produção e expressando uma crítica ao partido burocratizado em seu fracasso em cumprir suas promessas – fracassos para os quais o partido chamara a atenção através de estratégias políticas e ideológicas de autojustificação.

Na Hungria, como em Chicago, eu não estava muito interessado em professar meu marxismo, uma vez que, para os intelectuais críticos, isso era uma ideologia em bancarrota e, para os trabalhadores, isso equivalia a se assumir como um traidor. Houve um momento de autêntico otimismo em 1989, quando imaginei que o colapso do socialismo de Estado significaria a emergência de um autêntico socialismo democrático, como afirmei em um artigo intitulado *O marxismo está morto; longa vida ao marxismo!* [*Marxism is dead; long life marxism!* [Burawoy, 1990a]. Eu ainda acreditava nisso em 1990 quando lecionava sobre as contradições e paradoxos do socialismo de Estado para audiências sul-africanas. Meu velho conhecido, o Partido Comunista Sul-Africano, havia acabado de iniciar uma dolorosa interrogação sobre seu passado, lançando um debate sobre as possibilidades do socialismo, um debate que se extinguiu como fogo-fátuo assim que o Congresso Nacional Africano assumiu o poder. Minhas próprias esperanças em uma renovação socialista sofreram um duro golpe com a catastrófica restauração do capitalismo na Rússia. Assumi as dores contra a nova ideologia reinante do fundamentalismo de mercado, observando impotente como uma mercadorização sem limites devorava as forças produtivas, conduzindo largas camadas da população à pobreza e à degradação desesperadoras. Eu não possuía audiência na Rússia, então, tornei-me um marxista crítico em meu próprio país, um crítico da ideologia do mercado dentro da ciência social, mostrando como a selvageria do mercado levava à desacumulação, ou ao que eu chamei de grande involução. Mas estava se tornando difícil demais defender o marxismo dentro da academia, que dirá fora dela.

Durante vinte anos – de 1982 a 2002 – eu tomei um desvio pelo socialismo. Era tempo de retornar ao capitalismo, um pouco mais experiente e instruído, talvez, porém, não menos marxista. Após o comunismo, o marxismo deveria finalmente descartar suas leis da história – aquela história entendida como uma sucessão de modos de produção, a história como a ascenção e declínio de um determinado modo de produção, enfim, a história como a história das lutas de classe. A transição para o socialismo não poderia mais ser entendida como uma ruptura com o capitalismo, mas antes como a emergência e o enlace de alternativas em pequena escala, aquilo que Gramsci chamou de "guerra de posição". A ciência social marxista deveria agora montar suas bases nas trincheiras da sociedade, procurando por instituições embrionárias, utopias reais que pudessem desafiar o capitalismo e manter acesa a chama das alternativas. Por isso mesmo, o marxismo torna-se necessariamente uma etnografia pública, à medida em que entra em diálogo e em colaboração com os organizadores dessas utopias reais. Os marxistas renunciaram às suas grandes teorias da história para transformarem-se em intérpretes e em defensores das condições de possibilidade de alternativas radicais ao capitalismo, alternativas que lutam para sobreviver nos interstícios da sociedade.

O colapso do comunismo não pode ser compreendido como o fim do socialismo, mas isso certamente intensificou uma terceira onda de mercadorização ao redor do globo. Dado que essa terceira onda de mercadorização tem provocado a erosão da sociedade civil, ela ameaça destruir todas as instituições fora do mercado e do Estado, isto é, os fundamentos das utopias reais. A própria ideia do social está fora de moda, o que ameaça a existência das ciências *sociais*, incluindo a geografia humana e a antropologia, assim como a sociologia, mas não as ciências políticas e econômicas, que vêm se tornando cada vez mais antissociais. Na era pós-comunista, o marxismo e a sociologia tornaram-se parceiros íntimos na defesa do social. Com efeito, podemos ir mesmo além e declarar que a própria sociologia está rapidamente transformando-se em uma espécie de utopia real ao alimentar a imaginação concreta de uma sociedade alternativa e incompatível com o capitalismo. Como tal, precisamos de uma etnografia reflexiva capaz de propagar a imaginação sociológica, a substância profética que pode manter unidas as utopias reais, enquanto previne o avanço das forças destrutivas do mercado e do Estado. À sociologia, se ela sobreviver, pode não restar outra alternativa senão tornar-se pública.

Referências
bibliográficas

Abbot, Andrew. 1992a. "What Do Cases Do?" P. 53-82 in *What is a Case?*, edited by Charles Ragin and Howard Becker. Cambridge: Cambridge University Press.

_____. 1992b. "Of Time and Space: The Contemporary Relevance of the Chicago School." Sorokin Lecture, delivered at the Southern Sociological Society, New Orleans, Louisiana.

_____. 1997. "Of Time and Space: The Contemporary Relevance of the Chicago School". Social Forces 75: 1149-82.

_____. 1999. *Department and Discipline*. Chicago, IL: University of Chicago Press.

_____. 2001. *Chaos of Disciplines*. Chicago, IL: University of Chicago Press.

_____. 2007. "Against Narrative: A Preface to Lyrical Sociology." *Sociological Theory* 25(1): 67-99

Adams, Julia, Elisabeth Clemens, and Anne Shola Orloff. 2005. *Remaking Modernity: Politics, History and Sociology*. Durham, NC: Duke University Press.

Alexander, Jeffrey. 1982. *Positivism, Presuppositions, and Current Controversies*. Berkeley: University of California Press.

_____. 1983. *The Modern Reconstruction of Classical Thought*. Berkeley: University of California Press.

_____. 1987. "The Centrality of the Classics," P. 11-57 in *Social Theory Today* edited by Anthony Giddens and Jonathan Turner. London: Basil Blackwell.

Anderson, Elijah. 1990. *Streetwise: Race, Class, and Change in an Urban Community*. Chicago, IL: University of Chicago Press.

Appadurai, Arjun. 1988. "Putting Hierarchy in Its Place." *Cultural Anthropology* 3(1): 36-49.

Asad, Talal. 1972. "Market Model, Class Structure and Consent: A Reconsideration of Swat Political Organisation." *Man* 7: 74-94.

———. (ed.) 1973. *Anthropology and the Colonial Encounter*. Atlantic Highlands, NJ: Humanities Press.

Bahr, Howard, 1982. "The Perrigo Paper: A Local Influence upon *Middletown in Transition*." *Indiana Magazine of History* 78: 1-25.

Bahr, Howard, Theodore Caplow, and Bruce Chadwick. 1983. "Middletown III: Problems of Replication, Longitudinal Measurement, and Triangulation." *Annual Review of Sociology* 9: 243-64.

Barth, Fredrik. 1959. *Political Leadership among the Swat Pathans*. London, England: Athlone.

Bates, Robert. 1971. *Unions, Parties, and Political Development*. New Haven: Yale University Press.

Bauman, Zygmunt. 1987. *Legislators and Interpreters*. Cambridge: Polity Press.

Becker, Howard. 1958. "Problems of Inference and Proof in Participant Observation." *American Sociological Review* 23: 652-60.

———. 1998. *Tricks of the Trade*. Chicago, IL: University of Chicago Press.

Becker, Howard, Blanche Greer, Everett Hughes, and Anselm Strauss. 1961. *Boys in White*. Chicago: University of Chicago Press.

Behar, Ruth. 1993. *Translated Woman*. Boston, MA: Beacon.

Beilharz, Peter. 1987. *Trotsky, Trotskyism and the Transition to Socialism*. London: Croom Helm.

Bhaskar, Roy. 1979. *The Possibility of Naturalism*. Atlantic Highlands, New Jersey: Humanities Press.

Bischoping, Katherine and Howard Schuman. 1992. "Pens and Polls in Nicaragua: An Analysis of the 1990 Preelection Surveys." *American Journal of Political Science* 36(2): 331-50.

Bloch, Marc. 1953. *The Historian's Craft*. New York: Alfred Knopf.

Blum, Linda. 1991. *Between Feminism and Labor: The Significance of the Comparable Worth Movement*. Berkeley: University of California Press.

Bock, Philip. 1980. "Tepoztlan Reconsidered." *Journal of Latin American Lore* 6: 129-150.

Boelen, Marianne. 1992. "Street Corner Society: Cornerville Revisited." *Journal of Contemporary Ethnography* 21: 11-51.

Bourdieu, Pierre. 1977. *Outline of a Theory of Practice*. Cambridge: Cambridge University Press.

_____. 1990. *The Logic of Practice*. Stanford: Stanford University Press.

Bourdieu, Pierre and Loïc Wacquant. 1992. *An Invitation to Reflexive Sociology*. Chicago: University of Chicago Press.

Bourgois, Philippe. 1995. *In Search of Respect*. New York: Cambridge University Press.

Bulmer, Martin. 1984. *The Chicago School of Sociology*. Chicago: University of Chicago Press.

Burawoy, Michael. 1972a. *The Colour of Class: From African Advancement to Zambianization*. Manchester: Manchester University Press for Institute for Social Research, University of Zambia.

_____. 1972b. "Another Look at the Mineworker." *African Social Research* 14: 239-87.

_____. 1974. *Constraint and Manipulation in Industrial Conflict—A comparison of strikes among Zambian workers in a clothing factory and the mining industry.* Institute for African Studies, Zambia.

_____. 1979. *Manufacturing Consent.* Chicago: University of Chicago Press.

_____. 1980. "The Politics of Production and the Production of Politics: A Comparative Analysis of Piecework Machine Shops in Hungary and the United States." *Political Power and Social Theory* 1: 25997.

_____. 1982. "The Written and the Repressed in Gouldner's Industrial Sociology." *Theory and Society* 11: 83151.

_____. 1985. *The Politics of Production.* London: Verso Books.

_____. 1986. "Making Nonsense of Marx." *Contemporary Sociology* 15(5): 704707.

_____. 1990a. "Marxism is Dead: Long Live Marxism!" *Socialist Review* 90(2): 7-19.

_____. 1990b. "Marxism as Science: Historical Challenges and Theoretical Growth." *American Sociological Review* 55: 775-793.

_____. 1995. "Mythological Individualism." P. 191-99 in *Rational Choice Marxism* edited by Terrell Carver and Paul Thomas. London: MacMillan.

_____. 1996. "The State and Economic Involution: Russia through a Chinese Lens." *World Development* 24: 1105-17.

_____. 2001. "Transition without Transformation: Russia's Involutionary Road to Capitalism." *East European Politics and Societies* 15: 269-290.

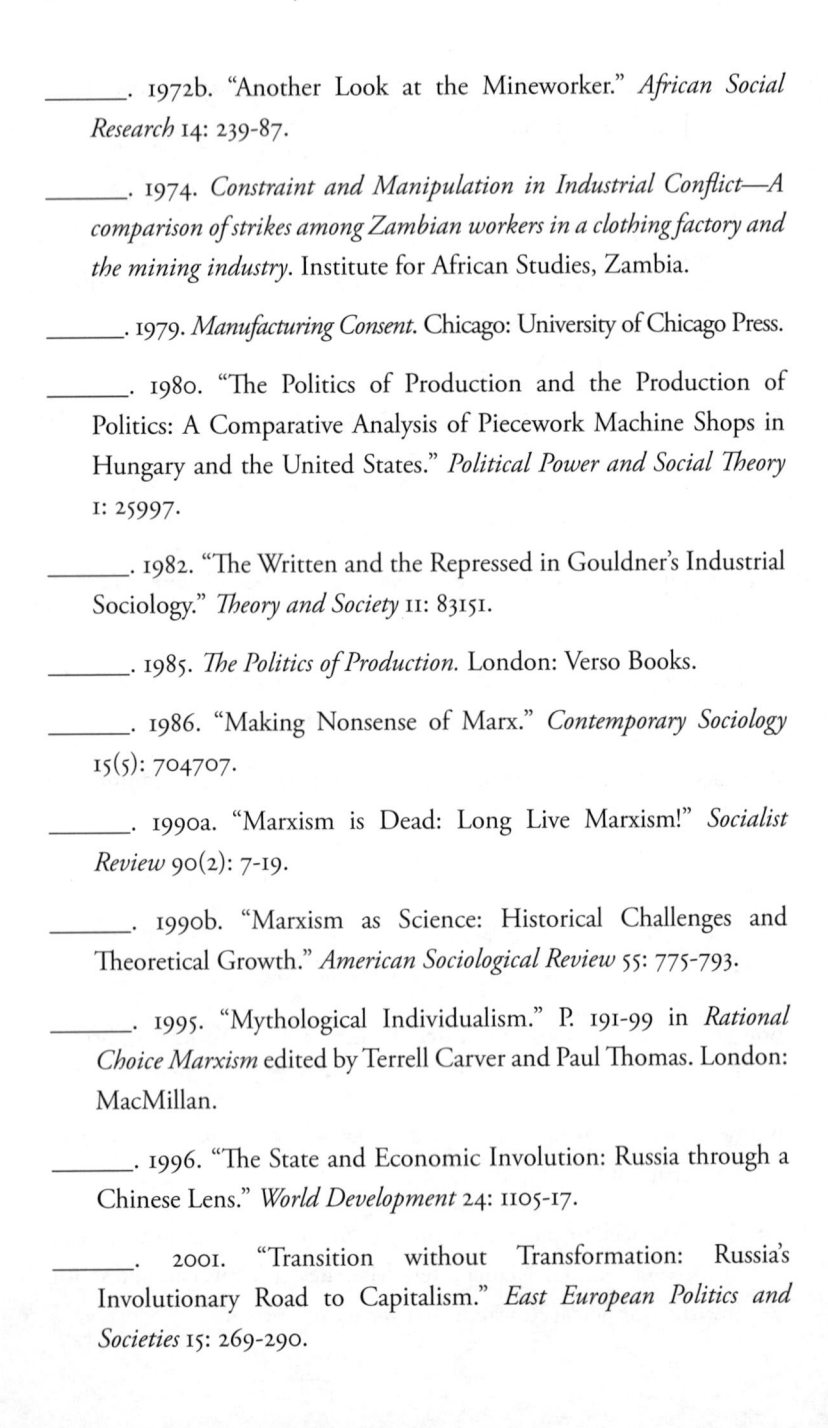

_____. 2005. "Antinomian Marxist." P. 48-71 in *The Disobedient Generation* edited by Alan Sica and Stephen Turner. Chicago: University of Chicago Press.

Burawoy, Michael and János Lukács. 1992. *The Radiant Past*. Chicago: University of Chicago Press.

Burawoy, Michael and Katherine Verdery. 1999. *Uncertain Transition: Ethnographies of Change in the Post Socialist World*. Lanham, MD: Rowman and Littlefield.

Burawoy, Michael and Kathryn Hendley. 1992. "Between Perestroika and Privatization: Divided Strategies and Political Crisis in a Soviet Enterprise." *Soviet Studies* 44: 371-402.

Burawoy, Michael and Pavel Krotov. 1992. "The Soviet Transition from Socialism to Capitalism: Worker Control and Economic Bargaining in the Wood Industry." *American Sociological Review*. 57: 16-38.

_____. 1993. "The Economic Basis of Russia's Political Crisis." *New Left Review* 198: 49-70.

Burawoy, Michael, Alice Burton, Ann Arnett Ferguson, Kathryn J. Fox, Joshua Gamson, Nadine Gartrell, Leslie Hurst, Charles Kurzman, Leslie Salzinger, Josepha Schiffman, and Shiori Ui. 1991. *Ethnography Unbound*. Berkeley, CA: University of California Press.

Burawoy, Michael, Joseph A. Blum, Sheba George, Zsuzsa Gille, Teresa Gowan, Lynne Haney, Maren Klawiter, Steven H. Lopez, Sean Ó Riain, and Millie Thayer. 2000. *Global Ethnography*. Berkeley, CA: University of California Press.

Burawoy, Michael, Tatyana Lytkina and Pavel Krotov. 2000. "Involution and Destitution in Capitalist Russia." *Ethnography* 1: 43-65.

Burgess, Ernest W. 1927. "Statistics and Case Studies." *Sociology and Social Research* 12(2): 103-20.

Caccamo, Rita. 2000. *Back to Middletown: Three Generations of Sociological Reflection*. Stanford, CA: Stanford University Press.

Cammack, Paul. n.d. "Bringing the State Back In: A Polemic." Unpublished Manuscript.

Caplow, Theodore. 1984. "Social Criticism in Middletown: Taking Aim at a Moving Target." *Qualitative Sociology* 7: 337-39.

Caplow, Theodore and Bruce Chadwick. 1979. "Inequality and Life-Styles in Middletown, 1920-1978." *Social Science Quarterly* 60: 367-86.

Caplow, Theodore and Howard Bahr. 1979. "Half a Century of Change in Adolescent Attitudes: Replication of a Middletown Survey by the Lynds." *Public Opinion Quarterly* 43: 1-17.

Caplow, Theodore, Howard M. Bahr, Bruce A. Chadwick, Reuben Hill, and Margaret Holmes Williamson. 1982. *Middletown Families: Fifty Years of Change and Continuity*. Minneapolis, MN: University of Minnesota Press.

Carr, Edward. 1961. *What is History?* New York: Random House.

Caton, Hiram. 1990. *The Samoa Reader: Anthropologists Take Stock*. Lanham, MD: University Press of America.

Chapoulie, Jean-Michel. 1996. "Everett Hughes and the Chicago Tradition." *Sociological Theory* 14: 3-29.

Chodorow, Nancy. 1999. *The Power of Feelings: Personal Meaning in Psychoanalysis, gender, and culture*. New Haven: Yale University Press.

Cicourel, Aaron. 1964. *Method and Measurement in Sociology*. New York: Free Press.

_____. 1967. "Fertility, Family Planning and the Social Organization of Family Life: Some Methodological Issues." *Journal of Social Issues* 23(4): 57-81.

_____. 1982. "Interviews, Surveys, and the Problem of Ecological Validity." *The American Sociologist* 17(1): 11-20.

Clark, Herbert, H. and Michael F. Schober. 1992. "Asking Questions and Influencing Answers." P. 15-48 in *Questions about Questions*, edited by Judith Tanur. New York: Russell Sage Foundation.

Clifford, James. 1988. *The Predicament of Culture*. Cambridge, Mass.: Harvard University Press.

Clifford, James and George E. Marcus, eds. 1986. *Writing Culture: The Poetics and Politics of Ethnography*. Berkeley, CA: University of California Press.

Cohen, R. S., P. K. Feyerabend, and M. W. Wartofsky, eds. 1976. *Essays in Memory of Imre Lakatos*, Boston Studies in the Philosophy of Science, Volume XXXIX. Dordrecht: D. Reidel.

Colignon, Richard. 1996. *Power Plays: Critical Events in the Institutionalization of the Tennessee Valley Authority*. Albany, NY: State University of New York Press.

Collins, Harry. 1985. *Changing Order: Replication and Induction in Scientific Practice*. London, England: Sage.

Collins, Harry and Trevor Pinch. 1993. *The Golem: What You Should Know about Science*. Cambridge, England: Cambridge University Press.

Colson, Elizabeth. 1971. *The Social Consequences of Resettlement*. Manchester, England: Manchester University Press.

_____. 1989. "Overview." *Annual Review of Anthropology* 18: 1-16.

Comaroff, Jean and John Comaroff. 1991. *Of Revelation and Revolution*. Chicago, IL: University of Chicago Press.

_____. 1992. *Ethnography and Historical Imagination*. Boulder, CO: Westview.

Converse, Jean, M. and Howard Schuman. 1974. *Conversations at Random*. Ann Arbor, Michigan: Wiley.

De Vault, Marjorie. 1990. "Talking and Listening from Women's Standpoint: Feminist Strategies for Interviewing and Analysis." *Social Problems* 37(1): 96-116.

_____. 1991. *Feeding the Family: The Social Organization of Caring as Gendered Work*. Chicago: University of Chicago Press.

Deegan, Mary Jo. 1988. *Jane Adams and the Men of the Chicago School, 1892-1918*. New Brunswick, New Jersey: Transaction Books.

Denzin, Norman and Yvonna Lincoln (eds.). 1994. *Handbook of Qualitative Research*. Thousand Oaks, Calif.: Sage Publications.

Deutscher, Isaac. 1954. *The Prophet Armed, Trotsky: 1879-1921*. New York: Vintage.

_____. 1959. *The Prophet Unarmed, Trotsky: 1921-1929*. New York: Vintage Books. _____. 1963. *The Prophet Outcast, Trotsky: 1929-1940*. New York: Vintage Books.

Drake, St. Clair and Horace Cayton. 1945. *Black Metropolis: A Study of Negro Life in a Northern City*. New York: Harcourt, Brace and Company.

Du Bois, William Edward Burghardt. [1899] 1996. *The Philadelphia Negro*. Reprint. Philadelphia, PA: University of Pennsylvania Press.

Duneier, Mitchell. 1999. *Sidewalk*. New York: Farrar, Straus and Giroux.

Edin, Kathryn and Laura Lein. 1997. *Making Ends Meet: How Single Mothers Survive Welfare and Low-Wage Work.* New York: Russell Sage.

Elster, John. 1985. *Making Sense of Marx.* Cambridge: Cambridge University Press.

Emigh, Rebecca. 1997. "The Power of Negative Thinking: The Use of Negative Case Methodology in the Development of Sociological Theory." *Theory and Society* 26: 649-684.

Epstein, A. L. 1958. *Politics in an Urban African Community.* Manchester: Manchester University Press.

Epstein, Steven. 1996. *Impure Science.* Berkeley and Los Angeles, CA: University of California Press.

Escobar, Arturo. 1995. *Encountering Development.* Princeton: Princeton University Press.

Evans-Pritchard, Edward E. 1940. *The Nuer: A Description of the Modes of Livelihood and Political Institutions of a Nilotic People.* Oxford, England: Oxford University Press.

_____. 1951. *Kinship and Marriage among the Nuer.* Oxford, England: Clarendon.

_____. 1956. *Nuer Religion.* Oxford, England: Clarendon.

Fanon, Frantz. [1952] 1968a. *Black Skin, White Masks.* London: MacGibbon and Kee.

_____. [1961] 1968b. *The Wretched of the Earth.* New York: Grove Weidenfeld.

Fantasia, Rick. 1988. *Cultures of Solidarity.* Berkeley: University of California Press.

Ferguson, James. 1990. *The Anti-Politics Machine: "Development," Depoliticization, and Bureaucratic Power in Lesotho*. Cambridge: Cambridge University Press.

———. 1999. *Expectations of Modernity*. Berkeley and Los Angeles, CA: University of California Press.

Fernandez-Kelly, Maria Patricia. 1983. *For We Are Sold, I and My People: Women and Industry in Mexico's Frontier*. Albany, NY: State University of New York Press.

Feyerabend, Paul. 1975. *Against Method*. London: Verso.

Fine, Gary. 1995. *The Second Chicago School? The Development of a Postwar American Sociology*. Chicago, IL: University of Chicago Press.

Firth, Raymond. 1936. *We, the Tikopia*. London, England: George Allen and Unwin.

———. 1959. *Social Change in Tikopia*. London, England: George Allen and Unwin.

Fitzpatrick, Ellen. 1990. *Endless Crusade: Women Social Scientists and Progressive Reform*. New York: Oxford.

Fong, Archon and Erik Wright. 2003. *Deepening Democracy: Institutional Innovations in Empowered Participatory Governance*. London: Verso.

Forsyth, Barbara H. and Judith T. Lessler, "Cognitive Laboratory Methods: A Taxonomy." P. 393-418 in *Measurement Errors in Surveys*, edited by Paul B. Biemer *et al*. New York: John Wiley, 1991.

Foster, George, Thayer Scudder, Elizabeth Colson, and Robert Kemper. 1979. *Long-Term Field Research in Social Anthropology*. New York: Academic Press.

Franke, Richard and James Kaul. 1978. "The Hawthorne Experiments: First Statistical Interpretation." *American Sociological Review* 43: 623-43.

Fraser, Nancy. 1989. *Unruly Practices*. Minneapollis: University of Minnesota Press.

Frazier, Edward Franklin. 1957. *Black Bourgeoisie*. Glencoe, IL: Free Press.

Freeman, Derek. 1983. *Margaret Mead and Samoa: The Making and Unmaking of an Anthropological Myth*. Cambridge, MA: Harvard University Press.

_____. 1999. *The Fateful Hoaxing of Margaret Mead*. Boulder, CO: Westview.

Fujimura, Joan. 1996. *Crafting Science*. Cambridge, MA: Harvard University Press.

Furet, Francois. 1981. *Interpreting the French Revolution* Cambridge: Cambridge University Press.

Gadamer, Hans, 1975. Truth and Method. New York: Crossroad.

Gans, Herbert. 1968. "The Participant Observer as Human Being." P. 300-17 in *Institutions and the Person: Papers Presented to Everett C. Hughes*, edited by Howard Becker, Blanche Greer, David Reisman and Robert Weiss. Chicago: Aldine.

_____. 1982. *The Urban Villagers*. Updated and expanded ed. New York: Free Press.

Garbett, Kingsley. 1970. "The Analysis of Social Situations." *Man* 5(2): 214-27.

Garfinkel, Harold. 1967. *Studies in Ethnomethodology*. New York: Prentice Hall.

Geertz, Clifford. 1973. *The Interpretation of Cultures*. New York: Basic Books.

———. 1983. *Local Knowledge*. New York: Basic Books.

———. 1995. *After the Fact: Two Countries, Four Decades, One Anthropologist*. Cambridge, MA: Harvard University Press.

Giddens, Anthony. 1984. *The Constitution of Society*. Berkeley: University of California Press.

———. 1992. *The Consequences of Modernity*. Stanford: Stanford University Press.

Gilbert, Nigel and Michael Mulkay. 1984. *Opening Pandora's Box*. Cambridge, England: Cambridge University Press.

Glaser, Barney and Anselm Strauss. 1967. *The Discovery of Grounded Theory*. Chicago: Aldine.

Gluckman, Max. [1940 and 1942]1958. *Analysis of a Social Situation in Modern Zululand*. Manchester: Manchester University Press for the Rhodes-Livingstone Institute.

———. 1961a. "Ethnographic Data in British Social Anthropology." *The Sociological Review* 9: 5-17.

———. 1961b. "Anthropological Problems Arising from the African Industrial Revolution." P. 67-82 in *Social Change in Modern Africa*, edited by Aidan Southall. Oxford: Oxford University Press for International African Institute.

———. ed. 1964. *Closed Systems and Open Minds: The Limits of Naivety in Social Anthropology*. Chicago: Aldine.

Gordon, Linda. 1992. "Social Insurance and Public Assistance: The Influence of Gender in Welfare Thought in the United States, 1890-1935." *The American Historical Review* 97(1): 19-54.

Gottfried, Heidi, ed. 2001. "From Manufacturing Consent to Global Ethnography: A Retrospective Examination." *Contemporary Sociology* 30: 435-58.

Gough, Kathleen. 1971. "Nuer Kinship: A Reexamination." P. 79-121 in *The Translation of Culture: Essays to E. E. Evans-Pritchard*, edited by T. O. Beidelman. London, England: Tavistock.

Gouldner, Alvin. 1954. *Patterns of Industrial Bureaucracy*. New York: Free Press.

———. 1973. "Sociologist as Partisan." P. 27-68 in *For Sociology: Renewal and Critique in Sociology Today*. London: Allen Lane.

———. 1970. *The Coming Crisis of Sociology*. New York: Basic Books.

Gramsci, Antonio. 1971. *Selections from the Prison Notebooks*. New York: International Publishers.

Grinker, Richard. 1994. *Houses in the Rain Forest*. Berkeley, CA: University of California Press.

———. 2000. *In the Arms of Africa: The Life of Colin M. Turnbull*. New York: St. Martin's.

Gupta, Akhil and James Ferguson. 1992. "Beyond 'Culture': Space, Identity, and the Politics of Difference," *Cultural Anthropology* 7(1): 6-23.

Habermas, Jürgen. 1984. *The Theory of Communicative Action, Volume One: Reason and the Rationalization of Society*. Boston: Beacon Press.

———. 1987. *The Theory of Communicative Action, Volume Two: Lifeworld and System: A Critique of Functionalist Reason*. Boston: Beacon Press.

Haney, Lynne. 1996. "Homeboys, Babies, Men in Suits: The State and the Reproduction of Male Domination." *American Sociological Review* 61(5): 759-78.

_____. 2002. *Inventing the Needy: Gender and the Politics of Welfare in Hungary*. Berkeley and Los Angeles, CA: University of California Press.

Hannerz, Ulf. 1996. *Transnational Connections*. London, England and New York: Routledge.

Haraszti, Miklós. 1977. *A Worker in Worker's State*. Harmondsworth: Penguin Books.

_____. 1987. *The Velvet Prison: Artists Under State Socialism*. New York: Basic Books.

Haraway, Donna. 1991. *Simians, Cyborgs, and Women*. New York: Routledge.

Harding, Sandra. 1986. "The Instability of Analytical Categories of Feminist Theory." *Signs* 11(4): 645-64.

_____. 1990. "Feminism, Science, and the Anti-Enlightenment Critiques." P. 83-106 in *Feminism/Postmodernism*, edited by Linda Nicholson. New York and London: Routledge.

Heimans, Frank. 1988. *Margaret Mead and Samoa*. New York: Brighton Video.

Hempel, Carl. 1965. *Aspects of Scientific Explanation*. New York: Free Press.

Hobsbawm, Eric. 1994. *Age of Extremes: The Short Twentieth Century, 1914-1991*. London: Michael Joseph.

Hochschild, Arlene with Anne Machung. 1989. *The Second Shift*. New York: Avon Books.

Hollingshead, August B. 1975. *Elmtown's Youth and Elmtown Revisited*. New York: John Wiley and Sons.

Holmes, Lowell D. 1987. *Quest for the Real Samoa*. South Hadley, MA: Bergin and Garvey.

Hondagneu-Sotelo, Pierrette. 1994. *Gendered Transitions: Mexican Experiences of Immigration*. Berkeley and Los Angeles, CA: University of California Press.

Horowitz, Ruth. 1983. *Honor and the American Dream*. New Brunswick, NJ: Rutgers University Press.

Howson, Colin, ed. 1976. *Method and Appraisal in the Physical Sciences*. Cambridge: Cambridge University Press.

Hughes, Everett. 1958. *Men and Their Work*. Glencoe, IL: Free Press.

_____. 1971. *The Sociological Eye*. Chicago, IL: Aldine-Atherton.

Hunter, Floyd. 1953. *Community Power Structure*. Chapel Hill, NC: University of North Carolina Press.

_____. 1980. *Community Power Succession: Atlanta's Policy Makers Revisited*. Chapel Hill, NC: University of North Carolina Press.

Hutchinson, Sharon. 1996. *Nuer Dilemmas: Coping with Money, War, and the State*. Berkeley and Los Angeles, CA: University of California Press.

Hyman, Herbert et al. 1954. *Interviewing in Social Research*. Chicago: University of Chicago Press.

Jacobs, Jane. 1961. *The Death and Life of Great American Cities*. New York: Random House.

Jankowski, Martin Sanchez. 1991. *Islands in the Street: Gangs and American Urban Society*. Berkeley and Los Angeles, CA: University of California Press.

Johnston, Paul. 1994. *Success While Others Fail: Social Movement Unionism in the Public Workplace*. Ithaca, New York: ILR Press.

Kanter, Rosabeth. 1977. *Men and Women of the Corporation*. New York: Basic Books.

Katz, Jack. 1983. "A Theory of Qualitative Methodology: The Social System of Analytical Fieldwork." P. 127-48 in *Contemporary Field Research*, edited by Robert Emerson. Prospect Heights, Illinois: Waveland Press.

Keller, Evelyn Fox. 1983. *A Feeling for the Organism*. New York: W. H. Freeman.

———. 1985. *Reflections on Gender and Science*. New Haven: Yale University Press.

Kligman, Gail. 1998. *The Politics of Duplicity: Controlling Reproduction in Ceausescu's Romania*. Berkeley, CA: University of California Press.

Knei-Paz, Baruch. 1978. *The Social and Political Thought of Leon Trotsky*. Oxford: Oxford University Press.

Knorr-Cetina, Karin D. 1981. "Introduction: The micro-sociological challenge of macro-sociology; towards a reconstruction of social theory and methodology." P. 1-48 in Karin Knorr-Cetina and Aaron Cicourel, *Advances in Social Theory and Methodology*. Boston and London: Routledge and Kegan Paul.

Konrád, György and Iván Szélenyi. 1979. *The Intellectuals on the Road to Class Power*. New York and London: Harcourt Brace Jovanovich.

Kornai, János. 1971. *Anti-Equilibrium*. Amsterdam: North Holland Publishing Company.

———. 1980. *The Economics of Shortage*. 2 vols. Amsterdam: North Holland Publishing Company.

Kuhn, Thomas. 1962. *The Structure of Scientific Revolutions*. Chicago: University of Chicago Press.

Lakatos, Imre. 1978. *The Methodology of Scientific Research Programmes*. Cambridge: Cambridge University Press.

_____. 1976. *Proofs and Refutations*. Cambridge: Cambridge University Press.

Lamphere, Louise. 1979. "The Long-Term Study among the Navajo." P. 19-44 in *Long-Term Field Research in Social Anthropology*, edited by G. Foster, T. Scudder, E. Colson, and R. Kemper. New York: Academic Press.

Lamphere, Louise et al. 1993. *Sunbelt Working Mothers: Reconciling Family and Factory*. Ithaca, New York: Cornell University Press.

Lampland, Martha. 1995. *The Object of Labor: Commodification in Socialist Hungary*. Chicago, IL: University of Chicago Press.

Latour, Bruno. 1988. *The Pasteurization of France*. Cambridge, MA: Harvard University Press.

Latour, Bruno and Steve Woolgar. 1979. *Laboratory Life*. Beverly Hills, CA: Sage.

Laudan, Larry. 1977. *Progress and Its Problems*. Berkeley: University of California Press.

Lazarus, Neil. 1993. "Disavowing Decolonization: Fanon, Nationalism, and the Problematic of Representation in Current Theories of Colonial Discourse." *Research in African Literatures* 24(4): 69-98.

Leach, Edmund. 1954. *Political Systems of Highland Burma*. Boston, MA: Beacon.

Levine, Rhonda. 2001. *Class, Neteworks, and Identity*. Landham, MD: Rowman and Littlefield.

Levi-Strauss, Claude. 1969. *The Elementary Structures of Kinship*. Boston, MA: Beacon.

Lewis, Oscar. 1951. *Life in a Mexican Village: Tepoztlan Restudied*. Urbana, IL: University of Illinois Press.

Liebow, Elliot. 1967. *Tally's Corner: A Study of Negro Streetcorner Men*. Boston: Little Brown.

Lopez, Steve. 2003. *Re-Organizing the Rust Belt: An Inside Study of the Contemporary Labor Movement*. Berkeley, CA: University of California Press.

Lupton, Tom. 1963. *On the Shop Floor: Two Studies of Workshop Organization and Output*. Oxford, England and New York: Pergamon Press.

Lynd, Robert S. 1939. *Knowledge for What? The Place of Social Science in American Culture*. Princeton, NJ: Princeton University Press.

Lynd, Robert S. and Helen Merrell Lynd. 1929. *Middletown: A Study in Modern American Culture*. New York: Harcourt, Brace and World.

_____. 1937. *Middletown in Transition: A Study in Cultural Conflicts*. New York: Harcourt, Brace and World.

MacDonald, Judith. 2000. "The Tikopia and 'What Raymond Said.'" P. 107-23 in *Ethnographic Artifacts: Challenges to a Reflexive Anthropology*, edited by S. Jaarsma and M. Rohatynskyj. Honolulu, HI: University of Hawai'i Press.

MacLeod, Jay. 1987. *Ain't No Making It: Leveled Aspirations in a Low-Income Neighborhood*. Boulder, Colorado: Westview Press.

Magubane, Bernard. 1974. Review of *The Colour of Class on the Copper Mines*. *American Journal of Sociology* 80(2): 596-98.

Malinowski, Bronislaw. 1922. *Argonauts of the Western Pacific*. London, England: Routledge.

Marcus, George. 1995. "Ethnography In/Of the World System: The Emergence of Multi-Sited Ethnography," *Annual Review of Anthropology* 24: 95-117.

Marx, Karl. [1859]1970. *A Contribution to the Critique of Political Economy*. New York: International Publishers.

_____. Karl Marx, [1852]1963. *The Eighteenth Brumaire of Louis Bonaparte* (New York: International Publishers.

Mayer, Adrian. 1989. "Anthropological Memories." *Man* (new series) 24: 203-18.

Mead, Margaret. 1928. *Coming of Age in Samoa*. New York: William Morrow.

Merton, Robert. 1957. "Priorities in Scientific Discovery: A Chapter in the Sociology of Science." *American Sociological Review* 22: 635-59.

_____. 1980. "Letter from Robert Merton to Howard Bahr." Lynn Perrigo Papers, Archives and Special Collections Department, Ball State University, Muncie, IN.

Merton, Robert, Marjorie Fiske, and Patricia Kendall. 1956. *The Focused Interview*. Glencoe, IL: Free Press.

Michels, Robert. [1910] 1962. *Political Parties: A Sociological Study of the Oligarchical Tendencies of Modern Democracy*. New York: Free Press.

Milkman, Ruth. 1987. *Gender at Work*. Urbana and Chicago: University of Illinois Press.

Mill, John Stuart. 1888. *A System of Logic*. (Eighth Edition) New York: Harper.

Miller Richard. 1987. *Fact and Method:* Princeton: Princeton University Press.

Mills, C. Wright. 1959. *The Sociological Imagination.* New York: Oxford University Press.

Mintz, Sidney. 1985. *Sweetness and Power: The Place of Sugar in Modern History.* New York: Viking.

Mishler, Elliot, G. 1986. *Research Interviewing: Context and Narrative.* Cambridge, Mass.: Harvard University Press.

Mitchell, Clyde. 1956. *The Kalela Dance.* Manchester: Manchester University Press for Rhodes-Livingstone Institute.

_____. 1983. "Case and Situation Analysis." *Sociological Review* 31: 187-211.

Mitchell, Tim. 1988. *Colonizing Egypt.* Cambridge: Cambridge University Press.

Moore, Henrietta and Megan Vaughan. 1994. *Cutting Down Trees: Gender, Nutrition, and Agricultural Change in the Northern Province of Zambia, 1890-1990.* Portsmouth, NH: Heinemann.

Morris, Cohen and Ernest Nagel. 1934. *An Introduction to Logic and Scientific Method.* New York: Harcourt and Brace.

Morawska, Ewa. 1997. "A Historical Ethnography in the Making." *Historical Methods* 30: 58-70.

Nash, June. 2001. *Mayan Visions: The Quest for Autonomy in an Age of Globalization.* New York and London, England: Routledge.

Nichols, Elizabeth. 1986. "Skocpol on Revolution: Comparative Analysis vs. Historical Conjecture," *Comparative Social Research* 9: 163-186.

Nugent, David. 1982. "Closed Systems and Contradiction: The Kachin In and Out of History." *Man* 17: 508-27.

Oakley, Ann. 1981. "Interviewing Women: A Contradiction in Terms." P. 30-61 in *Doing Feminist Research*, edited by Helen Roberts. London: Routledge and Kegan Paul.

Orans, Martin. 1996. *Not Even Wrong*. Novato, CA: Chandler and Sharp.

Orlandella, Angelo Ralph. 1992. "Boelen May Know Holland, Boelen May Know Barzini, but Boelen 'Doesn't Know Diddle about the North End!'" *Journal of Contemporary Ethnography* 21: 69-79.

Pattillo-McCoy, Mary. 1999. *Black Picket Fences: Privilege and Peril among the Black Middle Classes*. Chicago, IL: University of Chicago Press.

Phelps, Erin, Frank Furstenberg, and Anne Colby, eds. 2002. *Looking at Lives: American Longitudinal Studies of the Twentieth Century*. New York: Russell Sage Foundation.

Polanyi, Karl. 1944. *The Great Transformation: The Political and Economic Origins of Our Time*. New York: Rinehart.

Polanyi, Michael. 1958. *Personal Knowledge: Towards a Post-Critical Philosophy*. Chicago: University of Chicago Press.

Popper, Karl. 1957. *The Poverty of Historicism*. London: Routledge and Kegan Paul.

_____. 1959. *The Logic of Scientific Discovery*. London: Hutchinson.

_____. 1963. *Conjectures and Refutations*. London: Routledge and Kegan Paul.

Powers, Brian. Forthcoming. *Making Marginality: How High Schools Reproduce Inequality in the Inner City*. New Haven: Yale University Press.

Putnam, Hilary. 1981. "The 'Corroboration' of Theories," P. 60-79 in *Scientific Revolutions* edited by Ian Hacking. New York: Oxford University Press.

Rabinow, Paul. 1977. *Reflections on Fieldwork in Morocco*. Berkeley, CA: University of California Press.

Radnitzsky Gerard and Gunnar Andersson, eds. 1978. *Progress and Rationality in Science*, Boston Studies in the Philosophy of Science, Volume LVIII. Dordrecht: D. Reidel.

Ragin, Charles. 1987. *The Comparative Method*. Berkeley: University of California Press.

Ragin, Charles and David Zaret. 1983. "Theory and Method in Comparative Research: Two Strategies," *Social Forces* 61:?????

Ray, Raka. 1998. *Fields of Protest: A Comparison of Women's Movements in Two Indian Cities*. Minneapolis: University of Minnesota Press.

Redfield, Robert. 1930. *Tepoztlan: A Mexican Village*. Chicago, IL: University of Chicago Press.

_____. 1950. *A Village That Chose Progress: Chan Kom Revisited*. Chicago, IL: University of Chicago Press.

_____. 1960. *Little Community, and Peasant Society and Culture*. Chicago, IL: University of Chicago Press.

Richards, Audrey. 1939. *Land, Labour and Diet in Northern Rhodesia: An Economic Study of the Bemba Tribe*. London, England: Oxford University Press.

Roemer, John. 1986. *Analytical Marxism*. Cambridge: Cambridge University Press.

Rorty, Richard. 1979. *Philosophy and the Mirror of Nature*. Princeton, New Jersey: Princeton University Press.

Roy, Donald. 1952a. "Quota Restriction and Goldbricking in a Machine Shop." *American Journal of Sociology* 57: 427-42.

_____. 1952b. "Restriction of Output in a Piecework Machine Shop." Ph.D. dissertation, Department of Sociology, University of Chicago, Chicago, IL.

_____. 1953. "Work Satisfaction and Social Reward in Quota Achievement: An Analysis of Piecework Incentive." *American Sociological Review* 18: 507-14.

_____. 1954. "Efficiency and the 'Fix': Informal Intergroup Relations in a Piece-Work Machine Shop." *American Journal of Sociology* 60: 255-66.

_____. 1980. "Review of Michael Burawoy, *Manufacturing Consent*." *Berkeley Journal of Sociology* 24: 329-39.

Salzinger, Leslie. 2003. *Genders under Production*. Berkeley, CA: University of California Press.

Sanders, Lynn. 1995. "What is Whiteness?" American Politics Workshop, University of Chicago.

Schaeffer, Nora Cate. 1991. "Conversation with a Purpose—Or Conversation? Interaction in the Standardized Interview." P. 367-91 in *Measurement Errors in Surveys*, edited by Paul P. Biemer *et al*. New York: John Wiley.

Scheper-Hughes, Nancy. 1992. *Death Without Weeping*. Berkeley: University of California Press.

_____. 2001. *Saints, Scholars, Schizophrenics*. Berkeley, CA: University of California Press.

Schorske, Carl. 1955. *German Social Democracy, 1905-1917: The Development of a Great Schism*. Cambridge, MA: Harvard University Press.

Schuman, Howard and Stanley Presser. 1981. *Questions and Answers in Attitude Surveys*. New York: Academic Press.

Scudder, Thayer and Elizabeth Colson. 1979. "Long-Term Research in Gwembe Valley, Zambia." P. 227-54 in *Long-Term Field Research in Social Anthropology*, edited by G. Foster, T. Scudder, E. Colson, and R. Kemper. New York: Academic.

Selznick, Philip. 1949. *TVA and the Grass Roots*. Berkeley, CA: University of California Press.

Sennett, Richard and Jonathan Cobb. 1972. *The Hidden Injuries of Class*. New York: Alfred Knopf.

_____. 1998. *The Corrosion of Character*. New York: W. W. Norton.

Sewell, William. 1985. "Ideologies and Social Revolutions: Reflections on the French Case," *The Journal of Modern History*, 57(3): 81-84.

_____. 1991. "A Theory of Structure: Duality, Agency and Transformation." *American Journal of Sociology* 98(1): 1-29.

Shore, Bradd. 1983. "Paradox Regained: Freeman's Margaret Mead and Samoa." *American Anthropologist* 83: 935-44.

Sieber, Sam. 1973. "The Integration of Fieldwork and Survey Methods." *American Journal of Sociology* 78(6): 1335-59.

Simons, H. J. and R. E. Simons. 1969. *Class and Colour in South Africa, 1850-1950*. Harmondsworth, UK: Penguin Books.

Skocpol, Theda and Margaret Somers. 1980. "The Uses of Comparative History in Macrosocial Inquiry," *Comparative Studies in Society and History* 22(2): 174-197

Skocpol, Theda. 1973. "A Critical Review of Barrington Moore's *Social Origins of Dictatorship and Democracy*." *Politics and Society* 4(1): 1-34.

_____. 1979. *States and Social Revolutions*. Cambridge: Cambridge University Press. _____. 1982. "Rentier State and Shi'a Islam in the Iranian Revolution." *Theory and Society* 11(3) II: 265-83.

_____. (ed.). 1984. *Vision and Method in Historical Sociology.* Cambridge: Cambridge University Press.

_____. 1985a. "Cultural Idioms and Political Ideologies in the Revolutionary Reconstruction of State Power: A Rejoinder to Sewell." *The Journal of Modern History* 57(3): 86-87.

_____. 1985b. "Bringing the State Back In: Strategies of Analysis in Current Research." P. 3-37 in *Bringing the State Back In* edited by Peter Evans, Dietrich Rueschemeyer and Theda Skocpol. Cambridge: Cambridge University Press.

_____. 1986. "Analyzing Causal Configurations in History: A Rejoinder to Nichols." *Comparative Social Research* 9: 19????

_____. 1988. "An 'Uppity Generation' and the Revitalization of Macroscopic Sociology: Reflections at Midcareer by a Woman from the 1960s," P. 145-62 in *Sociological Lives* edited by Matilda Riley. Newbury Park, California: Sage Publications.

Smith, Dorothy. 1987. *The Everyday World As Problematic: A Feminist Sociology.* Boston: Northeastern University Press.

_____. 2007. *Institutional Ethnography: A Sociology for People.* Lanham, MD: Rowman and Littlefield.

Smith, Mark. 1984. "From Middletown to Middletown III: A Critical Review." *Qualitative Sociology* 74: 327-36.

_____. 1994. "Robert Lynd and Knowledge for What?" Chap. 4 in *Social Science in the Crucible.* Durham, NC: Duke University Press.

Smith, Vicki. 1990. Managing in the Corporate Interest. Berkeley: University of California Press.

Sniderman, Paul and Thomas Piazza. 1993. *The Scar of Race.* Cambridge: Harvard University Press.

Somers, Margaret and Gloria Gibson. 1994. "Reclaiming the Epistemological 'Other': Narrative and the Social Construction of Identity." P. 37-99 in *Social Theory and the Politics of Identity*, edited by Craig Calhoun. Oxford: Blackwell.

Stacey, Judith. 1990. *Brave New Families*. New York: Basic Books.

Stinchcombe, Arthur. 1978. *Theoretical Methods in Social History*. New York: Academic Press.

———. 1980. "Erving Goffman as a Scientist." Unpublished Lecture, Northwestern University.

———. 1983. *Economic Sociology*. New York: Academic Press.

Stoler, Ann. 1995. *Race and the Education of Desire*. Durham: Duke University Press.

Strauss, Anselm. 1987. *Qualitative Analysis for Social Scientists*. New York: Cambridge University Press.

Suchman, Lucy and Brigitte Jordan. 1990. "Interactional Troubles in Face-to-Face Survey Interviews." *Journal of the American Statistical Association* 85(409): 232-41.

Susser, Ida. 1982. *Norman Street: Poverty and Pollitics in an Urban Neighborhood*. New York: Oxford.

Susser, Ida and Thomas Patterson, eds. 2001. *Cultural Diversity in the United States*. New York: Blackwell.

Tanur, Judith (ed.). *Questions about Questions*. New York: Russell Sage Foundation. 1992.

Thernstrom, Stephan. 1964. *Poverty and Progress: Social Mobility in a Nineteenth Century City*. Cambridge, MA: Harvard University Press.

Thomas, Robert. 1985. *Citizenship, Gender and Work*. Berkeley: University of California Press.

Thomas, William I. and Florian Znaniecki. 1918-1920. *The Polish Peasant in Europe and America*. 2 vols. Boston, MA: Richard G. Badger.

Tilly, Charles. 1976. *The Vendee*. Cambridge: Harvard University Press.

_____. 1981. See *As Sociology Meets History*. New York: Academic Press.

_____. 1984. *Big Structures, Large Processes, Huge Comparisons*. New York: Russell Sage.

Toulmin, Stephen. 1972. *Human Understanding*. Princeton: Princeton University Press.

Touraine, Alain. 1983. *Solidarity: Poland 1980-81*. New York: Cambridge University Press.

_____. 1988. *The Return of the Actor*. Minneapolis: University of Minnesota Press.

Trotsky, Leon. [1933] 1977. *The History of the Russian Revolution*. London: Pluto Press.

_____. 1969. *The Permanent Revolution and Results and Prospects*. New York: Pathfinder.

_____. [1936]1972. *The Revolution Betrayed*. New York: Pathfinder.

Van Maanen, John. 1988. *Tales of the Field: On Writing Ethnography*. Chicago: University of Chicago Press.

Van Velsen, Jaap. 1960. "Labour Migration as a Positive Factor in the Continuity of Tonga Tribal Society." *Economic Development and Cultural Change* 8: 265-78.

_____. 1964. *The Politics of Kinship*. Manchester: Manchester University Press for the Rhodes Livingstone Institute.

———. 1967. "The Extended Case Method and Situational Analysis." P. 29-53 in *The Craft of Urban Anthropology*, edited by A. I. Epstein. London: Tavistock.

Vaughan, Diane. 1996. *The Challenger Launch Decision: Risky Technology, Culture, and Deviance at NASA*. Chicago, IL: University of Chicago Press.

———. 2006. "NASA Revisited: Theory, Analogy, and Public Sociology." *American Journal of Sociology* 112(2): 353-93.

Venkatesh, Sudhir. 2000. *American Project: The Rise and Fall of a Modern Ghetto*. Cambridge, MA: Harvard University Press.

Verdery, Katherine. 2003. *The Vanishing Hectare: Property and Value in Postsocialist Transylvania*. Ithaca, NY and London, England: Cornell University Press.

Vincent, Joan. 1990. *Anthropology and Politics*. Tucson, AZ: University of Arizona Press.

Vogt, Evon. 1979. "The Harvard Chiapas Project: 1957-1975." P. 279-302 in *Long-Term Field Research in Social Anthropology*, edited by G. Foster, T. Scudder, E. Colson, and R. Kemper. New York: Academic Press.

Warner, W. Lloyd and J. O. Low. 1947. *The Social System of the Modern Factory*. New Haven, CT: Yale University Press.

Weiner, Annette. 1976. *Women of Value, Men of Renown*. Austin, TX: University of Texas Press.

———. 1983. "Ethnographic Determinism: Samoa and the Margaret Mead Controversy." *American Anthropologist* 85: 909-19.

Whitehead, Alfred North. 1925. *Science and the Modern World*. New York: MacMillan.

Whyte, William Foote. 1943. *Street Corner Society*. Chicago, IL: University of Chicago Press.

_____. 1955. *Street Corner Society*. 2d ed. Chicago, IL: University of Chicago Press.

_____. 1992. "In Defense of *Street Corner Society*." *Journal of Contemporary Ethnography* 21: 52-68.

Williamson, David. 1996. *Heretic: Based on the life of Derek Freeman*. Melbourne, Australia: Penguin Books.

Willis, Paul. 1977. *Learning to Labour*. Westmead, England: Saxon House.

Winch, Peter. 1958. *The Idea of Social Science and Its Relation to Philosophy*. London: Routledge and Kegan Paul.

Wirth, Louis. 1928. *The Ghetto*. Chicago: University Press.

Wolf, Eric. 1982. *Europe and the People without History*. Berkeley, CA: University of California Press.

Wolf, Margery. 1992. *A Thrice-Told Tale: Feminism, Postmodernism, and Ethnographic Responsibility*. Stanford, CA: Stanford University Press.

Woodruff, David. 1999. *Money Unmade: Barter and the Fate of Russian Capitalism*. Ithaca, NY: Cornell University Press.

Wright, Erik Olin. 1986. "States and Classes in Recent Radical Theory." Unpublished Manuscript, presented to the American Sociological Association.

_____. 2006. "Compass Points." *New Left Review* 41: 93-124.

Zahar, Eli. 1978. "'Crucial' Experiments: A Case Study," P. 71-98 in *Progress and Rationality in Science*, Boston Studies in the Philosophy of Science, Volume LVIII. Dordrecht: D. Reidel.

1ª reimpressão

Esta obra foi impressa em São Paulo pela Graphium no inverno de 2016. No texto foi utilizada a fonte Adobe Garamond Pro em corpo 10,5 e entrelinha de 15 pontos.